MISSION SCIENTIFIQUE
AU MEXIQUE
ET DANS L'AMÉRIQUE CENTRALE.

OUVRAGE
PUBLIÉ PAR ORDRE DU MINISTRE DE L'INSTRUCTION PUBLIQUE.

LINGUISTIQUE.

GRAMMAIRE
DE LA LANGUE NAHUATL
OU MEXICAINE,

COMPOSÉE, EN 1547,

PAR LE FRANCISCAIN ANDRÉ DE OLMOS,

ET

PUBLIÉE AVEC NOTES, ÉCLAIRCISSEMENTS, ETC.

PAR RÉMI SIMÉON.

PARIS.
IMPRIMERIE NATIONALE.

M DCCC LXXV.

MISSION SCIENTIFIQUE
AU MEXIQUE
ET DANS L'AMÉRIQUE CENTRALE.

OUVRAGE

PUBLIÉ PAR ORDRE DU MINISTRE DE L'INSTRUCTION PUBLIQUE.

LINGUISTIQUE.

GRAMMAIRE

DE

LA LANGUE NAHUATL

OU MEXICAINE.

GRAMMAIRE

DE

LA LANGUE NAHUATL

OU MEXICAINE,

COMPOSÉE EN 1547,

PAR LE FRANCISCAIN ANDRÉ DE OLMOS,

ET

PUBLIÉE AVEC NOTES, ÉCLAIRCISSEMENTS, ETC.

PAR RÉMI SIMÉON.

PARIS.

IMPRIMERIE NATIONALE.

M DCCC LXXV.

INTRODUCTION.

La publication de cette grammaire de la langue *nahuatl* ou mexicaine, écrite par le franciscain André de Olmos, se rattache à l'ensemble des études projetées au sein de la Commission scientifique du Mexique, établie près le ministère de l'instruction publique, de 1864 à 1868. On se rappelle que cette Commission, dont les travaux furent interrompus par les événements politiques, avait été chargée de publier sur le Mexique et l'Amérique centrale des ouvrages et des documents originaux, tant anciens que modernes, qui devaient embrasser les sciences, l'histoire, l'archéologie, la linguistique, l'économie politique, etc., en un mot, toutes les branches des connaissances humaines. Parmi ces documents, la grammaire de A. de Olmos avait été placée à l'un des premiers rangs. Elle peut, en effet, être considérée comme une excellente méthode pour apprendre la langue *nahuatl*, qu'il faut avant tout posséder si l'on veut étudier avec fruit les divers monuments de l'antique civilisation mexicaine. L'auteur, contemporain de la conquête espagnole, avait acquis au Mexique, en vivant avec les Indiens, une connaissance approfondie de plusieurs idiomes du pays, qu'il écrivait et parlait parfaitement.

André de Olmos naquit près du village de Oña, province de Burgos, vers l'année 1491. Tout jeune encore, il quitta la maison paternelle et se rendit auprès d'une sœur mariée à *Olmos*, bourg voisin de Valladolid. C'est là qu'il fit ses premières études. A vingt ans, il entra dans un couvent de franciscains, à Valladolid. Il s'y distingua autant par son savoir que par sa piété, et fut bientôt choisi pour accompagner en Biscaye le Fr. Juan de Zumarraga, que Charles-Quint et le Saint-Office avaient chargé d'une mission spéciale.

Plus tard (1528), ce même Zumarraga, promu à l'épiscopat de Mexico [1], voulant avoir, pour l'accomplissement de ses travaux apostoliques dans le nouveau monde, un auxiliaire intelligent et dévoué, jeta encore les yeux sur André de Olmos. Plein de zèle et robuste, quoique de taille moyenne, l'intrépide franciscain répondit parfaitement à l'attente de son évêque. Après avoir appris les langues les plus importantes du Mexique, telles que le *mexicain*, le *huaxtèque*, le *totonaque* et le *tepehua*, « dans lesquelles il excellait, » dit Juan de Torquemada, l'ardent missionnaire se mit à parcourir plusieurs provinces, toujours à pied, au milieu des montagnes et des forêts, exposé aux privations, aux dangers de tous genres. Plus d'une fois, durant quarante-trois ans de pénibles prédications, il fut menacé de mort par les Indiens, mais il put échapper à leurs attaques et parvint

---

[1] Premier évêque de cette ville, Zumarraga se signala par divers actes de conciliation, attacha son nom à un grand nombre d'œuvres utiles et mourut, le 3 juin 1548, universellement regretté. Il fut inhumé dans la cathédrale de Mexico.

même à se faire aimer et admirer d'eux. De très-loin on venait entendre ses sermons, suivre ses leçons et lui donner des témoignages de sympathie et de reconnaissance.

Malgré une vie si laborieuse et de graves infirmités, André de Olmos parvint à une grande vieillesse, mourut à Tampico, le 8 octobre 1571, des suites d'un abcès, et fut enterré dans l'un des sept couvents qu'il y avait fondés.

A. de Olmos avait enseigné le latin au collége de Santa-Cruz, à Mexico, dans la chaire qu'un Français, Arnaud de Bassace[1], avait le premier occupée. Il traduisit d'abord en espagnol le livre *Adversus omnes hæreses libri XIV*, du franciscain Alonso de Castro[2], et deux lettres écrites par deux rabbins. Puis il composa des ouvrages de linguistique sur trois des idiomes du Mexique, et des livres de piété dans ces mêmes idiomes. Voici les titres, en espagnol, que portent ses principaux écrits :

EN LANGUE NAHUATL :

1° *Arte de la lengua mexicana;*
2° *Vocabulario;*
3° *El juicio final;*
4° *Platicas que los señores mexicanos hacian a sus hijos;*
5° *Libro de los siete sermones;*
6° *Tratado de los siete pecados mortales y sus hijos;*
7° *Tratado de los sacramentos;*
8° *Tratado de los sacrilegios.*

[1] «Fr. Arnaldo de Bassacio, de nacion Francès.» (Torquemada, *Monarquia indiana*, Madrid, 1723, lib. XV, cap. XLIII.)

[2] A. de Castro, prédicateur et théologien, naquit à Zamora vers 1495, fut le confident de Philippe II et mourut à Bruxelles, au moment où il venait d'être nommé archevêque de Compostelle (1558).

EN LANGUE HUAXTÈQUE :

9° *Arte de la lengua guaxteca;*
10° *Vocabulario;*
11° *Doctrina christiana;*
12° *Confessionario;*
13° *Sermones.*

EN LANGUE TOTONAQUE :

14° *Arte de la lengua totonaca;*
15° *Vocabulario.*

L'*Arte de la lengua mexicana* fait l'objet de la présente publication. Quant aux autres ouvrages, nous aimons à penser qu'ils ne sont pas tous perdus. Du temps de Bétancourt, la grammaire, le vocabulaire, la doctrine chrétienne et le confessionnaire, en langue huaxtèque, étaient conservés à Ozoloama, près de Tampico [1].

On possède un assez grand nombre de grammaires de la langue mexicaine imprimées ou manuscrites, que des missionnaires, pour la plupart espagnols, composèrent à diverses époques, pour faciliter aux religieux de leur ordre la conversion des Indiens, et qui, devenues extrêmement rares, se vendent à des prix parfois exorbitants. Nous citerons en première ligne la grammaire du jésuite Horacio Carochi, la plus universellement connue (Mexico, 1645), et l'abrégé qu'en donna au siècle suivant un autre jésuite, le P. Ignacio de Paredes (1759).

[1] Bétancourt, *Teatro mexicano*, Menologio, p. 138. (Mexico, 1698.)

Viennent ensuite divers traités élémentaires dus aux PP. Alonso de Molina, Antonio del Rincon, Bétancourt, Agustin Aldama et autres; mais ces derniers travaux, pour le fond comme pour l'étendue, sont loin de valoir l'*Arte* du franciscain André de Olmos. Terminé en 1547, cet ouvrage précéda de vingt-cinq ans la grammaire de Alonso de Molina, la plus ancienne de toutes celles qui ont été imprimées [1]. On peut donc dire que André de Olmos ouvrit et prépara la voie des études grammaticales en langue *nahuatl* [2]. D'ailleurs, il ne serait pas difficile de montrer que son manuscrit a servi aux grammairiens et aux lexicographes venus après lui, car ils ont souvent donné les mêmes règles et les mêmes exemples. Mais ce n'est pas là son seul et principal mérite. Aussi complète qu'exacte, la grammaire de André de Olmos se recommande surtout par l'ordre, la clarté et la concision. Les principes y sont excellents,

---

[1] On connaît deux éditions de ce petit traité de A. de Molina, qui parurent en 1571 et 1576.

[2] Après avoir nommé les deux Espagnols, Francisco Ximenez et Alonso Rengel, qui furent les premiers grammairiens en cette langue, Juan de Torquemada cite immédiatement A. de Olmos et s'exprime ainsi : «Fue el que sobre todos tuvo don de lenguas, porque en la mexicana «compuso el arte mas copioso et provechoso de los que se han hecho, y «hiço vocabulario y otras muchas obras que se cuentan en su vida; y lo «mismo hiço en la lengua totonaca, y en la guaxteca, y entiendo que «supo otras lenguas de Chichimecas, porque anduvo mucho tiempo «entre ellos.» Plus loin, en parlant de l'*Arte de la lengua mexicana*, le même auteur ajoute: «Cosa mui particular y de mucha erudicion, y de «el me he aprovechado para saber profundamente la lengua, y para «leerla á otros religiosos á quien la he leido.» (*Monarquia indiana*, lib. XIX, cap. xxxiii, et lib. XX, cap. xl.)

le choix des exemples irréprochable. Quant à la méthode d'exposition qu'il a suivie, André de Olmos, n'osant répudier les idées de son temps, procède généralement d'après la grammaire latine d'Antoine de Lebrixa [1]. Cette assimilation des formes simples et parfois rudimentaires du *nahuatl* aux formes plus complexes et plus savantes du latin est, selon nous, une faute capitale, commune, du reste, au plus grand nombre des travaux qui ont paru jusqu'ici sur les langues anciennes du nouveau continent.

Un peu plus tard, quand il nous sera permis de publier notre grammaire mexicaine générale, aujourd'hui en préparation, nous développerons cet important sujet en traitant du caractère particulier de la proposition, et, par l'analyse des diverses formes de la langue *nahuatl*, nous essayerons de montrer à quel point et sous quels rapports elle diffère des langues de l'Europe [2]. Pour le moment nous devons nous borner à faire connaître le livre de André de Olmos.

On s'étonnera sans doute qu'une œuvre d'une valeur si réelle soit restée inédite. Nous ne pouvons mieux expliquer ce fait qu'en renvoyant au prologue d'éditeur, reproduit dans la note 1, page 7. On y verra que l'impression de cette grammaire fut tentée plusieurs fois

[1] Professeur d'éloquence latine à l'Université de Alcala-de-Henarès, Antonio de Lebrixa ou Nebrixa, *Antonius Nebrissensis*, vécut de 1444 à 1532.

[2] Nous composons aussi un dictionnaire mexicain, qui ne contiendra pas moins de 25 à 30,000 mots, avec exemples et racines. Nous espérons enfin pouvoir publier divers textes *nahuatl* en les accompagnant de la traduction française.

inutilement et qu'elle échoua notamment en 1562, par suite de la mort d'un illustre protecteur de André de Olmos, Francisco de Bustamente, qui, dans un voyage en Espagne, s'était chargé de solliciter le privilége du roi Philippe II. On en conclura avec nous qu'une édition du traité grammatical de André de Olmos n'a pu être donnée à Mexico, en 1555, comme le ferait supposer un passage du *Cuadro descriptivo y comparativo de las lenguas indígenas de México*, par M. Francisco Pimentel, comte de Heras [1]. Aussi, nous publions l'*Arte de la lengua mexicana*, par le franciscain André de Olmos, comme une œuvre, à notre avis, tout à fait inédite.

Suivant le titre même de l'ouvrage [2] et la note qui le termine, André de Olmos composa sa grammaire lorsqu'il était supérieur du couvent franciscain établi à Hueytlalpan [3]. Il avait alors cinquante-cinq ans environ et habitait le Mexique depuis vingt ans. Ses connaissances variées en linguistique avaient donc pu être fortifiées par une longue pratique dans l'exercice d'un laborieux apostolat. Esprit cultivé et avide de connaître, A. de Olmos fit des recherches savantes et ne négligea rien pour étudier à fond la vieille terre des Aztèques. Non content

---

[1] Tome I, page 162. (Mexico, 1862.)

[2] Une main autre que celle du copiste a écrit ce titre sur le premier feuillet du manuscrit de cette grammaire que possède la Bibliothèque nationale. En le reproduisant, nous avons dû le rectifier et notamment substituer au nom supposé de *Fr. Andres de los Olmos* le seul nom reconnu et véritable de Fr. Andres de Olmos.

[3] La ville de Hueytlalpan ou Ueytlalpan, *grand Tlalpan* ou *sur la grande terre*, était, en effet, située dans les montagnes à 40 ou 50 lieues au nord-est de Mexico. Son nom servit à désigner une ancienne province.

d'apprendre ce que l'usage, l'observation pouvaient lui fournir chaque jour, il avait encore soin de consulter les Indiens recommandables par leur savoir ou leur position sociale. Ainsi Juan de Torquemada nous apprend[1] que André de Olmos, pendant un assez long séjour à Tetzcuco, se lia avec un noble vieillard mexicain remarquable par l'étendue de ses connaissances, et s'occupa avec lui de questions d'antiquités d'un très-vif intérêt. Le même écrivain assure que A. de Olmos avait consigné la substance de ces entretiens archéologiques dans l'un de ses ouvrages. Il ne le désigne malheureusement pas. Ce grand amour de A. de Olmos pour l'étude se montre encore dans la grammaire que nous publions, et c'est ce qui explique l'estime dont elle a constamment joui.

Cette grammaire, dans laquelle l'auteur déclare n'avoir guère employé que des expressions usitées à Mexico, à Tetzcuco ou à Tlaxcala, se divise en trois parties : la première comprend les pronoms, les substantifs et les adjectifs avec tout ce qui s'y rattache : genres, nombres, dérivations, composition, etc.

La seconde traite de la conjugaison, des différentes espèces de verbes et de leur formation.

La troisième partie concerne les prépositions, les adverbes, les conjonctions, les interjections, l'orthographe, les idiotismes, les métaphores et expressions antiques.

Enfin, l'ouvrage se termine par le texte de la première des exhortations ou admonestations que André de

---

[1] *Monarquia indiana,* lib. I, cap. xi, p. 31 et 32.

Olmos avait recueillies sous le titre de *Platicas que los señores mexicanos hacian a sus hijos*. Ce morceau de littérature *nahuatl*, auquel le pieux franciscain a parfois ajouté des pensées chrétiennes, est suivi d'une courte *declaracion* ou imitation en espagnol. Nous l'avons accompagné d'une traduction française aussi littérale que possible. On jugera sans doute que cette partie de notre travail n'a pas été la moins difficile.

Le texte de notre publication a été établi d'après deux manuscrits également beaux, appartenant l'un à la Bibliothèque nationale (fonds espagnol, n° 259, ancien n° 8172), et l'autre à M. Maisonneuve, libraire éditeur, à Paris [1]. Acheté par Colbert, vers 1665, pour la bibliothèque du roi, au libraire Raphaël Trichet du Fresne [2], le premier manuscrit est tout à fait conforme

---

[1] La Bibliothèque nationale de Madrid possède également une copie de cette grammaire. Nous en connaissons enfin une quatrième qui fait actuellement partie de la riche collection de M. Aubin et qui, selon le témoignage de son possesseur, aurait appartenu successivement à Barthélemy de Las Casas et à Torquemada. Ce dernier manuscrit eût sans doute été utile pour notre publication; mais il ne nous a pas été donné de le consulter. M. Aubin, à qui un séjour de dix ans au Mexique, où nous l'avons connu en 1839, avait permis de recueillir des documents fort curieux sur l'histoire primitive de cette contrée et d'en étudier les anciennes langues, avait été chargé, comme membre de la Commission scientifique du Mexique, de diriger la publication de la grammaire de A. de Olmos. Mais vers le milieu de l'année 1866, ce savant, à la suite de circonstances complétement étrangères au fait même de la publication, cessa de prêter son concours au ministère, et l'administration suspendit les travaux préparatoires relatifs à cette impression, qui furent ainsi laissés à nos soins.

[2] *Catalogus librorum Raphaëli Tricheti Du Fresni*, Paris, 1662, vol. in-4°, p. 294.

au plan que Olmos a indiqué dans son prologue; mais il offre une lacune regrettable. A partir du folio 100, on compte plusieurs pages laissées en blanc et réservées pour la transcription du dernier tiers des métaphores et vieilles expressions. On remarque aussi en ce même endroit la transposition des cahiers 15 et 16. De là une pagination inexacte du folio 101 au folio 116, le livre ayant été sans doute paginé après avoir été relié.

Sans avoir ces imperfections, le manuscrit de M. Maisonneuve offre aussi quelques irrégularités et a surtout l'inconvénient, dans certaines parties accessoires, de n'être pas tout à fait tel que A. de Olmos avait conçu son ouvrage. Ainsi il ne renferme ni l'épître dédicatoire en latin, ni la traduction espagnole de la première *platica*, mais, en revanche, il contient le prologue d'éditeur dont nous avons parlé. La présence de ce prologue et l'absence de l'épître dédicatoire sembleraient déjà prouver que ce manuscrit est d'une date postérieure à celui de la Bibliothèque nationale. L'addition qu'il porte dans le titre : «*y al presente obispo de Tlaxcala*» confirme cette opinion. Plusieurs feuillets ont, en marge, le mot *nota*, qui rappelle le projet de publication qu'un franciscain, dont le nom est inconnu, avait formé postérieurement à la mort de A. de Olmos.

Ce manuscrit offre en outre une série, probablement complète, des *platicas* ou exhortations morales des pères à leurs enfants. Cette collection lui donne d'autant plus de prix que ce texte *nahuatl* est extrêmement difficile à se procurer. Selon Bétancourt, un habile écrivain mexicain de la fin du xvie siècle, Juan Baptista, avait réuni ces mêmes discours à ceux des rois à leurs vassaux sous le titre général de *Huehuetlatolli,* antiques discours. Un exemplaire de ce précieux recueil publié à Mexico, en 1599, a été vendu à Londres il y a quelques années [1].

Enfin, pour ne rien omettre, nous devons ajouter que le manuscrit de M. Maisonneuve se termine par une liste des pronoms relatifs et par un résumé, en latin, de la formation des prétérits. Ces deux passages, qui, d'ailleurs, ne paraissent pas être de A. de Olmos, ont l'inconvénient de ne rien apporter de nouveau au texte de la grammaire. Aussi nous sommes-nous dispensé de les reproduire. Quelques autres passages, très-courts, peut-être apocryphes, ont été conservés, mais rejetés dans les notes.

Pour l'ordre général de notre publication, nous avons suivi le manuscrit de la Bibliothèque nationale, à cause de sa conformité au plan adopté par l'auteur. Toutefois, en maintenant la même disposition, nous avons eu soin de noter les variantes un peu considérables que la collation nous a permis de relever, distinguant simplement les deux manuscrits par les initiales BN et MN. Nous avons aussi respecté le style de l'auteur, ses tournures et ses formes, en faisant néanmoins disparaître les fautes d'orthographe dues à la négligence ou à l'inexpérience des copistes, et en traduisant les nombreuses abréviations qu'ils ont employées. On ne sera donc pas surpris de rencontrer dans le texte espagnol des expressions

---

[1] Voir le catalogue de vente de la collection Fisher, n° 150. (*Bibliotheca Mejicana.— A catalogue of an extraordinary collection of books,* etc. London, 1869.)

anciennes, telles que *adevinar* pour *adivinar*, *agora* pour *ahora*, *ansi* pour *assi*, *deprender* pour *aprender*, *entramos* pour *entrambos*, *mesmo* pour *mismo*, *porne*, *terna*, *verne*, pour *pondre*, *tendra*, *vendre*; *hazer*, *dezir*, pour *hacer*, *decir*, etc. Ces archaïsmes et d'autres semblables composaient l'orthographe du temps et sont aujourd'hui compris dans ce que l'on est convenu d'appeler *las voces anticuadas*. Rajeunir les vieilles expressions qui sont dans la grammaire de André de Olmos, c'eût été nous écarter du texte original auquel nous avons tenu à être fidèle. Cependant, nous avons évité, autant que possible, de reproduire les mots qui affectent le redoublement de certaines consonnes ou qui ont des traces inusitées de leur origine latine, comme par exemple : *delicto*, *difficultad*, *offrescer*, *intelligencia*, *peccador*, *supplir*, *tractar*, *variasse*, etc. La raison en est que ces formes ne sont pas constantes dans les deux manuscrits et qu'elles étaient, d'ailleurs, rejetées par tous les auteurs au xvie siècle. C'est au même titre que nous avons supprimé toute espèce d'accentuation.

Pour le texte *nahuatl* ou mexicain, qui est imprimé en caractères italiques, il serait superflu d'insister sur le soin que nous avons pris de l'établir avec la plus grande correction. Néanmoins, nous reconnaissons qu'il ne sera pas difficile d'y constater des différences d'orthographe; mais, outre qu'elles sont légères, et qu'elles ne consistent le plus souvent que dans l'emploi des lettres *c*, *ç*, *e*, *o* pour *q*, *z*, *i*, *u*, et réciproquement, on voudra bien se rappeler que, les anciens Mexicains ayant une écriture figurative, la forme graphique donnée à leur langue au moyen de nos caractères a dû être très-arbitraire et particulière à chaque auteur. C'est ce que nous avons essayé de montrer en produisant quelques exemples dans la note 2, page 196, relative à l'*orthographe*. Au milieu de toutes ces divergences, l'uniformité était bien difficile, pour ne pas dire impossible.

Nous n'avons, d'ailleurs, point introduit de changement important, si ce n'est pour la table des matières. Elle forme dans le livre de A. de Olmos trois parties séparées. Nous les avons rapprochées et mises à la fin du volume. A cet index par chapitres, insuffisant pour les recherches, nous avons joint une table alphabétique des matières, qui permet de recourir aux détails et de retrouver aisément les principales difficultés de la langue.

Quant aux notes et éclaircissements qui accompagnent le texte de la grammaire, il eût été facile de les multiplier; mais nous avons au contraire préféré les restreindre pour ne donner que ce qui nous a paru réellement indispensable et intéressant. Puissions-nous avoir réussi à faire un travail utile, digne de l'attention des gens d'études à qui il est naturellement destiné!

Paris, le 1ᵉʳ février 1875.

ARTE

PARA APRENDER

LA LENGVA MEXICANA

COMPVESTO

POR FR. ANDRES DE OLMOS,

GVARDIAN DEL MONASTERIO DE SANT ANDRES DE SANT FRANCISCO DE VEITLALPAN

EN LA PROVINCIA DE LA TOTONACAPA QVE ES EN LA NVEVA ESPAÑA.

ACABOSE EN PRIMERO DIA DE HENERO

DEL AÑO MIL QVINIENTOS Y QVARENTA Y SIETE AÑOS.

Comiença el arte de la lengua mexicana compuesto por el Padre Fray Andres de Olmos de la orden de los frailes menores, dirigido al muy Reuerendo Padre Fray Martin de Hojacastro [1], comissario general de la dicha orden en todas las Indias [2].

EPISTOLA NVNCVPATORIA.

Admodum Reuerendo ac meritissimo præsuli fratri Martino de Hojacastro, omnium Indiarum generali comissario, Fr. Andreas de Olmus subditorum minimus S.

Non possumus non fateri, præsul integerrime, magnum fuisse prælium quod inter illos celestes ac beatissimos spiritus hinc inde gestum est, quippe quod magnum sacra pagina appellavit, ac magnitudinis nomine annotavit. Sed si vim rationis exquirimus, liquido comperimus ex eo magnum fuisse prælium, quia ibi non armorum violentia, sed voluntatum contra pugnantium acrimonia atque impulsu certatum est. Sed quorsum isthæc ob oculos proponam, paucis aperiam. Imposueras sæpe, præsul dignissime, ut artem in lingua mexicana ad neothericorum ac tyronum utilitatem in lucem proderem,

---

[1] Martin Sarmiento, de Hojacastro (Castille), se rendit au Mexique en 1538. Quatre ans après, au retour d'un voyage en Europe avec le célèbre français Jacob de Testera, de Bayonne, frère du chambellan de François Ier, il lui succéda dans le commissariat général des Indes, puis fut promu à l'évêché de Tlaxcala, récemment érigé en faveur du dominicain Julian Garces, et mourut à Puebla en 1558. (Torquemada, *Monarquia indiana*, lib. XX, cap. XLVII et LVIII; — Bétancourt, *Menologio*, p. 92.)

[2] A la suite de ces derniers mots, le manuscrit MN porte : « y al presente obispo de Tlaxcala. »

sed hæc impostura non minoris in me fuit occasio discriminis et pugnæ, quam inter illos angelicos choros contraria voluntas belli seminarium exstitit. Nam si dissidium illud magnum hac ratione appellandum censemus quia velle suum unicuique fuit, licet diuersos ac diuiduos sortiti fuerint spiritus, quid referam ac commemorem de intestino bello quod me, ut aiunt, utroque latere infestat? Profecto non modo magnum, verum maximum nominandum arbitror, si quidem in uno eodemque homine, in una eaque ipsa voluntate, tam diuerso marte, contra pugnantes rationes animum meum impetunt atque impellunt; hinc susceptio muneris, quo tibi multis nominibus et titulis sum obstrictus, quippe qui de te maxime bene meritus, ut tibi sim obsequentissimus hortatur atque incitat. Ad hoc accedit ob rem meritum. Nam quod, o bone Deus, obedientiæ non debetur, cum assertor noster atque saluator Christus usque adeo patri obediens factus fuerit, ut non quouis improperio, aut quouis morte fuerit contentus, sed cum esset opprobriis saturatus, necdum animus quieuit, donec crucis patibulum expertus fuit. Sed ex alio latere non me parum operis magnitudo, linguæ varietas, ingenioli imbecillitas, curta suppellex, et non integra valetudo vexat, et calamo obsistit atque ab opere magnum et animum retrahit; sed vincat commune bonum singulare incommodum. Scio, et certe scio, quam plurima me scripturum nota et censura digna, si quidem non cum materno lacte linguam istam suxi, nec ab incunabulis didici, sed quod potui ex Indorum officina ac fonte, magno cum dispendio et labore hausi. Nam sunt adeo in loquendo parci, et in hoc docendi genere inexperti, ut magnis ambagibus, et maxima adhuc verborum multiplicitate hujus linguæ secreta rimantes, atque ab illis exquirentes, vix vi, ut aiunt, verbulum quantumuis paruum extorquere possimus. Quapropter quasi allucinantes, quid sentiant, aut sentire velint olfacimus vel certe diuinamus; sed quia diuina functione, obedientiæ merito atque ex charitatis impulsu spero aliquid utilitatis successurum, improbitatem meam, aut propriam sententiam sepeliam, et licet in multis deficiam, sat mihi erit, si in minimo tyronibus fuero satis, aut certe aliis me doctioribus et majori ingenii pondere ac subtilitate pollentibus ex parte occasionem dedero, ut inuentis addant. Multo non facilius errata annotantur quam aliquid nulla censura aut nota dignum excudatur : nam facile alienis vulneribus medemus, sed non facile propria, cum tempus est, sentimus, comico referente; omnes cum valemus recta consilia ægrotis damus. Multi, fateor, sunt censores, qui si calamo manum apposuissent, et ad præsens opusculum accincti fuissent, in aliquibus, ne dicam in multis, forsan allucinati fuissent. Sed omnibus iis post tergum habitis, non possum non tibi in omnibus obsecundare, licet audentiam meam quam plurimi vituperent atque incusent. Accipe igitur, moderator meritissime, lucubratiunculas meas, et labores quam exiguos, quos si benigne susceperis, et gratos habueris, hoc solo munere et premio erit mihi plus debito satis factum.

PROLOGO AL LECTOR[1].

Dos cosas, muy amado lector, me compelieron a poner mano en esta pequeña obra: que fueron la caridad y obe-

---

[1] Le manuscrit MN contient un premier prologue autographe, malheureusement anonyme, d'un franciscain lettré à qui ce manuscrit aurait appartenu. Quoi qu'il en soit, ce prologue nous a paru, par ses détails bibliographiques, digne d'être conservé, mais en l'insérant ici dans les notes afin de ne pas défigurer l'œuvre de André de Olmos.

PROLOGO AL BENIGNO LECTOR.

Muchas obras (christiano lector) dexan de salir a luz y ser inpressas, no porque en ellas aya alguna cosa que reprehender, o menospreciar, sino que o el author de ellas (por algun inconueniente) las dexo por acabar o perfectionar, o porque despues de acabadas les falto el fauor y solicitud que se requiera para ser inpressas. De suerte que lo que su utilidad y prouecho les concede la negligencia o poca ventura lo obscurece y occulta. Y de esto assi, no menos lastima y conpassion causa el zelo y trabajo de el author perdidos que el prouechamiento de que los lectores son defraudados, mas el que en verdadera charidad esta a de suffrir qualquiera pessado y recio trabajo por euitar porque el sudor y estudio del proximo por este deffecto no sea perdido. Pues essa mesma charidad (que todo lo suffre)[2] le dara virtud y esfuerzo para salir con ello al cabo. Y si en el Deuteronomio[3] se mandaua y permitia que el hermano leuantasse la generacion del hermano que moria sin hijos, con juxta razon los que por charidad y amor estamos coadunados en hermandad, emos de procurar, de restaurar la honrra y bien de nuestro hermano, como a generacion caida y muerta. Vino a mis manos este arte util y neccesario para aprender la lengua de los Indios, el qual (por la mucha falta que auia de arte por donde esta lengua se pudiesse aprender) conpuso un padre de la orden de nuestro Seraphico padre Sanct Francisco, llamado Fr. Andres de Olmos, frayle cierto de muy buenas prendas y partes. Y fue le cometido y mandado (a este dicho padre) la edicion de este libro por el Reuerendo padre fray Martin de Hojacastro, que entonces era comissario general en aquellas partes y despues succedio en obispo de Thlascala, llamando para este parecer a otros muy essenciales frailes de la mesma orden. Conpuesto pues este libro con mucha fidelidad y cuidado, por la falta de inprentas que ay alla, y porque murio a aquella conjuntura el inpressor, se dexo

---

[2] *Cor.* I, cap. XIII. (Note de l'auteur.)
[3] *Deut.* cap. XXV. (*Idem.*)

diencia de mi prelado, por lo qual no con menos temor que osadia compli este mandamiento deseando a gloria y honra de N. S. I. C. y salud de las almas destos naturales indios, abrir a sus sieruos, si quiera, una senda : la qual, otro quien el fuere seruido darle mas lumbre, haga camino, conociendo, a la primera que hize, faltarle mucho en el corte : aunque casi tocase lo principal questa segunda, a la qual, despues de mucho lo encomendar a Dios, parecio darle la orden y traça de inprimir. Succedio luego en provincial, y despues en comissario el muy Reuerendo padre fray Francisco de Bustamente [a], grandissimo theologo y lector de theologia en España e Indias, y no menos erudito en la lengua indiana. Visto por este padre ser este libro muy bueno y necessario procuro con grande desseo de le hazer inprimir, y offreciendose le negocios que tratar con su magestad passo en España y trajo consigo esta (sic) arte y un bocabulario de la mesma lengua escripto por otro padre de nuestra sagrada religion [b]. Y estando tratando sus negocios murio, cuya muerte fue causa para que la inpression de los dichos libros no se solicitasse. Despues los ube yo no sin pequeña ventura loqual me a engendrado ser nuestro señor seruido que salgan a luz, que no poco contento me daria. Y lo que yo puedo dezir (si mi parecer merece ser admittido) es que sera cossa muy necessaria si inprima y corra, porque (como persona que lo e visto en algunos años que en las Indias e gastado) muchos predicadores venian a dezir disparates y herrores non con malicia, sino con ignorancia y probreza de esta lengua. Y pues es negocio que tanto inporta y modo con que facilmente se aprendera aquella lengua, digno de reprehension seria quien no pusiesse [c] calor y estudio para que su utilidad de todos fuesse participada, tiniendo por blanco a nuestro señor, el qual como a obra suya fauorezca, y a todos nos de su gracia para que en todas las cossas que hizieremos sea nuestro fin y remunerador. Y yo quedo a la correction de todos como hijo humilde de nuestro Seraphico padre Sanct Francisco.

[a] Né dans le royaume de Tolède, ce religieux s'acquit de la réputation comme théologien, prédicateur et poëte latin. Il suivit, en 1542, Jacob de Testera et Martin de Hojacastro dans leur second voyage au Mexique. Il professa d'abord avec Olmos, Sahagun et autres au collége de Santa-Cruz, à Mexico, puis exerça, à partir de l'âge de cinquante-cinq ans, et en deux différentes fois, les pénibles fonctions de commissaire général et de provincial. Il revint à Madrid en 1561 et y mourut l'année suivante. (Torquemada, *Monarq. ind.* lib. XX, cap. LXIV; — Bétancourt, *Teatro mexicano*, 4ᵉ partie, p. 68.)

[b] Il s'agit sans doute ici du vocabulaire du Fr. Alonso de Molina, dont l'impression eut lieu dix ans plus tard (Mexico, 1571).

[c] Nous donnons comme douteuse la lecture de ce mot, le papier étant percé en cet endroit.

que lleua, considerando y mirando sobre la mesma materia algo de lo que otros hombres auian escripto por guardar la costumbre de los escriptores, añadiendo y quitando, segun que mejor parecio conuenir, y Dios fue seruido alumbrar : por no yr contra aquel sacro auiso que dize : *ne eniteris prudentiæ tuæ, quia priuatus spiritus nimis quam perniciosus est.* Lo qual nos da bien a entender san Pablo que con auer sido transportado al tercero cielo, siendole cometida la predicacion por I. C. N. S. y confirmada con miraglos; despues de los catorze años de su predicacion sancta, fue a Ierusalem (segun la reuelacion) con Barnaba y Tito a comunicar y conferir con los sanctos apostoles el diuino euangelio que predicaua entre los gentiles. En lo qual no menos da a entender lo del sabio que dize : *nil facias sine consilio.* Mayormente en cosa tan ardua como esta, que es querer poner cimiento sin fundamento de escriptura en una tan estraña lengua y tan abundosa en su manera y intrincada. Pues si el sancto apostol, diuinalmente alumbrado y lleno de gracia, acudio a los viuos y diuinos libros que son sus sanctos compañeros, quanto mas deue acudir do quier que aprouechar se pudiere, el que tal obra, aunque pequeñita parezca, quiere fundar sin el dicho cimiento de escriptura y libros de que estos carecian ! A cuya causa con gran dificultad se colige y percibe, de lo qual abundan otros escriptores mayormente en el latin, donde aun cada dia no dexan de hallar, añadir y descobrir cosas, ni se dexan de aprouechar de los sudores de otros; no queriendo les priuar de su loor y galardon, sabiendo y creyendo que cada qual sera segun sus obras remunerado. Dixe pues senda, o lector, y no camino, por que para tan gran lengua ne me atreuo dezir que baste del todo, lo mucho que a algunos parecera yr aqui, ni se marauillen si algo quedare para que adelante otro añade : *quia facile est inuentis addere.* Mas querer yo dezir en breue lo que, para los nueuos y sin maestro, largo tiempo y platica requiere, seria satisfacerme casi como queriendo de lexos enseñar a alguno un camino fragoso sin medianamente especificarle los inconuenientes, circunstancias y trabajos del. Notorio es del primer corte ningun maestro cortar bien un sayo, y del segundo apenas; por lo qual ruego al deuoto lector que, con la caridad que esto se le ofrece, supla los defectos que en ello hallare [1], trayendo tambien a la memoria al apostolico sieruo de Dios, que con sancto feruor a estas indianas partes pasare por la salud del proximo tan necesitado, dos cosas, las quales, a mi ver, le deuen mucho combidar y animar al estudio desta senda.

La prima, que con esta pequeña luz, a menos costa y trabajo, podra saber, hazer y exercitar lo que desea.

La segunda, que orando y trabajando fielmente, y con tiento y discrecion conuersando, *ut sit dilectus Deo et hominibus*, sin duda al fin se vera en el cielo acompañado de sus spirituales hijos y de grados de gloria coronado.

Finalmente oso afirmar que qualquier que esta senda seguire sentira, o sabra mas desta lengua mexicana o tetzcucana en un año que yo xx que ha que viene, por no tener semejante centella de lumbre, ni auer puesto en ello la diligencia que de poco tiempo aca puse.

Diuidese pues esta arte en tres partes : la primera trata de los nombres y pronombres y de lo que a ellos pertenece.

La segunda contiene la conjugacion, formacion y preteritos y diuersidad de los verbos.

En la tercera se ponen las partes indeclinables y algo de la orthographia, con una platica por los naturales compuesta, prouechosa y de buena doctrina, con otras maneras de hablar;

---

[1] Ici le manuscrit MN porte intercalé : « pues que teste Mercurio Trismegisto, maxima pars con que scimus est minima con que ignoramus. »

ansi para que vean los nueuos como han de escriuir y distinguir las partes, como para saber mas en breue hablar al natural. No hablo en el acento por ser muy vario y no estar ni dexar siempre las dictiones enteras sino compuestas, y porque algunos vocablos parecen tener algunas vezes dos acentos; por lo qual lo dexo a quien Dios fuere seruido darle mas animo para ello, o al uso que lo descubra. Y asi como no oso dezir que no aya falta en esta obra, asi tampoco oso afirmar, en alguna de las reglas generales que aqui van, dexar de aver por ventura alguna eception que al presente no alcanço, o no me ocurre a la memoria. Y si esta arte pareciere larga, deuen considerar que los nueuos no a cada paso hallaran maestro, y como dize S. Pablo : *omnibus debitores sumus*. Por lo qual el que no sabe algo desta lengua, y aun el que algo alcança, por ventura hallara alguna cosa a su proposito de que aprouecharse pueda; porque breuedad y claridad en una tal lengua no caben [1]. Vale.

[1] Dans le manuscrit MN, ce prologue se termine par les mots suivants : « Pocos vocablos porne que no sean mexicanos, o tetzcucanos, y algunos de Tlaxcalla. »

PRIMERA PARTE.

CAPITVLO PRIMERO.

DE LAS PARTES DE LA ORACION.

En esta lengua se hallan todas las partes de la oracion como en la lengua latina, conuiene a saber nombre, pronombre, verbo, participio, preposicion, aduerbio, ynterjection y conjunction, como se vera en el discurso del arte quando de cada una dellas se tratara.

En el arte de la lengua latina creo que la mejor manera y orden que se ha tenido es la que António de Lebrixa sigue en la suya; pero porque en esta lengua no quadrara la orden que el lleua por faltar [1] muchas cosas de las quales en el arte de gramatica se haze gran caudal como son declinaciones, supinos y las especies de los verbos para denotar la diuersidad dellos, y lo que en el quinto libro se trata de acentos y otras materias que en esta lengua no se tocan, por tanto no sere reprehensible [2] si en todo no siguiere la orden del arte de Antonio.

No se pone al principio del arte la conjugacion por no desmembrarla de la materia de los verbos y por otras razones que para ello me mouieron; y aunque se pone en la segunda parte no por eso dexen los nueuos en la lengua de la saber al principio para mejor sentir y entender la materia de los nombres verbales y otras cosas que en la primera parte se tratan.

Quanto a lo primero es de notar que en esta lengua no ay

---

[1] *Var.* «porque faltan,» manuscrit MN.
[2] *Var.* «no sere por tanto reprehendido,» manuscrit MN.

declinaciones de manera que aya variacion de todos los casos. Ay empero diferencia entre el singular y el plural porque para el plural toman una destas syllabas o letras *tin*[1], *me*, *que*, *h*, de lo qual se dira mas largamente quando se tratara de los nombres.

Tambien se deue denotar que en el vocatiuo ay variacion[2], porque siempre acaba en *e*, y para denotar o señalar este vocatiuo usan en todos los nombres de una destas tres particulas : *tze*, *ne*, *e*. Ex. : *Pedroe*, *Pedrotze*, *Pedrotzine*[3].

Los que fenescen en *tli*, *lli*, la *i* bueluen en *e*;

Los que fenescen en *ni*, sobre la *i* pueden tomar *e*, o boluer la *i* en *e*;

Los que fenescen en *tl*, o en consonante, toman sobre ella *e*[4];

Y si el nombre acabare en *e* tomara en el vocatiuo otra *e*. Ex. : *tlaulle*, dueño del mayz, vocatiuo *tlaullee*.

Tampoco se hallan en esta lengua articulos distinctos para denotar masculino o femenino, como los ay en la gramatica; ni los adjectiuos tienen terminaciones diuersas, conoscer se han de que genero son por la significacion de su substantiuo, porque por la terminacion no se podra sacar, pues en una misma ay nombres de diuersos generos.

---

[1] Le manuscrit BN fait terminer, en général, les pluriels en *ti* au lieu de *tin*. Cela tient à ce que la nasale *n* se prononçait à peine à la fin des mots. Nous avons conservé partout cette finale *n* qui se retrouve assez souvent dans le manuscrit MN et qu'ont employée la plupart des grammairiens. Nous en avons fait autant pour les pluriels en *uan*.

[2] *Var.* «que en el vocatiuo es diferente del nuestro,» manuscrit MN.

[3] Ce passage nous paraît quelque peu irrégulier et pèche surtout par défaut d'analyse grammaticale. Au lieu de trois particules différentes, il ne faut voir ici que la voyelle *e* ajoutée à la fin d'un mot. Ainsi, *Pedro*, Pierre, fait *Pedroe*, et *Pedrotzin*, forme révérentielle du même nom, *Pedrotzine*. *Pedrotze*, abréviation de *Pedrotzine*, est un terme un peu moins *caressant* employé surtout par les hommes.

[4] Ces trois règles ont été omises par le copiste dans le manuscrit BN. Nous ajoutons ici des exemples à l'appui : *piltontli*, enfant, *piltontle*; *cihuapilli*, dame, *cihuapille*; — *temachtiani*, maitre, *temachtianie* ou *temachtiane*; — *cihuatl*, femme, *cihuatle*; *nopiltzin*, mon fils, *nopiltzine*, et, par syncope, *nopiltze*, etc.

Y porque los nueuos en la lengua no se turben con la escriptura viendo que se pierden o añaden algunas letras que si se escrivieran en nuestro castellano parecieran superfluas, es de notar que despues de la *l* y de la *u* [1] usan muchas vezes escriuir *h*, porque paresce que la pronunciacion lo requiere. Y tambien se pone para distinguir el plural del singular, y para quitar la equiuocacion que ay en algunas dictiones.

Y ansi mesmo es de saber que la *n* puesta ante de ciertas letras o sillabas se suele perder en la pronunciacion y escriptura. De todo lo qual se tratara en la tercera parte, quando se hablara de la orthographia [2].

CAPITVLO SEGVNDO.
DE LAS DIFERENCIAS QVE AY DE PRONOMBRES [3].

Los pronombres son en dos maneras : unos primitiuos y otros deriuatiuos possessiuos. Los primitiuos, unos estan absolutos, y otros se juntan con nombres, verbos y preposiciones.

Los absolutos son estos :

SINGVLAR.	PLVRAL.
Nehoatl [4], yo.	*Tehoantin*, nosotros.
Tehoatl, tu.	*Amehoantin*, vosotros.
Yehoatl, aquel.	*Yehoantin*, aquellos.

[1] D'après le manuscrit MN, la règle s'applique à toutes les voyelles : « y de las vocales... »

[2] Capitulo sexto.

[3] En énumérant dans le chapitre précédent les diverses parties du discours, Olmos désigne d'abord le *substantif*, et il commence ici par le *pronom*. Nous ne devons pas voir là une simple négligence, mais plutôt une tentative de s'affranchir des règles latines en exposant les principes de la langue *nahuatl*. A notre avis, cette manière de procéder fait mieux comprendre le rôle important des pronoms dont l'emploi est si fréquent.

[4] Ou *nehuatl*, *tehuatl*, etc. L'*o* et l'*u* sont employés indifféremment.

Y estos algunas vezes estan syncopados en la manera siguiente :

SINGVLAR.	PLVRAL.
Neh, vel *nehoa*.	*Tehoan*.
Teh, vel *tehoa*.	*Amehoan*.
Yeh, vel *yehoa*.	*Yehoan*.

Y estos sobre dichos, por via de reuerencia, se dizen desta manera :

SINGVLAR.	PLVRAL.
Nehoatzin.	*Tehoantzitzin*.
Tehoatzin.	*Amehoantzitzin*.
Yehoatzin.	*Yehoantzitzin*.

Y estos pronombres *nehoatl*, etc. anteponiendoles este aduerbio *uelh*, quieren dezir yo mesmo. Ex. :

SINGVLAR.	PLVRAL.
Velh nehoatl[1], yo mesmo.	*Velh tehoantin*, nosotros mesmos.
Velh tehoatl, tu mesmo.	*Velh amehoantin*, vosotros mesmos.
Velh yehoatl, aquel mesmo.	*Velh yehoantin*, aquellos mesmos.

Y lo mismo se dira con los pronombres syncopados. Ex.: *uelh neh*, vel *uelh nehoa; uelh teh*, etc.

Y es de saber que para dezir este o esto usan desta letra *y*; y para dezir esse o esso usan de una destas letras *o* vel *u*, las quales suelen tambien posponer a las terceras personas de los dichos pronombres, en esta manera :

SINGVLAR.	PLVRAL.
Yehoatl y, este, vel esto.	*Yehoantin yn*, estos.
Yehoatl o, esse, vel esso.	*Tehoantin on*, essos.
Yehoatl, aquello.	*Yehoantin*, aquellos.

---

[1] On lit en marge du manuscrit BN : «vel *nonoma*, yo mesmo.» Ce mot est formé du pronom *no* et de *noma*, sorte d'abverbe usité en composition seulement avec les possessifs *no*, *mo*, *i*, etc. : *nonoma*, moi-même ; *monoma*, toi-même ; *inoma*, lui-même, etc. Il est assez souvent précédé de *nehuatl*, *tehuatl*, *yehuatl*, etc. — *Velh*, *huel* ou *uel* signifie bien.

Y tambien es de notar que a las terceras personas de los dichos pronombres suelen en el singular anteponer este aduerbio *uelh*, y posponer estas letras *y, o,* vel *u,* y en el plural posponiendo *yn,* vel *on,* y quieren dezir esto mesmo o esso mesmo. Ex.:

SINGVLAR.	PLVRAL.
Velh yehoatl y, esto mesmo.	*Velh yehoantin yn,* estos mesmos.
Velh yehoatl o, vel *u,* esso mesmo.	*Velh yehoantin on,* vel *un,* essos mesmos.
Velh yehoatl, aquello mesmo.	*Velh yehoantin,* aquellos mesmos.

Y los sobre dichos se pueden dezir syncopados [1]. Ex.: *yeoha y,* esto mesmo; *yehoa o,* esso mesmo.

Dizese assi mesmo : *uelh y,* esto mesmo; *uelh o,* esso mesmo, vel esso [2].

CAPITVLO TERCERO.

DE LOS PRONOMBRES QVE SE IVNTAN CON VERBOS Y NOMBRES, Y CON PREPOSICIONES.

Ay unos pronombres que se anteponen a nombres y verbos y tienen el mesmo significado que los primeros, aunque mas parecen particulas que denotan las primeras y segundas personas en el verbo; y son estos [3]:

SINGVLAR.	PLVRAL.
Ni, yo.	*Ti,* nosotros.
Ti, tu.	*An,* vosotros.

Estos se usan en la conjugacion con los verbos, y no siruen

---

[1] Cette phrase a été omise dans le manuscrit MN.
[2] Cette ligne est biffée dans le manuscrit BN.
[3] *Var.* « Ay unos pronombres que, segun algunos que bien sienten, son particulas figuratiuas que denotan primeras y segundas personas, que se anteponen a nombres y verbos, y tienen el mesmo significado que los primeros, y son estos. » Manuscrit BN. Ce passage contient des surcharges et quelques ratures; mais le mot *valet* est écrit en marge.

mas de para las primeras y segundas personas del singular y plural. Ex. :

SINGVLAR.	PLVRAL.
Nitetlaçotla, yo amo.	*Titetlaçotla*, nosotros amamos.
Titetlaçotla, tu amas.	*Antetlaçotla*, vosotros amais.

Y en las terceras personas de entramos numeros no usan pronombres, sino ponen el verbo absoluto, y diferencian el plural del singular con añadirle una *h*, no porque se pronuncie, sino por distinguir la escriptura [1]. Ex. : *tetlaçotla*, aquel ama; *tetlaçotlah*, aquellos aman.

Y quando estos pronombres se ayuntan a nombres se entiende el presente de *sum, es, fui*. Ex. :

SINGVLAR.	PLVRAL.
Niqualli, yo soy bueno.	*Tiqualhtin*, nosotros somos buenos.
Tiqualli, tu eres bueno.	*Anqualhtin*, vosotros sois buenos.
Qualli, aquel es bueno.	*Qualhtin*, aquellos son buenos.

Y con estos siempre el nombre con quien se juntan se queda entero, sin perder nada del principio ni del fin, mas antes quando se juntan *ni, ti* a diction que comiença en vocal pierden la *y*, y la consonante, que queda del pronombre, hiere a la vocal de la tal diction. Ex. :

Yxpopoyutl, ciego; *nixpopoyutl*, yo soy ciego.
Achcautli, principal; *tachcauhtli*, tu eres principal.

Sacanse los nombres que comiençan en *u* diuisa, que es quando despues della se sigue otra vocal, porque con estos ni se pierde la vocal del pronombre ni del nombre. Ex. :

Veue, viejo; *niueue*, yo soy viejo.
Vey, grande; *tiuey*, tu eres grande.

Pero quando estos pronombres *ni, ti, an*, se juntan con *no*,

---

[1] Dans le manuscrit MN, on lit *las personas*, à la place de *la escriptura*.

mo, y, el nombre a quien se anteponen a de perder algo. Ex.: *pilhtzintli*, hijo, *nimopilhtzin*, yo soy tu hijo. De lo qua se dira adelante [1].

DE LOS PRONOMBRES QUE SE AYVNTAN SOLAMENTE CON VERBOS.

Los pronombres que solamente se juntan con verbos son como passiuos, los quales denotan que la action del verbo passa de una persona a otra distincta. Y son estos :

SINGVLAR.	PLVRAL.
Nech, a mi.	*Tech*, a nosotros.
Mitz, a ti.	*Amech*, a vosotros.
C, vel *qui*, a aquel.	*Quin*, a aquellos.

Y con estos se juntan los pronombres *ni*, *ti*, *an*, los quales siempre siruen de persona agente. Y antepuestos a los ya dichos y juntados con el verbo hazen noticia entera como se vera mas a la larga en la materia de los verbos [2]. Ex.: *nimitztlaçotla*, yo te amo; *antechtlaçotlah*, vosotros nos amais.

Y en las terceras personas ponen el verbo absoluto anteponiendo el pronombre *nech*, o *mitz*, etc. *nechtlaçotla*, aquel me ama, etc.

DE LOS PRONOMBRES REFLEXIVOS.

Ay otros pronombres que ayuntados con los verbos se pueden dezir reflexiuos porque la action del verbo se queda en la mesma persona que haze. Y son los siguientes :

SINGVLAR.	PLVRAL.
Nino, yo a mi.	*Tito*, nos a nosotros.
Timo, tu a ti.	*Amo*, vos a vosotros.
Mo, aquel a si.	*Mo*, aquellos a si.

---

[1] Voir Primera parte, capitulo quinto.
[2] Voir Segunda parte, capitulo nono.

Estos no pueden estar sin los verbos, y con ellos tienen la significacion ya dicha. Ex. :

SINGVLAR.	PLVRAL.
Ninochicaua, yo me esfuerço.	*Titochicaua*, nosotros nos esfuerçamos.
Timochicaua, tu te esfuerças.	*Amochicaua*, vosotros vos esforçais.
Mochicaua, aquel se esfuerça.	*Mochicauah*, aquellos se esfuerçan.

Y es de notar que estos mismos pronombres muchas vezes ayuntados a los verbos no denotan reflexion, sino que el mismo verbo los tiene de su cosecha. Ex. : *ninoçaua*, yo ayuno; *timoçaua*, tu ayunas, etc.

Tambien juntados otras vezes a los verbos denotan reuerencia sin reflexion. Ex. : *ninotetlaçotilia*, yo amó a alguno. Y aunque este mesmo verbo se podra, quitado el *te*, hazer reflexiuo, dixiendo : *timotlaçotilia*, vos señor, o vm. os amais. De lo qual se tratara en la materia de los verbos [1].

Los pronombres con preposiciones son : *no, mo, y;* plural, *to, amo, yn.* Ex. : *notech*, cerca de mi, etc., ut in tertia parte [2].

CAPITVLO QVARTO.

DE LOS PRONOMBRES POSSESSIVOS DERIVATIVOS, Y DE LO QVE PIERDEN ESTOS PRONOMBRES QVANDO SE IVNTAN A LOS NOMBRES.

Los pronombres possessiuos, que, segun gramatica, se suelen dezir deriuatiuos, no se pueden segun esta significacion juntar sino con solos nombres, y son los siguientes :

---

[1] Voir Segunda parte, capitulo trecono.
[2] Capitulo primero. — Cet alinéa n'est pas dans le manuscrit BN, et les trois lignes précédentes y sont *bâtonnées*.

SINGULAR.	PLURAL.
No, mio.	*To,* nuestro.
Mo, tuyo.	*Amo,* vuestro.
Y, de aquel.	*Yn,* de aquellos.
Te, de alguno o de algunos.	

SINGVLAR.	PLVRAL.
Notlaxcalh [1], mi pan.	*Totlaxcalh,* nuestro pan.
Motlaxcalh, tu pan.	*Amotlaxcalh,* vuestro pan.
Ytlaxcalh, el pan de aquel.	*Yntlaxcalh,* el pan de aquellos.
Tetlaxcalh, el pan de alguno o de algunos.	

Estos pronombres tambien se juntan con preposiciones, y entonces son primitiuos y no tienen significado de possessiuos. Ex. :

Singular : *noca,* de mi; *moca,* de ti; *yca,* de aquel.

Plural : *toca,* de nosotros; *amoca,* de vosotros; *ynca,* de aquellos; *teca,* de alguno o algunos.

Y es de notar que cada y quando que la *n* de los pronombres *an, yn* hallan delante de si vocal, la *n* se buelue en *m*, y hiere en la vocal que se le sigue. Ex. : *aci,* allegar, *amaci,* vosotros allegais; —*amatl,* papel, *ymamauh,* el papel de aquellos.

Sacanse los que començaren en *u* vocal, porque con estos se pierde del todo la *n*. Ex. : *uilutl,* paloma, *yuilox,* las palomas de aquellos. Y lo mesmo sera siguiendose *ç, x,* ut in tertia parte, cap. VI, circa fines [2].

Yten es de saber que estos quatro pronombres possessiuos *no, mo, to, amo,* juntandose a nombres que comiencen en una desta tres vocales *a, e, o,* perderá el pronombre la *o* y la con-

---

[1] De *tlaxcalli.* — Les règles concernant ce mode de composition sont exposées au chapitre VI. On verra un peu plus loin, chapitre VII, que les noms de choses inanimées n'ont pas de marque de pluriel; de telle sorte que *notlaxcalh* peut signifier mon pain ou mes pains.

[2] Cette remarque est tirée du manuscrit MN.

sonante del pronombre herira a la vocal siguiente [1]. Ex. : *atl*, agua, *nauh*, mi agua; — *etl*, frisoles, *neuh*, mis frisoles; — *oquichtli*, hombre, *noquichhui*, vel *noquich*, mi hombre [2].

Si el nombre que se siguiere despues de los dichos pronombres *no*, *mo*, etc. començare en *y*, perderse a la *y* del nombre, y quedara la *o* del pronombre. Ex. : *icxitl*, pie, *nocxi*, mi pie.

Sacanse los siguientes :

Yetl, çahumerio,	*niyeuh*, mi tal çahumerio.
Ychcueitl, naguas de muger,	*nichcue*, vel *nochcue*, mis naguas.
Ylama, vieja,	*nilamatcauh*, mi vieja.
Ychtli, hilo de maguei,	*nich*, *nochhui*, vel *nichhui*.
Yhiyutl, resollo,	*nihiyo*.
Ypotoctli, vaho, o exalacion,	*nipotoc*.
Ytacatl, despensa de camino,	*nitac*.
Ytetl, vientre,	*nite*.
Ytztli, navaja de piedra,	*nitz*, vel *nitzhui*.
Yuitl, pluma,	*niuiuh*.

Y tambien se sacan los que despues de la *y* tuuieren *x*, los quales no perderan la *y*, antes se perdera la *o* del pronombre. Ex. : *yxquamulli*, cejas, *nixquamulli*, mis cejas. Destos uno hallo que sigue la regla general de los de *y*, y es : *yxuiuhtli*, nieto, el qual haze *noxuiuh* [3].

Y si los dichos pronombres se juntaren con diction que comiença en *u* diuisa, por la mayor parte ni el pronombre ni la diction a que se juntaren perderan su vocal. Ex. : *ueuetl*, atabal, *noueueuh*, mi atabal.

Todo lo sobre dicho se entiende quando con los nombres que comiençan en vocal se juntan los dichos pronombres *no*,

---

[1] *Var.* «a la vocal del nombre.» Manuscrit MN.
[2] Révér. *noquichhuatzin*, mon mari, mon amant.
[3] Mais avec la particule *te*, l'*i* est conservé, *teixuiuh* (Vocab. de Molina), comme l'indique, d'ailleurs, la remarque qui termine ce chapitre IV.

mo, to, amo. Porque quando precedieren *y* que denota la tercera persona del singular de los pronombres possessiuos, y esta particula *te* quando denota possession, que quiere dezir de alguno o de algunos, entonces ni el nombre perdera la vocal en que comiença, ni tampoco se perdera la *y*, o la *e* del *te*. Ex.: *yxtelolotli*, ojo, *yixtelolo*, su ojo de aquel : — *teaxca* [1], cosa de alguno.

CAPITVLO QVINTO.

DE LA COMBINACION QVE HAZEN ESTOS PRONOMBRES *NO, MO, Y*, ETC. CON *NI, TI, AN*, Y DE COMO ALGVNOS NOMBRES NO PVEDEN ESTAR SIN *NO, MO, Y*, Y COMO CON OTROS NO SE PVEDEN IVNTAR.

Vna combinacion se haze muchas vezes en esta lengua juntando estas dos diferencias de pronombres y anteponiendo los a los nombres en la qual siempre precederan *ni, ti, an,* a *no, mo, y,* y juntados con el nombre haran oracion perfecta del presente de *sum, es, fui*, en la manera que sigue :

SINGVLAR.

Nimopilhtzin, yo soy tu hijo.
Nipilhtzin, yo soy hijo de aquel.
Namopilhtzin, yo soy vuestro hijo.
Nimpilhtzin, yo soy hijo de aquellos.
Nitepilhtzin, yo soy hijo de alguno, o de algunos.

Tinopilhtzin, tu eres mi hijo.
Tipilhtzin, tu eres hijo de aquel.
Titopilhtzin, tu eres nuestro hijo.
Timpilhtzin, tu eres hijo de aquellos.
Titepilhtzin, tu eres hijo de alguno, o de algunos.

[1] De *axcaitl*, ou *axcatl*, bien, propriété, chose. Ce substantif n'est guère employé qu'en composition.

Nopilhtzin, aquel es mi hijo.
Mopilhtzin, aquel es tu hijo.
Ypilhtzin, aquel es hijo de aquel.
Topilhtzin, aquel es nuestro hijo.
Amopilhtzin, aquel es vuestro hijo.
Ympilhtzin, aquel es hijo de aquellos.
Tepilhtzin, aquel es hijo de alguno, o de algunos.

PLVRAL.

Timopilhuan, nosotros somos tus hijos.
Tipilhuan, nosotros somos hijos de aquel.
Tamopilhuan, nosotros somos vuestros hijos.
Timpilhuan, nosotros somos hijos de aquellos.
Titepilhuan, nosotros somos hijos de alguno, o de algunos.

Annopilhuan, vosotros sois mis hijos.
Amipilhuan, vosotros sois hijos de aquel.
Antopilhuan, vosotros sois nuestros hijos.
Amimpilhuan, vosotros sois hijos de aquellos.
Antepilhuan, vosotros sois hijos de alguno, o de algunos.

Nopilhuan, aquellos son mis hijos.
Mopilhuan, aquellos son tus hijos.
Ypilhuan, aquellos son hijos de aquel.
Topilhuan, aquellos son nuestros hijos.
Amopilhuan, aquellos son vuestros hijos.
Ympilhuan, aquellos son hijos de aquellos.
Tepilhuan, aquellos son hijos de alguno, o de algunos.

Es tambien de notar que ay algunos nombres que no pueden estar sin los pronombres *no, mo, y,* etc. o otras particulas, quiero decir que por si solos no significan nada y juntados con ellas significan algo.

ESTOS NO SE DIZEN, PERO ALGVNOS SI EN OTRO SENTIDO.	ESTOS SE DIZEN, Y OTROS DE PARENTESCO CON LOS PRONOMBRES.
Axcall (poco se usa),	*naxca,* mi cosa, o mio.
Camatl,	*cencamatl*[1], vel *quezqui camatl,* una palabra.

[1] De *ce,* un, une, en composition *cen* ou *cem,* et de *camatl,* bouche, par extension, parole. Le manuscrit MN ne porte pas «vel *quezqui camatl.*» — *Cencamatl* signifie aussi une bouchée. (Voir le Vocab. de Molina.)

Chan[1],	*nochan*, mi casa, o en mi casa.
Celh,	*çan*[2] *nocelh*, yo solo; *tecelh*, no se dize.
Elh,	*nelh*, soy diligente.
Machtli,	*nomach*, mi sobrino.
Neuya,	*noneuya* { mi causa, o mi culpa, o voluntad; de mi proprio arbitrio, o voluntad [3].
Pilhpull,	*nopilhpo*, mi primera muger.
Pilhul,	*nopillo*, mi sobrina (dize la tia).
Pitli,	*nopi*, mi hermana mayor (dize sola la muger).
Tenitztica,	*ytenitztica*, su filo de la herramienta.
Tentli,	*cententli*[4], una palabra.
Textli,	*notex*, mi cuñado.
Tlatli,	*notla*, mi tio.
Vepulli,	*nouepulh*, mi cuñada.
Yautl[5],	*noyauh*, mi enemigo.
Ycuitl[5],	*nicui*, mi hermana, o hermano menor (dize sola la muger).
Yotl,	*çanio*, yo solo.
Yxcoya,	*nixcoya* { mi causa, o culpa, o arbitrio; de mi proprio arbitrio, o voluntad [6].

Otros aura mas destos, el uso los dara a entender, como son algunos nombres de parentesco [7].

Ay otros nombres a los quales no se pueden juntar los pronombres *no*, *mo*, *y*, etc. y por ser muchos no se pondran aqui

[1] Le primitif inusité est *chantli*.

[2] *Çan* signifie seulement.

[3] Cette ligne est tirée du manuscrit BN, qui porte la première ligne biffée.

[4] *Tentli* signifie lèvre, et, par extension, parole. Cf. *cencamatl* (note 1, p. 24).

[5] Le manuscrit MN porte *yautli*, *ycuitli*. Au lieu de *nicui*, on lit *nicuh*, *teicu*, dans le *Compendio del arte del P. Carochi*, par I. de Paredes (p. 106), et dans le Vocab. de Molina.

[6] Même observation que dans la note (3). — Les copistes ont écrit à tort *Xcoya* au lieu de *Yxcoya*, puisqu'on dit avec les pronoms possessifs *no*, *mo*, *i*, etc. *nixcoya*, *mixcoya*, *ixcoya* (pour *iixcoya*), etc.

[7] Ce dernier membre de phrase n'est pas dans le manuscrit BN.

todos, pero poner se han algunos para que por el significado dellos se saquen otros.

Acueyutl, ola de la mar.
Apuctli, vaho de la agua.
Cemanauatl, mundo.
Centacatl, una mata de verdura no arrancada, o mata tal.
Cepayauitl, nieue.
Cetl, yelo.
Citlali, estrella.
Chichipictli [1], gotera.
Ylhuicatl, cielo.
Metztli, luna.
Mixtli, nuue.
Machico, el que no haze cosa aderechas. (De Tlaxcala, poco le usan.)
Quaqualactli [2], trueno.
Quiauitl, pluuia.
Tlacatl, persona.
Tlatlatziniliztli, rayo.
Tlalhticpactli, la tierra o mundo.
Tlapetlaniliztli, relampago.
Tlaztalutl, la alua del dia.
Tenchico [3], hombre parlero, que no guarda secreto, o llagado en el labio (Tlaxcala).
Tonatiuh, sol.
Taoyutl, guerra.
Yxnaca [4], persona que tiene carne colgada en la cara, o en el ojo (por burla lo dizen) [5].

Y tampoco se juntaran con los dichos pronombres los

---

[1] Ce mot n'est pas dans le manuscrit MN. On lit à la place *tlapetlani* (verbe), pour le substantif *tlapetlaniliztli* que nous avons mis plus loin en suivant l'ordre alphabétique. — Molina traduit *Chichipictli* par «gota de cosa liquida.»

[2] Du verbe *quaqualaca*. — Le manuscrit BN porte *quaqualachtli*.

[3] Litt. langue immodérée, de *tentli*, lèvre, parole, et de *chico*, sans retenue, de travers.

[4] De *ixtli*, visage, œil, et de *nacatl*, chair.

[5] Cette fin «o en el ojo (por burla lo dizen)» est tirée du manuscrit MN.

nombres de ydolos, pueblos, rios, y nombres proprios de personas, y otros algunos, cuyo significado nos dara a entender si pueden rescebir los tales pronombres.

CAPITVLO SEXTO.

DE LO QVE LOS PRONOMBRES NO, MO, Y, ETC. HAZEN PERDER A LOS NOMBRES QVANDO SE IVNTAN CON ELLOS.

Quando los pronombres *no, mo, y,* etc. se juntan a los nombres les hazen por la mayor parte perder algo o mudar, y lo que perdiere el simple perdera su compuesto, y para conoscer que es lo que han de perder, o mudar, se ponen las siguientes reglas.

PRIMERA REGLA.

Los nombres acabados en *atl, etl, otl, utl,* bueluen el *tl* en *uh*. Ex. :

Atl, agua,	*nauh,* mi agua.
Tetl, piedra,	*noteuh.*
Xocotl, mançana,	*noxocouh.*
Ayutl, tortuga,	*nayuuh.*

De los de *atl* se sacan estos :

Camatl, boca,	*nocamac* [1], mi boca.
Cochiatl, pestaña del ojo,	*nocochia* [2].
Cozcatl, joyel,	*nocozqui.*
Cuezcomatl, troxe,	*nocuezcon.*
Cuicatl, canto,	*nocuic.*

[1] On dit aussi : *nocan.* (Voir le *Compendio,* par Paredes, p. 107.)
[2] Le manuscrit BN porte, par erreur, *nocochian,* ma chambre à coucher, mon lit, de *cochiantli.*

Cuitlatl, suziedad del hombre,	*nocuitl.*
Cuitlaxayacatl, lomos, o caderas,	*nocuitlaxayac.*
Cemmatl, una braça [1],	*nocemma*, vel *nocemmauh.*
Ciacatl, sobaco,	*nociac*, vel *nociacauh.*
Ytacatl, despensa de camino,	*nitac.*
Malacatl, huso,	*nomalac.*
Matlatl, red,	*nomatl.*
Maxtlatl, bragas,	*nomaxtli.*
Metlatl, piedra de moler,	*nometl.*
Nanacatl, hongo,	*nonanac*, vel *nonanacauh.*
Petlatl, petate o estera,	*nopetl.*
Tecomatl, vaso,	*notecon.*
Tzontecomatl, cabeça,	*notzontecon.*
Tlamamatlatl, escalera de piedra,	*notlamamatl.*
Xayacatl, cara o rostro,	*noxayac.*
Xopetlatl, cimiento,	*noxopetl.*
Xonacatl, cebolla,	*noxonac.*
Yacatl, narizes,	*noyac.*

De los de *etl* se sacan estos :

Ytetl, vel *ytitl* [2], vientre,	*nite*, vel *niti*, mi vientre.
Yztetl, vel *yztitl* [2], uña,	*nizte*, vel *nizti.*

De los de *utl* se sacan estos :

Yhiyutl, resollo,	*nihiyo*, mi resollo.
Tzutl, suziedad,	*notzuyo* (y este toma de *tzuyutl*).

Y tambien se sacan todos los deriuados en *yutl*, vel en *lutl*, los quales pierden el *tl* y no toman *uh*. Como *nacayutl*, cosa de carne, *nonacayo*. Y destos en su lugar se dira.

[1] *Var.* «una braçada,» manuscrit BN. *Cemmatl*, mesure de longueur, est formé de *ce*, ou *cem*, un, et de *maitl*, main, bras.

[2] Les lettres *e* et *i* sont souvent employées l'une pour l'autre; de là les mots *ytetl* ou *ytitl*, *yztetl* ou *yztitl*, portés sur le manuscrit BN. Le dernier substantif *yztetl* ou *yztitl*, ongle, fait aussi en composition *nozte*, *nozti* (voir le *Compendio*, par Paredes, p. 108) et *tozte*, *tozti* (Vocab. de Molina).

SEGVNDA REGLA.

Los acabados en *itl* bueluen el *itl* en *uh*. Ex. :

Çoquitl, barro,	*noçoquiuh.*
Chiquiuitl, cesto,	*nochiquiuh.*
Ilhuitl, dia o fiesta,	*nolhuiuh.*
Yuitl, pluma,	*niuiuh.*
Quauitl, madero, arbol o palo,	*noquauh.*
Tecoçauitl, yerua amarilla,	*notecoçauh.*
Tlauitl, almagre,	*notlauh.*
Xiuitl, yerua o hoja, o cierta piedra preciosa,	*noxiuh.*
Yauitl, maiz negro,	*noyauh* [1].

Sacanse los siguientes :

Auitl, tia,	*naui*, mi tia.
Comitl, olla,	*nocon.*
Cueitl, ropa de muger,	*nocue.*
Cuemitl, la era o camellon,	*nocuen.*
Chichitl, saliua,	*nochichi.*
Chinamitl, seto,	*nochina.*
Icxitl, pie,	*nocxi.*
Maitl, mano,	*noma.*
Mixitl, yerua que desatina,	*nomix.*
Panitl, vandera,	*nopan.*
Quaitl, lo alto de alguna cosa,	*noqua.*
Quilitl, verdura,	*noquilh.*
Tenamitl, seto, o muro,	*notenan.*
Tlanquaitl, rodilla.	*notlanqua.*
Tlaquemitl, vestidura,	*notlaquen.*
Tlatquitl, hazienda,	*notlatqui.*
Tocaitl, nombre,	*notoca.*
Tozquitl, garganta, o voz,	*notozqui.*
Xamitl, adobe,	*noxan.*

[1] L'un et l'autre manuscrit ne donnent qu'un seul exemple. *Çoquitl* (BN); *Quauitl* (MN). Les sept autres exemples sont tirés du manuscrit BN qui les fait, à tort, figurer dans la liste des exceptions.

Y tambien se sacan los que tienen *x* antes del *itl*, que por la mayor parte pierden todo el *itl* [1]. Ex. : *caxitl*, escudilla, o cosa semejante, *nocax*, mi tal, etc.

TERCERA REGLA.

Los acabados en *li* todos generalmente se escriuen con dos *ll*, y bueluen el *li* en *h* por causa de la pronunciacion, como se vera en la orthographia. Ex. : *calli*, casa, *nocalh*, mi casa.

QVARTA REGLA.

Los que fenescen en *tli* pierden el *tli* sin tomar nada. Ex. : *citli*, abuela, o liebre, *noci*.

Sacanse los siguientes :

Eztli, sangre,	*neço*.
Ichtli, cerro de maguei,	*nich*, vel *nochhui*, vel *nichhui*.
Itztli, nauaja,	*nitz*, vel *nitzhui*.
Oquichtli, hombre,	*noquichhui*, vel *noquich*.
Tlacutli, esclauo,	*notlacauh*.
Vtli, camino,	*noui*.

QVINTA REGLA.

Los nombres substantiuos primitiuos que fenescieren en alguna otra syllaba o terminacion fuera de las dichas ayuntandose con los pronombres possessiuos no perderan nada los tales nombres. Ex. : *tuça*, rata, *notuça*.

Sacanse los siguientes :

Quanaca, aue de España,	*noquanacauh*.
Ylama, vieja,	*nilamatcauh*.
Veue, viejo,	*noueuetcauh*.
Ytecucuc, cierta aue, o cierto pan,	*nitecucucauh*.
Tapayaxi, sapillo,	*notapayax*.

Y es de notar que generalmente lo mesmo que pierden los

---

[1] Ce dernier membre de phrase est tiré du manuscrit MN.

nombres de las letras o syllabas finales con los pronombres *no, mo, y,* etc. perderan con esta particula *te* quando denota possession. Ex. : *ciuatl,* muger, *teciuauh,* muger de alguno; *oquichtli,* hombre, *teoquichhui,* vel *teoquich,* marido de alguna [1].

Comiença la materia de los nombres.

CAPITVLO SEPTIMO.

DE LOS NOMBRES PRIMITIVOS SVBSTANTIVOS, Y DE COMO FORMAN EL PLVRAL.

En esta lengua ay nombres substantiuos y adjectiuos primitiuos, deriuatiuos, simples, compuestos, diminutiuos, numerales, relatiuos, comparatiuos y superlatiuos. Y de todos se hablara en particular.

Los nombres que en la gramatica llamamos substantiuos lo seran tambien en esta lengua. Ex. : *oquichtli,* hombre. Y en ellos no ay dificultad que requiera particular capitulo, y ansi los juntamos con los deriuatiuos.

Para lo qual es de saber que los nombres substantiuos son en dos maneras : unos primitiuos, como *tlacatl,* persona, y otros deriuatiuos, como *tlacayutl,* humanidad, o cosa de hombre. De los deriuatiuos hablarse ha en el capitulo siguiente.

DE COMO DAN PLVRAL A LOS SVBSTANTIVOS PRIMITIVOS.

Quanto a los substantiuos primitiuos es de notar que no

---

[1] Les cinq règles contenues dans ce chapitre ne sont relatives qu'à la composition des noms *primitifs* avec les pronoms possessifs. Celle des *dérivés* avec ces mêmes pronoms est exposée dans les chapitres viii et ix.

tienen declinaciones, pero hazen diferencia entre el singular y el plural, añadiendo o mudando en el plural alguna letra, o syllaba, y esto mesmo haran todos los otros nombres deriuatiuos de los quales se dira en su lugar.

Primeramente es de saber que dar plural a los nombres que significan cosas animadas es comun y general en todas las prouincias; pero a los que significan cosas ynanimadas en algunas se le dan y en otras no. Y donde no le dan supplen el dicho plural con este nombre *miec* que quiere dezir muchos, o muchas, anteponiendole al nombre en el singular. Y ansi dizen : *miec uapalli*, muchas tablas.

Pero los nombres substantiuos primitiuos ahora signifiquen cosas animadas o ynanimadas si tuuieren plural sera por la mayor parte en una destas terminaciones *tin, me*. Ex.: *teuctli*, principal, plural *teteuctin*; — *petlatl*, petate, *petlame*.

Y estas particulas ya dichas no las toman indiferentemente todos los nombres. Porque algunos toman *tin* que no pueden tomar *me*, y al contrario; y tambien ay otros que las toman entrambas.

Y para saber los nombres que toman *tin*, y los que toman *me*, se deue notar [1] que los que acabaren en *tli, li* por la mayor parte tomaran *tin*. Ex.: *quauhtli*, aguila, plural *quauhtin*, vel *quaquauhtin*; — *çulli*, codorniz, plural *çulhtin*, vel *çuçulhtin*.

Y los que acabaren en *tl* o en otra terminacion los mas tomaran *me*. Ex.: *tzitzimitl*, demonio, plural *tzitzimime*; — *alo*, papagayo grande, plural *alome*.

Tambien algunos tomaran el *tin, me* indiferentemente. Ex.: *caxitl*, escudilla, plural *caxtin*, vel *caxme*. Lo mismo haran con los nombres que de nuestro castellano toman. Ex.: *angel*, plural *angelotin*, vel *angelome*.

---

[1] *Var.* «se denotara.» Manuscrit BN.

Y no todos los nombres substantiuos haran el plural en *tin* o en *me*, porque algunos se sacan desta regla y son los siguientes :

SINGVLAR.	PLVRAL.
Amantecatl, oficial.	*Amanteca.*
Ciuatl, muger.	*Ciua.*
Ylama, vieja.	*Ylamatque.*
Oztomecatl, mercader.	*Oztomeca.*
Puchtecatl, mercader.	*Puchteca.*
Tlacatl, persona, o señor.	*Tlaca.*
Tultecatl, oficial, o mercader.	*Tulteca.*
Ueue, viejo.	*Ueuetque.*

Tambien ay otros que toman el *tin*, *me*, redoblando la primera o segunda sillaba. Ex. :

SINGVLAR.	PLVRAL.
Achcauhtli [1], hidalgo.	*Achcacauhtin.*
Pilli, principal.	*Pipiltin.*
Vilutl, paloma.	*Viuilome.*

Ay otros que, con redoblar la primera o segunda sillaba, no pierden nada, ni toman *tin*, *me*. Ex. [2] :

SINGVLAR.	PLVRAL.
Acueyutl, ola de la mar.	*Acuecueyutl.*
Milhcalatl, cierta rana.	*Milhcacalatl.*
Tlatolli, platica.	*Tlatlatolli.*

---

[1] Formé de *achto*, premier, et de *caua*, surpasser, ce mot signifie qui a la première place, le premier rang, la meilleure part; de là *teachcauh* ou *tiachcauh*, frère ainé, supérieur, chef; *acalco teachcauh*, patron, maître de navire; *acallachiani yn teachcauh*, pilote principal, etc.

[2] Les cinq lignes qui suivent ici manquent dans le manuscrit MN, de manière qu'il n'y a plus concordance entre les règles et les exemples.

Otros redoblan la primera sillaba y pierden algo del fin y no toman *tin, me*. Ex.:

SINGVLAR.	PLVRAL.
Coatl, culebra.	*Cocoa.*
Cueyatl, rana.	*Cuecueya.*
Culutl, alacran.	*Cuculu.*
Cuyutl, adiue.	*Cucuyo.*
Chiqualutl, cierta aue.	*Chichiqualo.*
Maçatl, venado.	*Mamaça.*
Muyutl, moxquito.	*Mumuyu.*
Teculutl, buho.	*Teteculo.*
Tepetl, sierra.	*Tetepe.*
Teutl, dios.	*Teteu.*
Tzilutl, cierta aue.	*Tzitzilu.*
Vexolutl, gallo.	*Veuexolu.*

Algunos mas aura, pero estos se me offrescen agora.

Y es de notar que quando los nombres en el plural han de tomar estas particulas *tin, me*, siempre han de perder alguna sillaba o letras del fin, y para que en breue se sepan que es lo que han de perder, digo que si acabaren en *tl, tli, lli*, las perderan, y sobre lo que quedare tomara el nombre el *tin*, o *me*. Ex.:

SINGVLAR.	PLVRAL.
Pilli [1], principal.	*Pipilhtin.*
Petlatl, petate.	*Petlame.*
Oquichtli, hombre.	*Oquichtin* [2].

Los demas que ouiere substantiuos primitiuos en otras terminaciones, sin perder nada, tomaran *me* por la mayor parte. Ex.: *tuça*, rata, *tuçame* [3].

[1] En composition avec les possessifs *no, mo, i*, etc. ce nom signifie enfant, fils : *nopiltzin*, mon fils; *nopilhuan*, mes fils. On se sert de *nopiltzintzin*, pour dire mon Seigneur. (Voir le *Compendio*, par Paredes, p. 20.)

[2] Ce nom fait aussi *oquichme*.

[3] Ces substantifs sont peu nombreux et ont aussi le pluriel terminé en *tin* : *texcan*, punaise, *texcanme* ou *texcantin*. (*Compendio*, par Paredes, p. 9.)

CAPITVLO OCTAVO.

DE LOS NOMBRES SVBSTANTIVOS DERIVATIVOS.

Los nombres substantiuos unos son primitiuos, y otros deriuatiuos. Emos dicho de los primitiuos, digamos agora de los deriuatiuos.

Para lo qual es de notar que los substantiuos unos se deriuan solamente de nombres, y otros indiferentemente de nombres y adverbios, y otros de solos verbos.

Catl. — Los que salen solamente de nombres, unos acaban en *catl*, y estos se deriuan de pueblos y significan el hombre o persona de aquel pueblo de donde se deriuan, y estos en el plural pierden el *tl* y quedan en *ca*. Ex.: de *Mexico, Mexicatl*, hombre de Mexico; plural, *Mexica*; de *Tlaxcalla, Tlaxcalhtecatl*, hombre de Tlaxcalla; plural, *Tlaxcalhteca.*

Y para la formacion destos es de notar que los nombres de pueblos por la mayor parte fenescen en las siguientes sillabas o letras: *c* [1], *can, chan, co, lla, ma, pa, titlan, tlan.* Los que acaban en *c, can, co*, bueluen el *c, can, co*, en *catl*. Ex.: *Tepexic*, cierto pueblo, *Tepexicatl*, persona de tal pueblo; — *Michuacan, Michuacatl*, morador de tal pueblo [2]: — *Mexico, Mexicatl*, hombre de Mexico.

Y el plural forman quitando el *tl*. Ex.: *Mexicatl, Mexica*; — *Michuacatl, Michuaca* [3]; y ansi haran algunos otros.

Y es de notar que algunos destos acabados en *can* hazen tambien el singular en *ua* perdiendo el *can*, y en el plural sobre el singular toman *que*. Ex.: *Culhuacan, Culhua*, persona

---

[1] Le manuscrit MN indique de plus une terminaison en *ca*, mais ne donne pas d'exemple correspondant.

[2] On dit aussi: *Michua*, ou *Michhua*. (*Compendio*, par Paredes, p. 145.)

[3] Le manuscrit BN fait *Michuahque* du singulier *Michua* qu'il ne mentionne pas.

de tal pueblo, vel *Culhuacatl*; plural, *Culhuaque*, vel *Culhuaca*. Pero este singular en *catl* se usa poco [1].

De los de *chan* no se forman deriuatiuos en *catl*, pero suplenlos con estos nombres, *tlacatl, calle, chane*. Ex. : *Quauhtinchan tlacatl*, vel *Quauhtinchan calle*, vel *Quauhtinchan chane*, persona de tal pueblo.

Y con estos mismos nombres diran en el plural *Quauhtinchan tlaca*, vel *calhque*, vel *chaneque*.

Y esta manera de dezir se usa en todos [2] los otros nombres que tienen sus deriuatiuos en *catl*, como Mexico, *Mexico tlacatl*, vel *chane*, vel *calle*.

Los acabados en *lla, tlan*, las bueluen en *te* y añaden *catl*. Ex. : de *Tlaxcalla, Tlaxcaltecatl*, hombre de Tlaxcalla; — de *Çacatlan, Çacatecatl*.

Los acabados en *ma* bueluen la *a* en *é* y añaden *catl*. Ex. : *Aculhma, Aculhmecatl*; plural, *Aculhmeca* [3].

Los acabados en *pa* [4] toman *ne*, y sobre el *ne*, *catl*. Ex. : *Otumpa, Otumpanecatl*, el hombre de tal pueblo.

Los acabados en *titlan* no forman deriuatiuos en *catl* propriamente, pero suplense, como los de *chan*, por estos nombres *tlacatl, chane, calle* [5], diziendo *Quauhtitlan tlacatl*, vel *chane*, vel *calle*; plural, *Quauhtitlan tlaca, chaneque*, vel *calhque*.

Y estos con los pronombres *no, mo, y*, bueluen el *tl* en *uh*, y en el plural en *uan*. Ex. : *Tlaxcalhtecatl, notlaxcalhtecauh*, mi tlaxcalteca; plural, *notlaxcalhtecauan*. Pero poco usan juntarlos con los dichos pronombres.

---

[1] Cette remarque restrictive est tirée du manuscrit MN.
[2] *Var.* « Se usa tambien en *algunos* de los otros nombres, etc. » Manuscrit MN.
[3] Le pluriel est tiré du manuscrit MN.
[4] Ou pan : *Ixtlapalapan*.
[5] Ou bien encore : *calqui* ou *calcatl*. Ex.: *Quauhtitlancalqui*. ou *calcatl*, habitant de Quauhtitlan. (*Compendio*, par Paredes, p. 145.)

DE LOS DERIVATIVOS POSSESSIVOS.

Ay otros substantiuos deriuatiuos que se pueden dezir possessiuos, y descienden de solos nombres y fenescen en una destas terminaciones *e, ua* [1].

Estos significan el dueño o señor de aquello que importa el nombre de donde salen, y para el plural todos toman *que*, sobre el singular. Ex.: *milli*, la heredad; *mille*, el dueño o señor della; plural, *milleque*; — *atl*, agua; *aua*, el dueño de la agua; plural, *auaque*.

Y para saber que nombres tomaran *e*, y quales *ua*, se deuen notar las reglas siguientes.

PRIMERA REGLA.

Quando perdiendo el nombre lo que ha de perder quedare en vocal tomara el *ua*. Ex.: *atl*, agua; *aua*, el señor de la agua. Sacase *cuicatl*, canto, que tambien haze *cuique*, señor del canto; plural, *cuiqueque*. Y destos que tienen *c* antes de la *atl*, algunos aura que hagan en *que*, como *cuicatl*, aunque sigan la regla.

SEGVNDA REGLA.

Quando el nombre perdiendo lo que ha de perder quedare en consonante puede indiferentemente tomar *e*, o tomar *ua*. Ex.: *calli*, casa; *calle*, vel *calhua*, el señor della; — *caxitl*, escudilla; *caxe*, vel *caxhua*, etc. Sacase *piltzintli*, niño, que haze *pilhua* [2], madre que tiene hijo. Pero los en *ua* son segun Tlaxcala [3].

---

[1] Les grammairiens postérieurs à Olmos distinguent d'autres dérivés en *o* marquant aussi la possession, comme *teuhyo*, qui a de la poussière; *mahuiço*, qui a de la gloire, de l'honneur, etc. (Voir le *Compendio*, par Paredes, p. 141, et le Vocab. de Molina.) Olmos considère ces mots comme des adjectifs dérivés. (Voir cap. xi, p. 52.)

[2] Mais *piltzintli* venant de *pilli*, *pilhua* nous paraît être très-régulier.

[3] Cette remarque est dans le manuscrit MN.

Tambien se sacan los que quedaren en *n*, *m*, porque estos pueden tomar *e* sobre las tales letras o perdiendolas toman *ua*. Ex.: *centli*, maçorca de maiz; *cene*, vel *ceua*, el dueño, etc.; — *comitl*, olla; *come*, vel *coua*, el dueño, etc. El *ua* segun Tlaxcala [1].

Y tambien se sacan los que quedaren en *c* porque estos la bueluen en *que*, y tambien sobre la *c* toman *hua*. Ex.: *cactli*, cotaras; *caque*, vel *cachua*. El segundo segun Tlaxcala [2].

TERCERA REGLA.

Todos los nombres que no pierden nada sobre las tales letras o vocales en que acaban toman *ua*. Ex.: *tlatzca* [3], cipres; *tlatzcaua*, el dueño, etc.; — *ueue*, viejo; *ueueua*, señor del tal viejo. Destos se saca *tapayaxi*, sapillo, *tapayaxhua*.

Tambien se sacan los acabados en *chi* que bueluen la *i* en *e*, o sobre la *i* toman *ua*. Ex.: *chichi*, perro; *chiche*, vel *chichiua*, dueño del perro. El segundo segun Tlaxcala [4].

DE LOS QVE VIENEN DE VERBOS [5].

Los verbales en *qui* bueluen en *ca* y toman *ua*. Ex.: *tlapixqui*, guarda; *tlapixcaua*, el señor del tal guarda.

Y es de notar que todos estos possessiuos con los pronombres *no*, *mo*, *y*, añaden *cauh* en el singular, y en el plural toman *uan*, sobre el *ca* [6]; pero es de aduertir mucho que quando se juntan a los dichos pronombres mudan el significado, por-

---

[1] Cette remarque est dans le manuscrit MN.
[2] Idem. — Prononcez, en séparant les syllabes, *cac-hua*.
[3] Var. « *tlatzcan*. » Manuscrit BN.
[4] Remarque du manuscrit MN.
[5] Ce titre est tiré du manuscrit MN.
[6] Ici les deux manuscrits diffèrent sensiblement. Nous avons suivi le texte du manuscrit BN, et voici celui du manuscrit MN : « Ex.: *mille*, quiere dezir el dueño del maizal, o de la heredad, y *nomillecauh*, que quiere dezir mi tal dueño. Tlaxcala dize *notlallecauh*, vel *notlalhtecoyo*; y el dueño dize al rentero, *notlalhma*. Mexico le dize *nomayecauh*. » — *Notlallecauh*, de *tlalli*, terre, signifie mon maître

que *mille* quiere dezir el dueño del maizal, o de la heredad, y *nomillecauh* no quiere dezir mi tal dueño, sino mi guarda de mi maizal.

DE LOS DERIVATIVOS EN *YVTL*.

Ay otros deriuatiuos que salen de nombres que acaban en *yutl*, o en *lutl*, y significan el ser de la cosa, o lo que pertenesce, o es anexo a ella. Ex.: *teutl*, Dios; *teuyutl*, diuinidad, o cosa que pertenesce a Dios, o a su seruicio; — *maceualli, maceual, maceualutl*, vasallaje de *maceual*, o cosa que conuiene a *maceual*. Y estos no tienen plural, sino quando los juntan a los pronombres *no, mo, y* [1].

Y la formacion destos es, perdiendo lo que el nombre ha de perder, tomar *yutl*, y si el nombre quedare en *l* tomara *lutl*. Ex.: *çuquitl*, lodo; *çuquiyutl*, cosa de lodo; — *pilli*, hidalgo; *pillutl*, hidalguia.

Tambien estos deriuatiuos en *yutl, lutl* salen de nombres y aduerbios temporales, y la formacion dellos es diferente de los passados, porque en los que salen de nombres perdiendo lo que ha de perder toman *ca*, y sobre el *ca* añaden *yutl*. Ex.: *cexiuitl*, año; *cexiuhcayutl* [2], cosa deste año passado, scil. hecha, o cogida, vel *monamiccayutl*, vel *ye oxiuhcayutl*. De futuro no se dize [3].

Y si es aduerbio que no pierde nada tomara el *ca*, y sobre el *ca* se añadira el *yutl*. Ex.: *ye uecauhcayutl* [4]. No son en uso

de terre, et *notlalhtecoyo*, mon seigneur de terre (de *tlalli* et *tecutli*). Les deux derniers termes signifient la main, le bras de ma terre (de *tlalli* et *maitl*), et mon bras droit, ma bonne main (de *maitl* et *yectli*).

[1] Cette dernière phrase est du manuscrit BN. — Voir, à la fin de ce chapitre VIII, des exemples de ces substantifs au pluriel.

[2] Le manuscrit BN porte : « *xiuitl*, año; *xiuhcayutl*, » etc., au lieu de *cexiuitl*, etc.

[3] Ce qui suit le mot *cogida*, dans cette fin d'alinéa, est tiré du manuscrit MN. — *Monamiccayutl* vient de *monamiccan*, l'an passé.

[4] Chose du temps déjà ancien, antiquité.

los tales aduerbios temporales de dias, como el siguiente : *axcan*, oy, *axcancayutl*, la cosa deste dia, no se dize, sino : *quin omochiuh* [1]; y para cosas de simiente dizen : *quin amaneua* [2].

Y quando de algunos nombres verbales se deriuaren estos de *yutl*, formar se han de la tercera persona del preterito plusquamperfecto de la boz de actiua añadiendo *yutl*. Ex. : *tlatoani*, señor o hablador ; *otlatoca*, aquel avia hablado ; *tlatocayutl*, cosa de señorio ;

Tlaxinqui, carpintero ; *otlaxinca*, aquel auia labrado ; *tlaxincayutl*, cosa de carpintero ;

Tlacuilo, escriuano ; *otlacuiloca*, aquel auia escripto ; *tlacuilocayutl*, cosa de escriuano.

Los que descienden de nombre de pueblos, como de *Mexico*, *mexicayutl*, formar se han de su nombre deriuatiuo acabado en *catl*, boluiendo el *tl*, en *yutl*. Ex. : de *Tlaxcalla*, *Tlaxcalhtecatl*; *tlaxcalhtecayutl*, cosa de Tlaxcalla.

Sacanse los nombres de pueblos que acaban en *chan* y en *titlan*, porque estos sobre el mismo nombre del pueblo toman *ca* y añaden *yutl*. Ex. : *Quauhtinchan*, *quauhtinchancayutl*; *Quauhtitlan*, *quauhtitlancayutl*.

Y es de notar pue los nombres substantiuos que fenescieren en *c* preposicion, y tambien los adjectiuos que acabaren en *c* tomaran *a* sobre la *c* y añadiran *yutl*. Ex. : *ylhuicac*, en el cielo ; *ylhuicacayutl*, cosa del cielo ; — *cuztic*, cosa amarilla ; *cuzticayutl*, amarillez de la tal cosa.

Y estos deriuatiuos con los pronombres *no, mo, y*, etc. en el singular pierden el *tl*, y en el plural toman *uan*. Ex. : *nacayutl*, cosa de la carne o cuerpo, *nonacayo*, mi tal cosa ; — plural,

---

[1] Qui se fait, vient d'avoir lieu.

[2] Ou simplement *amaneuac*, tendre, frais, récemment cueilli. (Vocab. de Molina.) — Dans le manuscrit BN, cet alinéa est réduit, après la syllabe *yutl*, aux mots suivants : « Ex. : *axcan*, oy, *axcancayutl*, la cosa deste dia. »

nonacayouan [1], mis tales cosas; y tomase por mis hijos, o los de mi cosa.

Pero quando estos de *yutl* o *lutl* descienden de nombres o aduerbios temporales, entonces en el singular resciben los tales pronombres, mas en el plural no se dizen sino quando se habla de cosas animadas. Ex.: *xiuhcayutl*, cosa del año presente [2]; *noxiuhcayo*, mi tal cosa; plural, *noxiuhcayouan*, mis tales cosas, scil. animadas. Y se usa poco este plural.

CAPITVLO NONO.

DE LOS DERIVATIVOS SVBSTANTIVOS QVE DESCIENDEN DE VERBOS.

Los verbales pueden rescebir antes de si una destas tres particulas *tla, te, ne,* y unos las resciben todas, y otros algunas, y otros no resciben ninguna. Y quando estas particulas se anteponen a los nombres verbales tienen el mismo significado que en el verbo de donde descienden; y puesto que se aya de tratar de lo que significan en la materia de los verbos, en breue pornemos aqui lo que para el presente proposito haze el caso.

Es de saber que el *tla* significa generalidad en el nombre con quien se junta, y el *te* que la significacion del nombre passa en cosas animadas. El *ne* se usa poner en los nombres que descienden de verbos a los quales se anteponen *nino,*

---

[1] Dans le manuscrit BN le copiste a écrit, par erreur, *nonayoa*. Le manuscrit MN traduit ainsi : « *nonacnyo*, mi cuerpo; plural *nonacayouan*, mis cuerpos. Y tomase por mis hijos. » *Nacayotl* dérive de *nacatl*, chair.

[2] Le manuscrit MN porte *passado*, au lieu de *presente*. *Xiuhcayutl* signifiant ce qui concerne l'année courante pour la partie écoulée, *presente* vaut peut-être mieux que *passado*. Mais, d'un autre côté, *passado* exclut toute idée de futur que repousse absolument le substantif *xiuhcayutl*. De telle sorte qu'il eût été plus clair de dire : « cosa del año presente por la parte passada. »

timo, etc. ahora sea por via de reflexion, o porque el verbo lo tiene de suyo. Ex.: de *motlaçotlah*, que significa aquellos se aman, viene *netlaçotlaliztli*, que es el amor con que alguno se ama; — de *ninoçaua*, que es ayunar, viene *neçaualiztli*, el ayuno; porque el *mo* de la tercera persona del verbo en estos de *liztli* se buelue en *ne*. Pero los verbales acabados en *ni* quedar se han en el *mo* del verbo. Ex.: *motlaloa*, aquel corre; *motlaloani*, corredor.

Deuese tambien denotar que quando el nombre al qual se anteponen estas particulas començare en vocal, ni se perdera la vocal del nombre ni de la particula. Ex.: *tlaeliuiani*, deseoso; *teauilhtiani*, el que alegra a otros; *neauilhtiliztli* [1], el regozijo con que algunos se regozijan.

DE LOS VERBALES SVBSTANTIVOS.

Liztli. — Estos verbales substantiuos fenescen en diuersas terminaciones, unos acaban en *liztli* y significan la action y operation del verbo, assi como enseñança o doctrina, etc. Ex.: *temachtiliztli*, la doctrina con que yo enseño a otros.

Estos no tienen plural. La formacion dellos es del futuro del indicatiuo boluiendo la tercera persona en *liztli*. Ex.: *tetlaçotlaz*, aquel amara; *tetlaçotlaliztli*, el amor con que aman a otros.

Sacanse los que se deriuan de los verbos acabados en *ca*, que se forman del futuro perdiendo la *z*, y boluiendo el *ca* en *qui* y añadiendo *liztli*. Ex.: *tlanelhtocaz*, *tlanelhtoquiliztli* [2].

Y quando estos salen de verbos neutros absolutos acabados en *y* se pueden formar de dos maneras: la primera como ya es dicho, la segunda sobre la *z* del futuro tomar *tli*. Ex.: *miquiz*, morira; *miquiliztli*, vel *miquiztli*, muerte.

---

[1] On dit aussi : *neauilhtiloni*.

[2] Foi, croyance; de *nelhtoca*, futur *nelhtocaz*. Omis dans le manuscrit BN, cet alinéa précède, à tort, dans le manuscrit MN, l'alinéa qui contient la règle générale.

Y los que salen de verbos actiuos pueden tomar las particulas *tla, te, ne,* porque si vienen de verbos neutros que no tuuieren *nino, timo,* etc. no las pueden rescebir. Pero si tienen *nino, timo,* etc. toman solo el *ne,* como esta dicho [1].

Con los pronombres *no, mo, y,* etc. pierden el *tli,* y quando les dan plural buelven el *tli* en *huan* [2]. Ex.: *techicaualiztli,* esfuerço; *notechicaualiz,* mi esfuerço con que esfuerço a otros; plural, *notechicaualizhuan* [3], mis esfuerços y tambien mis esforçadores.

Lli. — Otros acaban en *lli* y tienen el mismo significado que los de *liztli.* Ex.: *nemachtilli,* la doctrina con que algunos se enseñan o deprienden; *temachtilli,* la doctrina que enseñan a otros. La formacion destos es boluer la *z* del futuro en *lli,* como parece en los exemplos ya dichos.

Y en esta significacion de substantiuos no pueden tomar mas de las particulas *te, ne,* porque quando toman *tla* se hazen adjectiuos como se dira adelante [4]. Con los pronombres *no, mo, y,* siguen la regla de los primitiuos acabados en *lli,* etc.

Ni. — Otros acaban en *ni* y estan en lugar de los nombres que en nuestro castellano dezimos *amador, lector,* etc. y el plural hazen de dos maneras, porque o toman *me,* o añaden una *h* sobre el *ni.* Ex.: *tetlaçotlani,* amador; plural, *tetlaçotlanime,* vel *tetlaçotlanih.*

La formacion destos es de la tercera persona del presente del indicatiuo añadiendo *ni.* Ex.: *tlaqua,* aquel come; *tlaquani,* comedor.

---

[1] Restriction tirée du manuscrit MN.

[2] Cette seconde phrase est tirée du manuscrit BN.

[3] Le manuscrit MN n'admet pas ce pluriel. Voici ce qu'il porte : « Plural no le tiene, sino del verbal en *ni.* Ex.: *techicauani, notechicauhcauh,* mi esforçador; plural, *notechicauhcauan.* »

[4] Voir ci-après capitulo undecimo.

Estos no resciben mas de las particulas *tla, te*. Pero quando descienden de verbos neutros que tuuieren *nino, timo, mo*, etc. quedarse han los verbales con el *mo* de la tercera persona del verbo, y no la bolueran en *ne*, como hizieron en los de *liztli*. Ex.: *motlaloa*, aquel corre; *motlaloani*, corredor.

Y lo mesmo se dira de los verbales que salieren de verbos actiuos reflexiuos que tomaran tambien el *mo*. Ex.: *motlaçotla*, aquel se ama; *motlaçotlani*, amador de si mesmo; pero ayuntados a los pronombres *no, mo, y*, el *mo* bolueran en *ne*. Ex.: *momachtiani, nonemachticauh*, mi tal hijo, vel que se enseña [1].

Y los que salen de verbos actiuos con los pronombres *no, mo, y*, sobre el preterito plusquamperfecto del verbo donde descienden tomaran *uh*, y para el plural *uan* quitando la *o* del principio. Ex. [2]: *otlapixca*, aquel auia guardado; *notlapixcauh*, mi guarda; plural, *notlapixcauan*, mis guardas.

Mas si descienden de verbos neutros que tienen *mo* en la tercera persona no se juntaran con los pronombres, y ansi no diremos *nomotlalocauh*. Pero si salieren de verbos neutros que no tienen el *mo* [3] bien se juntaran con los pronombres *no, mo, y*, etc. Ex.: *tlacçani* [4], andador, bien diremos *notlacçacauh*, mi andador.

Otros acaban en *ni* que salen de la boz impersonal y significan el instrumento con que se exercita la operacion del verbo.

---

[1] *Momachtiani* signifie étudiant. — Cet alinéa a été omis sur le manuscrit BN et le manuscrit MN en reproduit les trois dernières lignes à la fin de l'alinéa suivant, et presque dans les mêmes termes : « Pero deue se notar que quando los actiuos reflexiuos se juntaren con los pronombres *no, mo, y*, etc. el *mo* volueran en *ne*. Ex.: *momachtiani, nonemachticauh*, mi tal hijo que se enseña. »

[2] Ici le manuscrit BN a trois pages et demie en blanc. On pourrait craindre une lacune, mais il est aisé de voir que les folios 21 et 23 se font parfaitement suite pour le texte. Le manuscrit MN ne permet, d'ailleurs, aucun doute à cet égard.

[3] Le manuscrit BN porte *no*. C'est une erreur du copiste.

[4] De *tlarça*, courir, marcher vite.

El plural hazen como los passados añadiendo *me* o *h* sobre el *ni*. Ex.: *tlateconi*, hacha, o instrumento para cortar; plural, *tlateconime*, vel *tlateconih*. Y en estos no se usa mucho el plural [1].

La formacion dellos es del presente del indicatiuo de la boz impersonal añadiendo *ni*. Ex.: *temachtilo*, todos enseñan; *temachtiloni*, aquello con que enseñan. Y estos no pueden estar sin una destas tres particulas *tla*, *te*, *ne*; no se pueden juntar con los pronombres *no*, *mo*, *y*, pero para dezir mi tal instrumento anteponen los dichos pronombres al preterito imperfecto de la actiua. Ex.: *tlateconi*, instrumento con que cortan; *notlatequia*, mi tal instrumento con que corto, etc.

Qui. — Otros acaban en *qui* y estos por la mayor parte son nombres oficiales que exercitan la operacion del verbo donde salen, y en el plural bueluen el *qui* en *que*. Ex.: *tlapixqui*, guarda: plural, *tlapixque*. La formacion dellos es de la tercera persona del singular del preterito perfecto perdiendo la *o* del principio y añadiendo *qui*. Ex.: *nitlatzuma*, coser algo, haze en la tercera persona del preterito *otlatzun*, perdiendo la *o* y tomando *qui* hara *tlatzunqui*, el sastre. Y estos no toman mas de las particulas *tla*, *te*. Y con los pronombres *no*, *mo*, *y*, etc. hazen en el singular y plural como diximos de los de *ni* que salen de verbos actiuos. Ex.: *tlapixqui*, *notlapixcauh*; plural, *notlapixcauan*.

Yan. — Otros acaban en *yan*, y estos salen de la boz impersonal, y son el preterito imperfecto del indicatiuo de la dicha boz a la letra anteponiendoles los pronombres *no*, *mo*, *y*, etc. Significan el lugar donde se haze la operacion que importa el verbo. Ex.: *temachtiloyan*, el lugar donde todos enseñan. Toman las particulas *tla*, *te*, *ne*, aunque el *tla* no con todo verbo [2]. Y

---

[1] Cette remarque est tirée du manuscrit MN.
[2] La dernière partie de cette phrase est tirée du manuscrit MN.

estos impersonales no se juntan con los pronombres *no*, *mo*, *y*; pero para dezir mi tal lugar, reduzenlos al preterito imperfecto del indicatiuo de la boz activa añadiendo una *n*. Ex.: *tlaqualoyan*, el lugar donde comen; *notlaquayan*, mi tal lugar donde yo como [1].

Ca. — Otros acaban en *ca* [2], y estos por la mayor parte descienden de verbos compuestos con nombres. Significan lo mesmo que los de *yan* sobre dichos que es el lugar donde se exercita o haze la operacion del verbo. Y estos en el plural redoblan la primera sillaba. Ex.: *calhpixca*, el lugar donde guardan algo; plural, *cacalhpixca*. La formacion dellos es de la tercera persona del singular del preterito plusquamperfecto quitando la *o* del principio. Ex.: *ocacchiuhca*, aquel auia hecho cacles; *cacchiuhca*, el lugar donde se hazen cacles. Y estos con los pronombres *no*, *mo*, *y*, no pierden nada ni añaden. Ex.: *conchiuhca*, el lugar donde se hazen ollas; *noconchiuhca*, mi tal lugar. Y en el plural redoblara tambien la primera sillaba y dira *nococonchiuhca*.

Otros acaban tambien en *ca*, y estos salen solamente de la boz passiua y tienen el significado passiuo y en solo esto difieren en la significacion de los de *liztli*. Y estos no pueden estar sin los pronombres *no*, *mo*, *y*, etc. y son el preterito plusquamperfecto de la passiua quitando la *o* del principio, y anteponiendoles los dichos pronombres. Ex.: *notlayeculhtiloca*, el seruicio con que yo soi seruido. No toman particula ninguna porque la passiua donde vienen no las tiene.

[1] Cf. le *Compendio*, par Paredes, p. 134.
[2] Ou *can*. (Voir le *Compendio*, par Paredes, p. 135, où il est dit, entre autres choses, que ces substantifs verbaux ne prennent pas les possessifs *no*, *mo*, *i*, etc.)

CAPITVLO DECIMO.

DE LOS NOMBRES ADJECTIVOS PRIMITIVOS.

Los adjectiuos son en dos maneras, unos son primitiuos y otros deriuatiuos, y entre los deriuatiuos unos se deriuan de nombres y otros de verbos. Trataremos primero de los primitiuos y despues de los deriuatiuos.

Los nombres adjectiuos primitiuos son pocos y algunos dellos en la variacion dificultosos. Y por tanto porne aqui los que se me ofrescieren.

Anca, por si solo no se dize; y juntado con la tercera persona del pronombre en el singular dizen *yanca,* y significa su ygual, o lo que esta conjuncto a otra cosa.

Anioac, no estoy aqui aunque auia estado, o no soy nada aunque lo era. Esta en lugar de *nullus,* y variase desta manera : *Anioac, atioac, aoac* vel *ayocac;* — plural, *atioaque, anmioaque, aoaque,* vel *ayocaque,* vel *aoacaque* [1].

Atlei, ninguna cosa, vel *nihil,* vel *nullus,* o no soi nada, y dizese de cosas animadas quando significa no ser nada, y en la tercera persona usan para cosas inanimadas y quiere dezir no ay nada, y para denotar el segundo significado se varia desta manera : 1ª *anitlei,* no soi nada; 2ª *atitlei,* 3ª *atley;* — plural, 1ª *atitleitin,* 2ª *amatleitin,* 3ª *atleitin.* Y tambien dizen en el plural : *atitleme, antleme, atleme.*

Auc tlei, esto significa que antes auia algo, pero que ya no

---

[1] Le manuscrit MN ne mentionne que les 3ᵉˢ personnes du singulier et du pluriel, ainsi qu'il suit : « *Aucac,* no esta aqui aunque auia estado, esta en lugar de *nullos* (lisez *nullus*), y variase desta manera : singular, 3ª *aucac,* vel *ayocac;* plural, *aucaque,* vel *ayocaque.* »

ay nada, o quiere dezir antes era algo, y ya no soi nada, y en este segundo significado se varia desta manera : 1ª *auc nitlei*, 2ª *auc titlei*, 3ª *auc tlei;* — plural, 1ª *auc titleitin*, 2ª *auc antleitin*, 3ª *auc tleitin.* Y tambien dizen en el plural : 1ª *auc titleme*, 2ª *auc antleme*, 3ª *auc tleme.*

Ayac, ninguno, o no estoi aqui, o no soi nada. En el segundo y tercero significado se varia en esta manera : 1ª *anac*, no estoi aqui, o no soi nada; 2ª *atac*, 3ª *ayac;* — plural, 1ª *ataque*, 2ª *amaque*, 3ª *ayaque.*

Elh no se halla por si solo sin los pronombres *no, mo, y,* etc. y con ellos quiere dezir diligente y variase en esta manera : 1ª *nelh*, yo soi diligente; 2ª *melh*, 3ª *yelh;* — plural, 1ª *telh*, 2ª *amelh;* 3ª *ymelh* [1]. Y tambien dizen en el plural : *telhtin, amelhtin, yelhtin.*

Y con este nombre y los passados parece que los pronombres *no, mo, y,* etc. no son possessiuos, sino estan en lugar de *ni, ti, an* [2].

Yuhqui, vel *yuh* quiere dezir *talis* et *tale*, y variase en esta manera : Singular, 1ª *niuhqui*, tal soi; 2ª *tiuhqui*, 3ª *yuhqui;* — plural, 1ª *tiuhque*, tales somos; 2ª *amiuhque*, 3ª *yuhque.*

Yxquich, vel *itzqui* [3], todo, o tanto, dizese en el singular de cosas animadas e ynanimadas; — plural, *ixquichtin*, vel *itzquintin.* Y este se dize solamente de cosas animadas.

Muchi, todo; plural *muchintin* [4], todos. En el singular y plural tiene la diferencia que el passado.

---

[1] Le manuscrit BN porte *yelh*.

[2] Si *elh* est accompagné des possessifs *no, mo, i,* etc. les mots qui précèdent et celui qui suit, *yuhqui*, reçoivent surtout les pronoms personnels *ni, ti, an.*

[3] *Itzqui* et par conséquent le pluriel *itzquintin* sont tirés du manuscrit MN.

[4] On dit aussi *muchin, muchtin.*

Nelli, cosa verdadera.

Oui, cosa ardua, o dificultosa.

Quauhtic, cosa grande.

Qualli, cosa buena.

Quexquich, vel *quezqui*, vel *can achi* [1], quanto, o que tanto.

Vey, cosa grande, scil. animal; plural, *ueuei*, vel *uecapame*, y para aves *ueuey* [2].

Xuxuhqui, cosa verde.

Yectli, cosa buena.

Y estos adjectiuos primitiuos, quando las cosas de que se dizen son animadas, por la mayor parte en el plural tomaran *tin* sin redoblar sillaba, y tambien redoblandola podran tomar *tin*. Ex.: *qualli*, bueno; plural, *qualhtin*, vel *quaqualhtin*.

Pero si son de cosas ynanimadas redoblaran la primera sillaba sin tomar *tin*. Ex.: *quauhtic*, cosa grande; plural, *quaquauhtic*; — *ueyac*, cosa grande o larga, scil. arbol, palo, paja; plural, *ueueyac* [3].

Y esto sobre dicho se ha de entender quando el tal nombre, ahora signifique cosas animadas, o ynanimadas, tuuiere plural, porque no a todos los adjectiuos se les pueden dar.

DE LOS NOMBRES NVMERALES DE COSAS ANIMADAS.

Singular, *ce*, uno; — plural, *ceme*, *cequintin*, *cequin*.

Singular, *occe*, otro; — plural, *occequintin*, *cequintin*, *cequin*.

---

[1] *Can achi* est tiré du manuscrit BN.

[2] Dans le manuscrit MN, à partir de scil. — *Vecapame*, de *uecapan*, qui marque surtout l'éloignement, la distance, l'élévation : *uecapan calli*, maison élevée.

[3] Ces deux exemples sont : le premier, du manuscrit BN, et le deuxième, du manuscrit MN.

Singular, 1ª *çan nocelh* [1], 2ª *çan mocelh*, 3ª *çan ycelh*; — plural, 1ª *çan tocelhtin*, 2ª *çan amocelhtin*, 3ª *çan ycelhtin*.

Çaniyo, yo solo, variase en esta manera : singular, 1ª *çaniyo*, 2ª *çan tiyo*, 3ª *çan iyo*; — plural, 1ª *çan tiyoque*, 2ª *çan amiyoque*, 3ª *çan iyoque*.

Y para dezir ambos usan desta preposicion *uan*, con los pronombres, desta manera :

Singular, 1ª *nouan*, conmigo ; 2ª *mouan*, contigo ; 3ª *yuan*, con aquel ; — plural, 1ª *toneuan*, ambos ; 2ª *amoneuan* ; 3ª *yuan*, vel *yneuan*.

Yonteixtin, vel *ymonteixtin*, ydem para animales y aues.

Y para dezir mas que dos, dizen : *tocepan tiazque*, todos juntos yremos.

1ª *tomextin*, ambos; 2ª *amomextin*; 3ª *ymomextin*, vel *yomextin*, dizese para culebras, o peces, o personas.

DE LOS NOMBRES NVMERALES DE COSAS YNANIMADAS.

Centetl, una, scil. manta, piedra, palo, papel, etc.

Ce, uno. Dizenlo tambien para arbol, petate, etc.

Occentetl, otra, scil. piedra, etc.

Centlamantli, una cosa, un sermon, platica, o cantar, o cosas pareadas.

Occentlamantli, otra cosa, scil. piedra, manta, sermon, o cosas pareadas [2].

Centenlli, *cencamatl*, una palabra.

Occentventli, otra palabra.

Occequi, vel *cequi*, otra cosa, o mas, etc.

Occecca es lo mesmo que *occequi*, y es para cosas de comer, o mantas por orden puestas.

---

[1] Signifie : moi seul, rien que moi. *Çañ nocelh onihualla*, je vins seul.

[2] Le manuscrit MN s'arrête au mot *sermon*. Le reste est tiré du manuscrit BN.

Otras vezes, *occceca* es aduerbio y quiere dezir en otra parte.

Yontlamanixtin, ambas cosas.

Yonteixtin, ambas cosas, scil. piedras.

Ymomextin, ambas, scil. palos, arboles. etc.

DE QVIS, VEL QVI, Y SVS COMPVESTOS.

Ac, aqui, aquin, quien? preguntado; — plural, *aquique.*

Ac yehoatl? quien es aquel? — plural, *aquique yehoantin.*

Yn aquin, el que; — plural, *yn aquique,* los que, scil. vinieron.

Catleoatl, que o qual, para cosas ynanimadas.

Çaço catleoatl, qualquiera, para cosas ynanimadas [1].

Yn aqui, vel *in aquin,* qualquiera que, o el que:— plural, *in aquique,* qualesquiera que, o los que.

Ceceme, vel *ceceyaca,* cada uno, o cada qual.

Aca, alguno: — plural, *acame,* algunos.

Tlein [2]? que?

Tlein y? que es esso?

Tlein o? que esto?

Catli in Pedro? donde esta Pedro? — plural, *catlique* [3]?

---

[1] On dit également *çaço tlein,* ou *yn çaço tlein.*

[2] On emploie aussi *tle? Tle tai?* que fais-tu?

[3] *Catli* est pour *can tli* ou *tle, tlein;* de là les pluriels *catlique, catleique* ou *catleime.* (Voir le *Compendio,* par Paredes, p. 36.) — Le manuscrit MN, d'où nous avons tiré cette ligne, présente, folio 144, un autre tableau de ces pronoms, que l'on aurait peut-être tort d'attribuer à Olmos et qui, d'ailleurs, fait double emploi. Nous en extrayons cependant une expression omise ci-dessus et se rapportant à *tlein* qui, précédé de *yn,* cesse d'être interrogatif : «lo que, relativo, *yn tlein,* para cosa ynanimada.» *Yn tlein ticchiua,* ce que tu fais. — *Xiccaqui yn tlein nimitzilhuia,* écoute ce que je te dis.

CAPITVLO VNDECIMO.

DE LOS DERIVATIVOS ADIECTIVOS.

Los deriuatiuos adjectiuos unos se deriuan de nombres y otros de verbos.

Los que se deriuan de nombres acaban en una destas terminaciones *yo, llo*. Y el significado destos es cosa que tiene aquello que significa el nombre de donde salen. Y estos en el plural toman *que* sobre la *o*. Ex.: *çuquitl,* lodo, o barro, *çuquiyo,* cosa lodosa; plural, *çuquiyoque.*

La formacion destos es, los acabados en *yo* que salen de nombres acabados en *tl* o en *tli* hazen al nombre perder el *tl* o el *tli*, y toman *yo*. Ex.: *yztatl,* sal; *yztayo,* cosa salada; — *uctli,* vino; *ucyo,* cosa vinada.

Los acabados en *llo* se forman de los nombres acabados en *lli* boluiendo la *i* en *o*. Ex.: *temalli,* materia; *temallo,* cosa que tiene materia.

Y estos con los pronombres *no, mo, y,* etc., hazen en dos maneras en el singular, porque o se quedan en la mesma terminacion tomando los pronombres al principio, o tambien sobre la *o* toman *cauh*, y en el plural los unos y los otros toman *uan*. Ex.: *yztatl, noztayo,* vel *noztayocauh;* plural, *noztayouan,* vel *noztayocauan.*

Y es de notar que el primero significado es muy diferente del segundo, porque el primero denota que aquello que importa el nombre esta en mi mesmo, y el segundo que esta en cosa mia. Ex.: *çuquitl,* es lodo, *çuquiyo,* cosa lodosa, *noçuquiyo* querra dezir mi suziedad, o el lodo que esta en mi; pero *noçoquiyocauh* querra dezir mi cosa suzia.

DE LOS VERBALES ADIECTIVOS.

Ay otros adjectiuos que se deriuan de verbos, y estos son verbales y fenescen en diuersas terminaciones.

C. — Vnos acaban en *c* y estos significan ser la cosa tal como la importa el verbo de que descienden. Ex.: de *ati*, vel *atia*, derretirse, *atic,* cosa rala, o derretida.

Y para la formacion destos es de notar que por la mayor parte salen de verbos neutros y no de todos sino destas cinco terminaciones *ua, ui, ti, tia, ni* [1]. Y destos salen los verbales adjectiuos en *c* por la mayor parte. Pero porque la formacion es muy diferente y no se puede dar una regla, diremos de cada terminacion por si.

Los de *ua* se forman en dos maneras: o toman sobre la *a, c*, o bueluen el *ua* en *c*, y toman *tic.* Ex.: *cuechaua,* humedecerse; *cuechauac,* vel *cuechactic,* cosa humeda.

Destos se sacan :

Alaztic [2], cosa resbaladiza;

Coyaztic, cosa hueca, no se dize, sino *coyauac,* vel *ytic coyonqui* [3];

Piaztic, cosa larga y derecha [4], palo o caña.

Los quales algunos bueluen el *ua* del verbo en *z* y toman *tic*, pudiendo salir de verbos [5].

Los de *ui* forman el verbal perdiendo el *ui* y la vocal que esta antes del, y sobre la consonante que quedare tomaran *tic.* Ex.: *culiui,* entortarse; *culhtic,* cosa tuerta; — *maxexeliui,*

[1] Nous avons mis *ti* avant *tia* pour suivre l'ordre observé dans les applications.
[2] Les verbaux réguliers *alauac* et *alactic* existent aussi.
[3] Manuscrit MN, à partir de «no se dize,» etc. — *Coyonqui* vient du verbe *coyoni*, horadarse, tandis que *coyauac* dérive de *coyaua*, qui fait aussi *coyauhqui*. (Voir les verbaux en *qui*, page 56.)
[4] Le manuscrit BN met *hueca*, au lieu de *derecha*, sans rien ajouter.
[5] Ce dernier membre de phrase est tiré du manuscrit MN.

derramarse o esparcirse; *maxexelhtic*, cosa esparcida o desparramada.

Los acabados en *ti* sobre el *ti* toman *c*. Ex. : de *ati*, derretirse, *atic*, cosa derretida, o rala.

Los de *tia* bueluen la *a* en *c*. Ex. : *tlilhtia*, hazerse negro, o entintarse; *tlilhtic*, cosa negra.

Los de *ni* bueluen el *ni* en *c*, y toman, sobre la *c*, *tic*. Ex. : *coyoni*, horadarse; *coyoctic* [1], cosa horadada.

Estos no resciben las particulas *tla, te, ne,* ni salen de todos los verbos destas terminaciones sino de algunos.

Con los pronombres *no, mo, y,* etc., hazen en dos maneras : o toman *a* sobre la *c*, o bueluen la *c* en *cauh*. Ex. : *catçauac*, cosa suzia; *nocatçauaca*, vel *nocatçauacauh*. Y es de notar que estos dos tienen diferente significado, porque el *nocatçauaca* quiere dezir la suziedad que esta en mi; y *nocatçauacauh* quiere dezir mi cosa suzia. De manera que entramos se tornan substantiuos con los pronombres *no, mo, y,* como esta dicho en los verbales substantiuos acabados en *ca* que salen de la actiua. Y ansi el uno como el otro en el plural tomaran *uan* y haran *nocatçauacauan* [2].

Lli. — Otros acaban en *lli*, y el significado destos es el del participio del preterito de la boz passiua, en el plural bueluen el *li* en *tin*, anteponiendo una *h*. Ex. : *tlacencaualli*, cosa aparejada; plural, *tlacencaualhtin*. Y estos algunas vezes tienen significado de substantiuos, como *tlamachtilli*, discipulo, o cosa enseñada.

---

[1] On dit aussi *coyonqui* (voir la note 3. p. 53). De même *caxani*, se détendre, se délier, fait *caxanqui*, chose déliée, etc.

[2] Cet alinéa, dans le manuscrit MN, est beaucoup plus court. Le voici textuellement : « Con los pronombres *no*, *mo*, *y*, toman *a* sobre la *c*. Ex. : *catçauac*, cosa suzia, *nocatçauaca*, mi tal, etc. Si son personas negras bueluen la *c* en *cauh*. Ex.: *tlilhtic*, negro, *notlilhticauh*, mi negro; plural, *notlilhticauan*. »

Estos se forman del futuro de la actiua boluiendo la *z* en *lli*, como parece en el exemplo ya dicho. Toman solamente la particula *tla* porque quando toman *te*, *ne*, se hazen substantiuos y mudan el significado, como esta dicho en la materia de los verbales substantiuos [1]. Con los pronombres *no*, *mo*, *y*, en el singular perderan el *li* y tomaran *h*, y en el plural tomaran *uan* sobre el singular. Ex.: *tlamachtilli*, el discipulo, o cosa enseñada, *notlamachtilh*; plural, *notlamachtilhuan*.

Ni. — Otros acaban en *ni*, y estos salen de la passiua y el significado dellos es lo que en nuestro castellano dezimos: *cosa amable, venerable, o cosa digna de ser amada*; en el plural toman *me*. Ex.: *tlaçotlaloni*, cosa amable, o digna de ser amada; plural, *tlaçotlalonime*, los tales amables. Aunque estos plurales no se usan mucho [2].

La formacion destos es de la tercera persona del presente del indicatiuo de la boz passiua añadiendo *ni*, como parece en el exemplo ya dicho, etc.

Estos no toman particula alguna porque la passiua de donde descienden no la rescibe, tampoco se pueden juntar con los pronombres *no*, *mo*, *y*, etc.

Ni. — Otros acaban tambien en *ni*, y significan ser la cosa tal como lo importa la significacion del verbo de donde descienden. Y estos en el plural toman *me*. Ex.: *miqui*, morir, *miquini*, cosa mortal; plural, *miquinime*. Estos en esta significacion no pueden venir sino de verbos neutros que signifiquen passion yntrinseca, porque, quando son de verbos que significan passion extrinseca, como *motlaloani*, corredor, entonces son substantiuos y tienen otro significado, como esta dicho.

La formacion destos es de la tercera persona del presente

---

[1] Capitulo nono, p. 43.
[2] Cette remarque restrictive est tirée du manuscrit MN.

del indicatiuo de la boz de actiua añadiendo *ni*. Estos no toman particula ninguna, ni se juntan con los pronombres *no, mo, y*, etc.

Otros verbales adjectiuos ay que no tienen terminacion determinada porque son a la letra la tercera persona del preterito perfecto del indicatiuo de la boz de actiua quitando la *o* del preterito. Y el significado destos es actiuo, y significa lo que importa el verbo, como cosa alegre, o cosa espantosa, que alegra, o espanta; y en el plural toman *que*, sobre el singular. Ex.: *temamauhti*, cosa espantosa, que espanta; plural, *temamauhtique*. Y en este significado no pueden tomar mas de la particula *te*, y no pueden estar sin ella. Y tomando el *tla, te* se hazen substantiuos. Ex.: *temachti*, el predicador; — *tlacuilo*, el escriuano.

Y estos substantiuos salen de pocos verbos. Los adjectiuos no resciben los pronombres *no, mo, y*, pero los substantiuos tomaran *cauh* en el singular y *cauan* en el plural. Ex.: *tlacuilo*, escriuano, *notlacuilocauh*; plural, *notlacuilocauan*; y estos tambien pueden ser de *tlacuiloani*; — *temachti*, predicador, *notemachticauh*, etc.

Qui. — Otros acaban en *qui* y significan la cosa por la qual ha passado la action o significacion del verbo, como cosa lauada o podrida, etc. Estos en el plural bolueran el *qui* en *que*. Ex.: *tenqui*, cosa llena; plural, *tenque*; — *palanqui*, cosa podrida o llagada; plural, *palanque* [1]. Y estos salen de verbos neutros, y no de todos.

La formacion dellos es del preterito perfecto del verbo donde salen, quitando la *o* del principio y añadiendo *qui*. Ex.: *ooyaua*, ensancharse, preterito *ocoyauh;* y de aqui viene

---

[1] Le premier exemple est du manuscrit BN, et le second, du manuscrit MN. Ils viennent de *temi*, se remplir, et de *palani*, se pourrir, se corrompre.

coyauhqui, cosa ensanchada, o horadada [1]; plural, *coyauhque* [2]. Estos no pueden en este significado tomar particula ninguna porque salen de verbos neutros y quando las toman salen de verbos actiuos y hazense substantiuos como esta dicho mudando el significado. Ex.: *tenqui*, cosa llena; *tlatenqui*, el que hinche algo [3]. Con los pronombres *no, mo, y,* estos adjectiuos en el singular bueluen el *qui* en *cauh* y en el plural en *cauan*. Ex.: *tenqui, notenquicauh*; plural, *notenquicauan*; — *palanqui*, cosa podrida, *nopalancauh*, mi tal cosa; plural, *nopalancauan*. Pero estos poco se usan.

Tli. — Otros salen en *tli*, tienen la significacion del participio de preterito de la boz passiua y no salen de todos verbos, ni se usa mucho, sin los pronombres *no, mo, y,* darles plural.

La formacion dellos es de la tercera persona del preterito perfecto del indicatiuo quitando la *o* del preterito y añadiendo *tli*. Ex.: *nitlacuepa*, voluer algo; preterito *onitlacuep, tlacueptli*, cosa buelta. Sacase desta regla *tlaaxitl*, cosa pressa, el qual viene de *niteaci* [4], prender, y no acaba en *tli* como los ya dichos.

Tambien se sacan los que vienen de verbos acabados en *ca*, porque estos se forman del presente del indicatiuo la *a* buelta en *tli*. Ex.: *nitlapaca*, lauar; *tlapactli*, cosa lauada [5].

[1] Ce mot est tiré du manuscrit MN.
[2] Le manuscrit BN donne seul ce pluriel.
[3] *Var.* «Ex.: *tenqui*, cosa llena, no se dize, sino *oten, tlatenqui*, el que hinche algo.» Manuscrit MN.
[4] *Niteaci* signifie j'atteins, je saisis quelqu'un, *te* désignant les personnes, tandis que *tla* sert à indiquer les choses.
[5] Ces verbes forment ordinairement le prétérit en ajoutant *c* au présent de l'indicatif; mais *nitlapaca, onitlapacac*, fait aussi *onitlapac*. (Voir le *Compendio*, par Paredes, p. 60, et le Vocabulaire de Molina.) *Tlapactli* rentre ainsi dans la règle générale. La remarque de Olmos n'en subsiste pas moins.

Y estos no toman mas de la particula *tla*, y con los pronombres *no, mo, y,* en el singular pierden el *tli,* y en el plural toman *huan.* Ex.: *tlacueptli, notlacuep,* mi cosa buelta; plural, *notlacuephuan.* Y estos plurales se usan poco [1].

Y es de notar que no es muy usado a todos estos adjectiuos, agora sean verbales o no verbales, quando estan absolutos, darles plural; pero para saber quando [2] le tuuieren como se le an de dar assi en cosas animadas como ynanimadas [3], es de notar que, quando son ynanimadas, redoblan sillaba y les dan plural. Ex.: *quauhtic,* grande; plural, *quaquauhtic,* cosas grandes [4]; — *xalo,* cosa arenosa; plural, *xaxalo,* cosas arenosas. Pero quando las cosas son animadas tomaran una destas particulas *tin, que, me,* sin redoblar sillaba, y tambien algunas vezes redoblando tomaran las dichas particulas. Ex.: *quauhtic,* plural, *quauhtique,* vel *quaquauhtique,* scil. persona o personas [5].

Yten es de saber que estos verbales adjectiuos y los substantiuos no de todos verbos se podran sacar, o a lo menos no estaran en uso; pero de algunos y de quales salgan y de quales no, el uso los dara a entender.

Tambien no es muy usado estos adjectiuos juntarlos con los pronombres *no, mo, y,* pero deue se notar que quando con ellos se juntaren siempre estan substantiuados porque con los dichos pronombres no pueden ser adjectiuos y aunque no se junten con los pronombres por la mayor parte se podran hazer substantiuos, como esta notado en algunas partes dellos y de la gramatica esta claro.

[1] Cette remarque est tirée du manuscrit MN.
[2] Ligne omise dans le manuscrit BN.
[3] *Var.* « redoblando sillaba les dan plural. » Manuscrit BN.
[4] A la place de *quauhtic,* le manuscrit MN donne pour exemple : « *uey,* grande; plural, *ueuey,* cosas grandes, scil. arboles, animales. »
[5] Cette fin « scil. , » etc. est tirée du manuscrit MN.

CAPITVLO DVODECIMO.

DE CIERTAS PARTICVLAS QVE SE IVNTAN A LOS NOMBRES Y CON ELLAS SE HAZEN DIMINVTIVOS.

En esta lengua ay siete particulas que por si no significan nada y compuestas con los nombres o pronombres denotan reuerencia, o pequeñez, diminucion, ternura de amor, o menosprecio, y son las siguientes : *tzin, tzintli; ton, tontli; pilh, pulh; tçulli* [1].

Estas particulas juntandose, o componiendose con los nombres les hazen perder lo que se dira en el capitulo siguiente que pierden en composicion.

Tzin. — El *tzin* significa reuerencia, pequeñez, diminucion, o ternura de amor. Ayuntase a pronombres primitiuos y nombres proprios. Ex. : *nehoatzin, Pedrotzin.*

Tambien se junta a algunos nombres apellatiuos aunque son pocos. Ex. : *ylamatzin*, vieja honrada, o viejezita; — *ueuetzin*, viejo honrado. Iuntase assi mismo con aduerbio. Ex. : *amotzin.* Iuntase con conjunction. Ex. : *auhtzin* [2].

En el plural, con los pronombres primitiuos, redobla sillaba. Ex. : *amehoantzitzin*, vosotros. Y con los nombres apellatiuos redoblando toman *tin.* Ex. : *ylamatcatzitzintin; ueuetcatzitzintin.* Y con los otros pronombres *no, mo, y,* en el singular no pierden nada, y en el plural redoblan y toman *uan.* Ex. : *nilamatcatzitziuan*, mis viejas; *noueuetcatzitziuan*, mis viejos.

Tzintli. — Esta tiene el mesmo significado que *tzin* y juntase solamente con nombres apellatiuos, y estos en el plural redoblan el *tzi*, y bueluen el *tli* en *tin.* Ex. : *ciuatl*, muger;

---

[1] On écrit aussi *çulli* ou *çolli*.

[2] *Amo, amotzin* signifie non, *auh, auhtzin,* et.

ciuatzintli, muger honrada, o mugerzilla; plural, *ciuatzitzintin*. Y con los pronombres *no, mo; y*, en el singular pierden el *tli*, y en el plural redoblan el *tzi* y toman *uan*. Ex.: *atl*, agua; *atzintli, natzin*, mi agua; plural, *natzitziuan*, mis aguas;—*nociuatzin*, plural, *nociuatzitziuan*[1]. Sacase *pilhtzintli*, que haze en el plural *nopilhuan*, vel *nopilhuantzitziuan*.

Ton. — Esta significa menosprecio o humiliacion. Iuntase solamente con nombres apellatiuos que significan cosas animadas. Ex.: *ueueton*, vejezuelo, o viejo no honrado; el plural haze en dos maneras: o redobla sin tomar *tin*, o redoblando toma tambien *tin*. Ex.: *ueueton*, vejezuelo; plural, *ueuetotontin*, vel *ueuetoton*. Con los pronombres *no, mo, y*, en el singular no pierden nada, y en el plural redoblando toman *uan*. Ex.: *noueueton*, mi tal viejo; plural, *noueuetotouan*.

Tontli. — Esta significa diminucion, pequeñez, menosprecio, o humiliacion. Iuntase con los nombres apellatiuos que significan cosas animadas, o ynanimadas. En el plural redoblan el *to*, y el *tli* bueluen en *tin*. Ex.: *pilhtontli*, muchacho; *pipilhtotontin*, muchachos. Estos con los pronombres *no, mo, y*, pierden *tli*, y en el plural toman *uan* redoblando. Ex.: *tzapatl*, enano, *tzapatontli*, enanito; *notzapaton*[2], mi tal enano; plural, *notzapatotouan*. Sacase *pilhtontli* que no se junta con los pronombres.

Pilh. — Esta significa diminucion o pequeñez. Iuntase algunas vezes con nombres proprios, ut *Pedropilh*, Perico; y quasi siempre con nombres apellatiuos que significan cosas animadas. En el plural redoblan la sillaba y toman *tin*, o redoblan sin tomar *tin*[3]. Ex.: *oquichpilh*, hombrezillo; plural,

---

[1] Ce second exemple est dans le manuscrit MN et le premier dans le manuscrit BN.

[2] Ce mot a été omis sur le manuscrit MN.

[3] Le copiste a omis cette dernière phrase sur le manuscrit BN.

oquichpipilhtin, vel *oquichpipilh*. Con los pronombres *no, mo, y*, en el singular no pierden nada, y en el plural redoblan, y toman *uan*. Ex. : *noquichpilh*; plural, *noquichpipilhuan*, mis hombrezillos [1].

Pulh. — Esta significa vituperio, o grandor con denuesto. Iuntase con pronombres primitiuos y tambien con nombres proprios y apellatiuos, que significan cosas animadas e ynanimadas; en el plural redoblan la sillaba y no toman *tin*. Exemplo del pronombre: *nehoapulh*; plural, *tehoanpupulh*; — exemplo del nombre proprio : *Pedropulh*; — exemplo con apellatiuo : *ciuapulh*; plural, *ciuapupulh*. Con los pronombres *no, mo, y*, en el singular no pierden nada, y en el plural redoblan la sillaba y toman *uan*. Ex. : *nociuapulh*, mi muger ruin; plural, *nociuapupulhuan*, mis mugeres ruines.

Tçulli. — Esta denota que la cosa que significa el nombre esta mal tratada, vieja, o rota, o corrompida. Y no se junta sino a nombres que significan cosas ynanimadas. Y en el plural bueluen el *li* en *tin*. Ex. : *tilhmaçulli*, manta vieja; plural, *tilhmaçulhtin*. Con los pronombres *no, mo, y*, en el singular el *li* bueluen en *h*, y en el plural redoblaran, y tomaran *huan*. Ex. : *notilhmaçulh*; plural, *notilhmaçuçulhuan*.

DE LOS VERBALES CON LAS DICHAS PARTICVLAS.

Los nombres verbales ansi adjectiuos como substantiuos

---

[1] Ici le manuscrit MN intercale un alinéa sur la particule *potli*, qui n'a pas été signalée au commencement du chapitre. « *Potli*. — Tienen esta particula *potli* que denota pertenecer, y la posponen a algunos nombres. Ex.: *pilhpotli*, primera muger o que pertenece, etc.; *nopilhpo*, mi primera muger. » — Cette particule a surtout la signification d'égalité, de ressemblance : *nocihuapo*, femme comme moi (*Compendio*, par Paredes, p. 111); — *nopilpo*, enfant comme moi (Vocabulaire de Molina qui, dans sa première partie, traduit comme Olmos : «primera muger, s. mia»).

para tomar las dichas particulas se formaran en esta manera : si fenescieren en *ni*, *qui*, se formaran del preterito plusquamperfecto del verbo de donde desciende el tal verbal, y quitada la *o* del principio añadiran las dichas particulas. Ex. : *temachtiani*, predicador; *temachticatzintli*[1], predicador honrado; — *tlapixqui*, el que guarda, *tlapixcatzintli*.

Y lo mesmo haran los verbales adjectiuos o substantiuos que se toman de la tercera persona del preterito perfecto del indicatiuo de la actiua. Ex. : *tlacuilo*, escriuano; *tlacuilocatzintli*;— *tecoco*, cosa que aflige, *tecococatzintli*.

Los verbales en *tli*, *li*, las pierden, y sobre lo que queda del nombre toman las particulas. Ex. : *tlapactli*, cosa lauada, *tlapactzintli*; — *tlacencaualli*, cosa aparejada, *tlacencaualhtzintli*.

Los verbales que acaban en *ya*, *ian*, sobre ellas, toman *tzintli*, como de *nocochian*[2], mi camara, *nocochiantzin*.

Los de *c* toman *a* y añaden las particulas. Ex. : *melauac*, cosa derecha, *melauacatzintli*.

Los de *tic*, segun la regla de los de *c*, y tambien perdiendo el *tic* toman las particulas. Ex. : *cuztic*, cosa amarilla, *cuzticapulh*, vel *cuzpulh*.

Los adjectiuos que fenescen en *yo*, *llo*, toman *ca* y añaden las particulas. Ex. : *xalo*, cosa arenosa, *xalocatzintli*.

---

[1] On peut dire aussi *temachtianitzintli*. (Voir le *Compendio*, par Paredes, p. 13.) Le manuscrit BN ne donne pas la traduction «predicador honrado.»

[2] Le manuscrit MN écrit, sans la finale *n*, *nocochia*, qui signifie mes cils et fait, avec la particule, *nocochiatzin*. (Cf. la note 2, page 27.)

CAPITVLO DECIMO TERCIO.

DE LOS NOMBRES COMPVESTOS, Y DE LOS COMPARATIVOS Y SVPERLATIVOS.

Los compuestos unos se componen substantiuos con substantiuos, assi como de *totoli*, gallina, y *tetl*, piedra, *totolhtetl*, piedra de gallina, y tomanlo por huevo. Y quando ansi se componen estos nombres el postrero no perdera nada, pero el otro o otros con quien se componen perderan lo que adelante se dira.

Tambien se componen substantiuos con adjectiuos, ansi como de *atl*, agua, y *chipauac*, cosa limpia, se compone *achipactli*, agua limpia, y tambien se dize sin composicion : *chipauac atl*, agua limpia.

Yten se componen nombres y verbos encorporando el nombre con el verbo. Ex. : *petlatl*, estera o petate, *nicchiua*, hazer, *nipetlachiua*, yo hago petates, y tambien se dira sin composicion : *nicchiua in petlatl*.

Tambien se componen nombres con preposiciones. Ex. : *atl*, agua; *pa* [1], encima; *apa*, encima del agua, o en el agua.

Yten se componen nombres con aduerbios, ansi como de *tentli*, beço, o labio, y *chico* aduerbio que quiere dezir auiesamente, se compone *tenchico*, que significa hombre bilingue, parlero que no guarda secreto. Y estos compuestos con aduerbios primitiuos [2] son muy pocos.

Yten se componen con algunas particulas que por si no significan nada, mas juntandolas con los nombres denotan

---

[1] Ou *pan* : *notlacpan* (de *tlactli*), sur mon corps; *tlatlacolpan* (de *tlatlacolli*), dans le péché. (Voir le Vocabulaire de Molina, et le *Compendio*, par Paredes, p. 4o.)

[2] Le manuscrit B.N met simplement «......con aduerbio son muy pocos.»

menosprecio, reuerencia, o pequeñez. Ex.: *ciuatzintli*, mugerzilla.

Tambien es de notar que se hallan nombres compuestos de tres nombres y entonces los dos primeros perderan y el postrero quedara entero. Ex.: *quauhneucçayulli*, abeja de miel que cria en el madero. Esta se compone de *quauitl*, madero, y pierde todo el *itl;* el segundo *neuctli*, miel, pierde el *tli*, y queda *neuc;* el tercero es *çayulli*, que es abeja, y este no pierde nada, y ansi dezimos *quauhneucçayulli*.

Tambien se deue notar que quando un nombre se compone con otro, el primero, como emos dicho, a de perder algo. Y esto es muy necessario saberse para muchos propositos, para lo qual se ponen las reglas siguientes.

PRIMERA REGLA.

Los nombres acabados en *tl* le perderan en la composicion o deriuacion. Ex.: *tlexuchitl* [1], brasa, componese de *tletl*, fuego, y perdio el *tl* en la composicion porque esta primero en la composicion, y el segundo, que quiere dezir rosa, no pierde nada.

SEGVNDA REGLA.

Los nombres acabados en *tli*, *lli* pierden *tli*, *lli*, en composicion. Ex.: *tlapanco*, en el terrado, viene de *tlapantli* que es terrado, y con preposicion que quiere dezir en, dezimos: *tlapanco*, donde el nombre perdio el *tli*. Exemplo de los de *lli* [2]: *ninocalhchiua*, hagome mi casa, componese de *calli*, casa, y *nicchiua*, hazer; pierde el nombre el *li*, queda *calh*, y sobre esto se añade el verbo, anteponiendo el pronombre *nino* a todo el verbo, y dize : *ninocalhchiua*.

---

[1] Le manuscrit BN porte, par erreur, *tlilhxuchitl*, que Molina, dans son vocabulaire, traduit : «ciertas vaynicas de olores.»

[2] Le manuscrit MN ajoute ici «*calli*, casa.»

Los que acabaren en otra terminacion fuera de las dichas y se compusieren con otra diction no perderan nada. Ex.: *nitlatzcapoloa* [1], destruyo el cipres. Y no se si quadra fuera de las terminaciones de *tl, tli, lli*, pero tanto todo lo dicho se entienda por la mayor parte.

Tambien es necesario saber que assi como en la gramatica dezimos que el compuesto ha de seguir la regla del simple, lo mesmo se entienda en esta lengua, y esto se ha de entender en los nombres quanto a lo que han de perder con los pronombres *no, mo, y,* que lo mesmo que pierde el simple perdera el compuesto quando fuere el ultimo nombre de la diction compuesto. Ex.: *qualactli,* que quiere dezir baua, con los pronombres *no, mo, y,* dezimos *noqualac,* componiendole con *tentli*, labio, diremos *tenqualactli*, baua del rostro, *notenqualac*, mi baua de mi rostro.

DE LOS COMPARATIVOS Y SVPERLATIVOS.

Los comparatiuos y superlatiuos en esta lengua no los tienen proprios, sino usan de rodeos para lo que se ha de hablar por ellos, y ansi no ay mas que notar de ponerlos por exemplo, y suplense en tres maneras, y son las siguientes:

LA PRIMERA MANERA.

Qualli, bueno.
Oc achi ynic qualli, mejor.
Tlapanauya inic qualli, muy mejor.

LA SEGVNDA MANERA.

Qualli y, esto es bueno.
Ece ye qualli y, mejor es esto.
Ece oc tlapanauya inic qualli y, muy mejor es esto.

---

[1] Ou *nitlatzcanpoloa*, composé de *tlatzcan*, cyprès, et de *poloa*, détruire.

LA TERCERA MANERA.

Qualli y, bueno es esto.
Ece oc oalhca inic qualli y, mejor es esto.
Ece occenca tlapanauya inic qualli y, muy mejor es esto [1].

Acabase la primera parte.

[1] L'un et l'autre manuscrit n'annoncent que trois manières de s'exprimer; cependant le manuscrit MN ajoute la quatrième manière suivante :

« LA QVARTA MANERA.

« *Nicpanauya in Pedro ynic niqualli*, yo excedo a Pedro en ser bueno.
« *Nicpanauya in Pedro ynic achi niqualli*, yo excedo a Pedro en ser mejor.
« *Nicpanauya in Pedro ynic cenca niqualli*, yo excedo a Pedro en ser muy mejor. »
Il existe encore d'autres locutions mentionnées par les grammairiens. (Voir principalement l'*Arte del P. Horacio Carochi* et le *Compendio*, par Paredes, ainsi que le Vocabulaire de Molina.)

SEGVNDA PARTE.

Comiença la segunda parte, en la qual se trata de los verbos, y de la conjugacion y formacion dellos.

En todas las lenguas, assi latina como las demas, lo que tiene mayor dificultad es la materia de los verbos, porque en ellos consiste principalmente toda la armadura del bien hablar, y lo mesmo es en esta que, aunque a algunos parece barbara, tiene orden y concierto en muchas cosas, ni carece de algunos primores y buen artificio si con consideracion y pia afeccion quieren entender en ella. Por tanto esta segunda parte se dilatara algo mas, ansi por ser la materia della prouechosa, como por ser dificultosa, tratarse ha pues de los verbos en esta manera.

Primeramente se porna la conjugacion, no como en la gramatica, sino como la lengua lo pide y demanda, porque algunas maneras de dezir que nosotros tenemos en nuestra lengua, o en la latina, esta no las tiene. Y pareceme que sera confusion, por no salir de la conjugacion del latin, poner algunos romances en tiempos que no les pueden quadrar, como parecera en la conjugacion de los verbos, por tanto a ninguno le paresca nouedad sin prouecho; pues se dara en la formacion la causa dello.

Despues de la conjugacion regular se porna su formacion dexando la del preterito y de la passiua para tractarla despues por ser prolixa y muy varia, y luego se pornan los verbos irregulares, y despues desta generalidad se hablara en particular de las diferencias que ay de verbos [1].

[1] Cet alinéa est tiré du manuscrit BN.

CAPITVLO PRIMERO.

DE LA CONIVGACION REGVLAR DE LOS VERBOS [1].

INDICATIVO MODO.

PRESENTE.

Sing. *Nitlapia*, yo guardo, *titlapia*, *tlapia*.
Plur. *Titlapiah*, *antlapiah*, *tlapiah*.

PRETERITO IMPERFECTO.

Sing. *Nitlapiaya*, yo guardaua, *titlapiaya*, *tlapiaya*.
Plur. *Titlapiayah*, *antlapiayah*, *tlapiayah*.

PRETERITO PERFECTO.

Sing. *Onitlapix*, yo guarde he, y oue guardado, *otitlapix*, *otlapix*.
Plur. *Otitlapixque*, *oantlapixque*, *otlapixque*.

PRETERITO PLVSQVAMPERFECTO.

Sing. *Onitlapixca*, yo auia guardado, *otitlapixca*, *otlapixca*.
Plur. *Otitlapixcah*, *oantlapixcah*, *otlapixcah*.

FVTVRO IMPERFECTO.

Sing. *Nitlapiaz*, yo guardare, *titlapiaz*, *tlapiaz*.
Plur. *Titlapiazque*, *antlapiazque*, *tlapiazque*.

FVTVRO PERFECTO.

Yo aure guardado. No le tiene; suplenle por el preterito perfecto dicho.

IMPERATIVO MODO.

PRESENTE.

Sing. *Ma nitlapia*, guarde yo luego, *ma xitlapia*, *ma tlapia*.
Plur. *Ma titlapiacan*, *ma xitlapiacan*, *ma tlapiacan*.

[1] Pour plus de clarté et de régularité, nous avons ici modifié quelque peu la disposition des manuscrits. A la suite de la première personne de chaque temps, nous avons mis la traduction qui s'y rapporte, au lieu de la maintenir en marge du livre.

FVTVRO.

Sing. *Ma nitlapiaz*, guardare yo despues, etc. como en el del indicatiuo.

IMPERATIVO VETATIVO, O AVISATIVO.
PRESENTE.

Sing. *Ma nitlapix*, no guarde yo, *ma titlapix, ma tlapix.*
Plur. *Ma titlapixtin, ma antlapixtin, ma tlapixtin.*

OPTATIVO MODO.
PRESENTE.

Sing. *Ma nitlapia*, o si yo guardase, etc. como en el presente del imperatiuo.

PRETERITO IMPERFECTO.

Sing. *Ma nitlapiani*, o si yo guardara, *ma xitlapiani, ma tlapiani.*
Plur. *Ma titlapianih, ma xitlapianih, ma tlapianih.*

PRETERITO PERFECTO.

Sing. *Ma onitlapiani*, o si yo aya guardado, etc. como el imperfecto de arriba.

PRETERITO PLVSQVAMPERFECTO.

Sing. *Ma onitlapiani*, o si yo ouiera, y oniese guardado, etc. como el de arriba.

FVTVRO IMPERFECTO.

Sing. *Ma nitlapiaz*, oxala yo guarde, etc. como en el indicatiuo.

SVBIVNCTIVO MODO.
PRESENTE.

Sing. *Yntla nitlapia*, si yo guarde, si guardase, *yntla xitlapia, yntla tlapia.*
Plur. Como en el presente del imperatiuo.

PRETERITO IMPERFECTO.

Sing. *Yntla nitlapiani*, si yo guardara, etc. como en el optatiuo.

PRETERITO PERFECTO.

Parece que no le tienen; del qual se dira en la formacion del subjunctiuo [1].

[1] Le manuscrit MN omet ces deux derniers mots. (Voir ci-après, p. 84.)

PRETERITO PLVSQVAMPERFECTO.

Sing. *Yntla onitlapiani*, si yo ouiera, y ouiesse guardado, etc. como en el optatiuo.

FVTVRO IMPERFECTO.

Sing. *Yntla nitlapiaz*, si yo guardare, o guardasse, etc. como en el indicatiuo.

FVTVRO PERFECTO.

Si yo ouiere guardado. Dizenle por el preterito perfecto del indicatiuo.

INFINITIVO MODO.

PRESENTE.

Sing. *Nitlapiaznequi* [1], quiero guardar, *titlapiaznequi*, *tlapiaznequi*.
Plur. *Titlapiaznequih*, *antlapiaznequih*, *tlapiaznequih*.

Y tambien dizen :

Sing. *Nicnequi nitlapiaz*, quiero guardar, *ticnequi titlapiaz*, *quinequi tlapiaz*.
Plur. *Ticnequih titlapiazque*, *anquinequih antlapiazque*, *quinequih tlapiazque*.

PRETERITO PERFECTO.

Qualli ynic onitlapix, vel *qualli yn onitlapix*, vel *qualli yezqui yn onitlapix*, bueno es auer guardado, etc. como en el preterito perfecto del indicatiuo.

FVTVRO.

Tampoco le tienen; pero en su lugar dizen : *qualli yez in nitlapiaz*, bueno sera guardar, o auer de guardar, etc. como en el futuro del indicatiuo.

SIGVENSE LOS GERVNDIOS.

DE GENITIVO.

Ye tlapializpan [2], vel *ye iman yn tlapialo*, vel *tlapioloz*, vel *ye qualhcan ynic tlapialo*, vel *ynic tlapialoz*, hora es de guardar.

---

[1] Littéralement : je garderai veux, et pour la deuxième forme, je le veux je garderai.

[2] *Tlapializpan*, de *tlapializtli*, et de *pan*, signifie dans la garde, au temps de la garde; — *ye iman* ou *imman*, déjà c'est l'heure, le moment; — *qualcan*, de *qualli* et de *can*, au bon temps, au temps propice, etc.

Ye iman yn nitlapia, ya es hora de guardar yo, etc. como en el presente del indicatiuo, y variase por sus tiempos.

DE DATIVO.

El gerundio de datiuo no le tienen, pero suplenlo por el preterito perfecto del indicatiuo con este aduerbio *yhquac*, vel *yn*. Ex.: *yhquac onitlapix*, vel *yn onitlapix*, *nompeuaz*, en guardando, o en ouiendo guardado. me partire, etc.

GERVNDIO DE ACVSATIVO CON EO, IS [1].

INDICATIVO.

PRESENTE.

Sing. *Nitlapiatiuh*, voy a guardar, *titlapiatiuh*, *tlapiatiuh*.
Plur. *Titlapiatiui*, *antlapiatiui*, *tlapiatiui*.

PRETERITO IMPERFECTO.

Sing. *Niuya*, vel *niyaya inic nitlapiaz*, yua a guardar, etc.

PRETERITO PERFECTO.

Sing. *Onitlapiato*, fui a guardar, etc.

FVTVRO.

Sing. *Nitlapiatiuh*, yre a guardar, etc. como en el presente.

IMPERATIVO.

PRESENTE.

Sing. *Ma nitlapia*, vaya yo a guardar, *ma xitlapia*, *ma tlapia*.
Plur. *Ma titlapiatin*, *ma xitlapiatin*, *ma tlapiatin*.

Otros dizen este tiempo en esta manera [2]:

PRESENTE.

Sing. *Ma nitlapiati*, vaya yo a guardar, *ma xitlapiati*, *ma tlapiati*.
Plur. *Ma titlapiatih*, *ma xitlapiatih*, *ma tlapiatih*.

[1] Les temps de ce *gérondif* se conjuguent à l'aide des trois suffixes *tiuh*, *to*, *ti*.
[2] Le manuscrit B V ne porte que cette seconde forme.

FVTVRO.

Ma nitlapiatiuh, vaya yo despues a guardar, etc. como en el futuro del indicatiuo.

EL VETATIVO NEGATIVO [1].

Sing. *Ma nitlapiati*, no vaya yo a guardar, *ma titlapiati, ma tlapiati*.
Plur. *Ma titlapiatih, ma antlapiatih, ma tlapiatih*.

GERVNDIO DE ACVSATIVO CON VENIO, IS [2].

INDICATIVO.

PRESENTE.

Sing. *Niualauh*, vel *niuitz ynic nitlapiaz*, vengo a guardar, etc. [3].

El siguiente tiempo, aunque propriamente es perfecto, se entiende, o puede entender por presente siendo ya venido quitando la o : *nitlapiaco*, yo vengo a guardar, *titlapiaco*, etc.

PRETERITO IMPERFECTO.

Sing. *Niualaya ynic nitlapiaz*, yo venia a guardar, etc.

PRETERITO PERFECTO.

Sing. *Onitlapiaco*, yo vine a guardar, *otitlapiaco*, etc.

PRETERITO PLVSQVAMPERFECTO [4].

Yo auia venido a guardar. Como el perfecto, anteponiendo *ye*, vel *oyuh*.

FVTVRO.

Sing. *Nitlapiaquiuh*, vel *niuallapiaquiuh*, yo vendre a guardar, etc.
Plur. *Titlapiaquiui*, vel *tiuallapiaquiui*, etc.

---

[1] Tiré du manuscrit BN, ce temps ne diffère de la deuxième forme du présent de l'impératif qu'aux secondes personnes.
[2] Ce *gérondif* emploie aussi trois suffixes, qui sont : *quiuh, co* et *qui*.
[3] Le manuscrit BN donne : «Singular, *niuallapiatiuh*, yo vengo a guardar, *tiuallapiatiuh, uallapiatiuh*. Plural, *tiuallapiatiui, auallapiatiui, uallapiatiui.*»
[4] Ce temps est indiqué par le manuscrit MN.

IMPERATIVO.
PRESENTE.

Sing. *Ma nitlapiaqui*, venga yo a guardar, *ma xitlapiaqui, ma tlapiaqui*.
Plur. *Ma titlapiaquih, ma xitlapiaquih, ma tlapiaquih*.

FVTVRO.

Sing. *Ma nitlapiaquiuh*, venga yo despues a guardar, etc. como en el futuro del indicatiuo.

EL VETATIVO NEGATIVO [1].

Sing. *Ma nitlapiaqui*, no venga yo a guardar, *ma titlapiaqui, ma tlapiaqui*.
Plur. *Ma titlapiaquih, ma antlapiaquih, ma tlapiaquih*.

DE LOS PARTICIPIOS DE PRESENTE.

Participios no los tienen, dizenlos desta manera : *yn tlapia*, él que guarda; — *nitlapixticah*, yo estoy guardando; *titlapixticah*, tu estas guardando, etc. variase por todos los tiempos y personas.

PARTICIPIO DE FVTVRO IN RVS.

Nitlapiazquia, auia, o denia, o ouiera, o deuiera guardar, o guardara.

LA BOZ PASSIVA.
INDICATIVO MODO.
PRESENTE.

Sing. *Nipialo*, yo soi guardado, *tipialo, pialo*.
Plur. *Tipialoh, ampialoh, pialoh*.

PRETERITO IMPERFECTO.

Sing. *Nipialoya*, yo era guardado, *tipialoya, pialoya*.
Plur. *Tipialoyah, ampialoyah, pialoyah*.

PRETERITO PERFECTO.

Sing. *Onipialoc*, yo fui guardado, *otipialoc, opialoc*.
Plur. *Otipialoque, oampialoque, opialoque*.

---

[1] Temps tiré du manuscrit BN.

PRETERITO PLVSQVAMPERFECTO.

Sing. *Onipialoca*, yo auia sido guardado, *otipialoca*, *opialoca*.
Plur. *Otipialocah*, *oampialocah*, *opialocah* [1].

FVTVRO IMPERFECTO.

Sing. *Nipialoz*, yo sere guardado, *tipialoz*, *pialoz*.
Plur. *Tipialozque*, *ampialozque*, *pialozque*.

FVTVRO PERFECTO.

Yo aure sido guardado. — Es el mesmo que el preterito perfecto.

IMPERATIVO MODO.

PRESENTE.

Sing. *Ma nipialo*, sea yo guardado, *ma xipialo*, *ma pialo*.
Plur. *Ma tipialocan*, *ma xipialocan*, *ma pialocan*.

FVTVRO.

Sing. *Ma nipialoz*, sea yo guardado despues, etc. como el del indicatiuo.

EL NEGATIVO AVISATIVO.

PRESENTE.

Sing. *Ma nipialo*, no sea yo guardado, *ma tipialo*, *ma pialo*.
Plur. *Ma tipialotin*, *ma ampialotin*, *ma pialotin*.

OPTATIVO MODO.

PRESENTE.

Sing. *Ma nipialo*, o si yo fuese guardado, *ma xipialo*, etc. como en el imperatiuo.

PRETERITO IMPERFECTO.

Sing. *Ma nipialoni*, o si yo fuera guardado, *ma xipialoni*, *ma pialoni*.
Plur. *Ma tipialonih*, *ma xipialonih*, *ma pialonih*.

---

[1] Comme le parfait, le plus-que-parfait prend ordinairement la voyelle *o*; mais assez souvent il la quitte. Il n'est donc pas étonnant de lire dans le manuscrit BN : «*nipialoca, tipialoca*,» etc. (Voir plus loin, p. 78 et suivantes, la formation des prétérits.)

PRETERITO PERFECTO.

Como el imperfecto.

PRETERITO PLVSQVAMPERFECTO.

O si yo ouiera y ouiesse sido guardado. Como el imperfecto, anteponiendo *o*.

FVTVRO.

Sing. *Ma nipialoz*, oxala yo sea guardado, etc. como en el futuro del indicatiuo.

SVBIVNCTIVO MODO.

PRESENTE.

Sing. *Yntla nipialo*, si yo soi guardado, etc. como en el imperatiuo.

PRETERITO IMPERFECTO.

Sing. *Yntla nipialoni*, si yo fuera guardado, etc. como en el optatiuo.

PRETERITO PERFECTO.

Caret.

PRETERITO PLVSQVAMPERFECTO.

Sing. *Yntla nipialoni* [1], si yo ouiera y ouiesse sido guardado, etc. como en el optatiuo.

FVTVRO IMPERFECTO.

Sing. *Yntla nipialoz*, si yo fuere, o fuesse guardado, etc. como en el indicatiuo.

FVTVRO PERFECTO.

Sing. *Yntla onipialoc*, si ouiere sido guardado, etc. como en el indicatiuo.

INFINITIVO MODO.

PRESENTE.

Sing. *Nipialoznequi*, yo quiero ser guardado, *tipialoznequi*, etc.

PRETERITO.

Sing. *Ca qualli in onipialoc*, vel *inic onipialoc*, bien es que yo fui y oue sido guardado, etc. como en el preterito perfecto del indicatiuo.

---

[1] *Var.* «*onipialoni.*» Manuscrit MN.

FVTVRO.

Sing. *Ca qualli in nipialoz*, bien es que yo sea guardado, etc. como en el indicatiuo.

DE LOS GERVNDIOS DE PASSIVA.
DE GENITIVO.

Ye iman in pialoz, tiempo es de ser guardado, etc.

DE DATIVO.

Yn ihquac onipialoc, vel *in onipialoc*, etc. como en el preterito.

GERVNDIO DE ACVSATIVO.

Sing. *Nipialotiuh*, yo voi a ser guardado, *tipialotiuh*, *pialotiuh*.
Plur. *Tipialotiui*, *ampialotiui*, *pialotiui*.

Niualauh inic nipialoz [1], yo vengo a ser guardado, etc. Y si ya es venido, podra dezir : *nipialoco*, en lugar de vengo a ser guardado.

Y ansi se forman todos los otros tiempos añadiendo las particulas al presente de la passiua [2].

LOS PARTICIPIOS.
EL DE PRETERITO.

Tlapialli, cosa guardada;
Pialoni, cosa guardable, o que ha de ser guardada;
Nipialozquia, yo auia, o deuia ser guardado, *tipialozquia*, etc.

DE LA BOZ DEL IMPERSONAL.

El impersonal no tiene dificultad porque no es mas de tomar las terceras personas del singular de la voz passiua anteponiendole las particulas *tla*, *te*, *ne*, segun fuere e conviniere

---

[1] *Var.* «*niualhpialotiuh*, yo vengo a ser guardado; *tiualhpialotiuh*, etc.» Manuscrit BN. — Cette désinence *tiuh*, aller, serait ici détournée de sa véritable acception.

[2] *Var.* «...las particulas de la actiua a la passiua.» Manuscrit MN.

el significado del verbo. Y para mas claridad poner se ha aqui el indicatiuo.

INDICATIVO.

PRESENTE.
Tlapialo, todos guardan.

PRETERITO IMPERFECTO.
Tlapialoya, todos guardauan.

PRETERITO PERFECTO.
Otlapialoc, todos guardaron, an y ouieron guardado.

PRETERITO PLVSQVAMPERFECTO.
Otlapialoca, todos auian guardado.

FVTVRO IMPERFECTO.
Tlapialoz, todos guardaran.

FVTVRO PERFECTO.
Otlapialoc, todos auran guardado.

Y ansi por los otros tiempos y modos.

Y porque la breuedad ayuda mucho a la memoria, quien quisiera facilmente deprender la conjugacion tenga este auiso que, fuera del indicatiuo, en todos los otros modos no ay sino dos tiempos diferentes, que es el presente del imperatiuo que sirue tambien para los presentes del optatiuo y subjunctiuo, y el preterito imperfecto del optatiuo que sirue para perfecto y plusquamperfecto del mismo modo, y para todos los preteritos del subjunctiuo. Y el futuro del indicatiuo sirue para todos los futuros de los otros modos y para el infinitiuo variando el *nequi,* como parece claro en la conjugacion. De manera que sabido el indicatiuo y presente del imperatiuo y preterito imperfecto del optatiuo, esta sabida toda la conjugacion ansi de actiua como de passiua. Pues sabidos tambien los dichos tiempos en la passiua se sabra toda. Y para tomar facilmente la passiua de coro se deue tener este auiso, que se ha de variar por todos los tiempos y modos como un verbo acabado en *o*, o en *ua*, porque estas son las terminaciones en que puede acabar la passiua e impersonal, y en el preterito todos haran en *c*.

CAPITVLO SEGVNDO.

DE LA FORMACION DE LOS VERBOS REGVLARES.

FORMACION DEL INDICATIVO.

Quanto a lo primero es de notar que todos los verbos acaban en una de tres vocales, scil. *a, i, o*; y ansi al presente del indicatiuo no le damos otra formacion mas de señalar las terminaciones en que puede fenescer, y para denotar la diferencia de las personas, primera o segunda, en un mesmo tiempo, anteponen al verbo estos pronombres *ni, ti, an*. Pero si algunas personas del tal tiempo son semejantes en la terminacion y en el pronombre poner se ha en la que estuuiere en el plural una *h* para diferenciarla del singular. Ex.:

SINGVLAR.

Nitetlayeculhtia, yo siruo a alguno.
Titetlayeculhtia, tu sirues, etc.
Tetlayeculhtia, aquel sirue.

PLVRAL.

Titetlayeculhtiah, nosotros seruimos a alguno.
Antetlayeculhtiah, vosotros, etc.
Tetlayeculhtiah, aquellos, etc.

PRETERITO IMPERFECTO.

El preterito imperfecto se forma del presente, en los acabados en *a, o*, añadiendo un *ya*. Ex.: *nitecuculia*, aborrecer, *nitecuculiaya*, yo aborrecia; — *nitleco*, subir, *nitlecoya*, yo subia.

Pero los acabados en *i*, sobre la *i* tomaran una *a*. Ex. : *nicochi*, dormir, *nicochia*, etc.

Sacase *nemi*, biuir, que haze *nenca*, vel *nemia*.

Y es de notar que al preterito imperfecto algunas vezes usan poner antes de los pronombres al principio una *o*, como la ponen en el preterito perfecto y plusquamperfecto.

PRETERITO PERFECTO.

El preterito perfecto se forma del presente, y por la mayor parte los acabados en *a, i*, pierden la *a* y la *i*, y los de *o* toman *c* sobre la *o*. Pero porque son estos preteritos dificultosos, tratar se han en el capitulo siguiente juntamente con la formacion de la passiua [1].

Y todos los preteritos en el plural tomaran *que* sobre el singular, y si el singular acabare en *c* boluera la *c* en *que* en el plural, y parece algunos retener la *c* antes del *que* [2]. Ex. : *nitlapaca*, lauar, preterito, *onitlapac;* plural, *otitlapacque*.

Y es de notar que antes de los pronombres *ni, ti, an*, tomaran una *o*. Pero algunas vezes se hallan estos preteritos sin la *o*.

PRETERITO PLVSQVAMPERFECTO.

El plusquamperfecto se forma del preterito perfecto añadiendo *ca*, y esta *ca* sirue para todas seis personas, tomara la *o* al principio como el preterito perfecto. Ex. : *niteana*, prender a alguno; preterito, *onitean;* plusquamperfecto, *oniteanca*.

Y los que en el preterito tomaren *c*, sobre ella tomaran *a*. Ex. : *nitlapaca*, lauar, *onitlapac, onitlapaca*.

Y es aqui de notar que este preterito plusquamperfecto algunas vezes sirue de la particula *quia*. Ex. : *yntlacamo xinechilhuiani, ye onicquaca*, vel *ye nicquazquia*, si no me lo

[1] La formation du passif est indiquée dans le chapitre IV.
[2] Cette ligne a été omise dans le manuscrit BN.

dixeras, o ouieras dicho, ya yo lo ouiera comido, o ya lo queria comer. El *onicquaca* no es mucho en uso en este sentido [1].

Yten se deue notar que quando el verbo tiene dos o tres preteritos, del principal y mas usado se formara el preterito plusquamperfecto. Ex.: *temi*, henchirse, preterito *oten*, vel *otemic*, vel *otenqui*, en el plusquamperfecto hara *otenca*, y no diremos *otemica*, ni tampoco *otenquica*.

Y los verbos que demas del preterito principal tuuieren otro preterito en *c*, o en *qui*, en el plural haran como el principal preterito y destos menos principales no se formaran los nombres verbales que del preterito se suelen formar, sino del principal.

FVTVRO IMPERFECTO.

El futuro imperfecto se forma del presente del indicatiuo añadiendole una *z* en el singular, y en el plural toma un *que* sobre la *z*. Ex.: *nitetlaçotla*, yo amo, futuro, *nitetlaçotlaz;* plural, *titetlaçotlazque* [2].

Sacanse los verbos actiuos acabados en *huya, ia, oa*, los quales bueluen la *a* en *z* [3], porque los neutros en estas terminaciones siguiran la regla general, y lo mismo haran algunos actiuos, como son: *nitlapia*, guardar, futuro, *nitlapiaz;* — *nitechia*, esperar a alguno, *nitechiaz*.

Y es de notar que un mesmo verbo anteponiendole las particulas *tla, te,* y haziendole actiuo hara de otro manera en el futuro que si fuesse neutro y estuuiesse sin ellas. Ex.: *nitliloa*,

---

[1] Cette remarque est tirée du manuscrit MN. Nous ferons aussi observer à ce sujet que le parfait était souvent employé pour le plus-que-parfait. Ainsi, l'on disait très-bien: *ye onitlaqua, in oacico*, j'avais déjà mangé, quand il vint. (Voir le *Compendio*, par Paredes, p. 5o.)

[2] Le singulier peut aussi se terminer en *qui*: *nitlapohuazqui*, je compterai.

[3] Ex.: *nitetlalcahuia*, j'abandonne quelqu'un; futur, *nitetlalcahuiz;* — *nitlacelia*, je reçois une chose, *nitlaceliz;* — *nitlacuiloa*, j'écris, je peins une chose, *nitlacuiloz*.

tliloa, entintarse, es neutro, haze en el futuro *nitliloaz*, *tliloaz*; añadiendole el *tla* o el *te* se haze actiuo y entonces diremos : *nitlatliloa*, entintar algo; futuro, *nitlatliloz*.

Y esta formacion del futuro imperfecto seruira para los otros modos, porque es el mismo mudando los aduerbios del principio porque en el imperatiuo y optatiuo tomara *ma* y en el subjunctiuo *yntla*.

Y este futuro muchas vezes sirue por imperatiuo, lo qual se deue notar. Ex.: *calaquiz*, entre aquel, y esta en lugar de *ma calaqui*. Y lo mesmo sera en el impersonal : *calacoaz*, en lugar de *ma calacoa*, entren todos.

FVTVRO PERFECTO.

Este futuro es el preterito perfecto de la actiua a la letra [1].

FORMACION DEL IMPERATIVO.

PRESENTE.

El imperatiuo se forma del futuro imperfecto del indicatiuo quitando la *z* y anteponiendo un *ma*, o *tla* [2]. Ex. : *nitlachia*, mirar; futuro, *nitlachiaz*; imperatiuo, *ma nitlachia*; — *niquitta*, ver algo; futuro, *niquittaz*; imperatiuo, *tla xiquitta*.

Y es de notar que estos pronombres *ti, an*, de las segundas personas siempre se han de boluer en *xi*. Ex. : *ma ximotlaçotla*, ama tu; plural, *ma ximotlaçotlacan*, amad vosotros. Y en el plural a todas tres personas se les añade un *can*. Ex. : 1ª *ma timotlaçotlacan*; 2ª *ma ximotlaçotlacan*; 3ª *ma motlaçotlacan* [3]. Y

---

[1] Mais ordinairement il est précédé de l'adverbe *ye* ou *yecuel*, déjà, servant à marquer l'antériorité : *in tihuallaz*, *ye* ou *yecuel onitlapouh*, quand tu viendras, j'aurai compté.

[2] On se servait aussi de *matel* dans les cas de doute, d'hésitation, etc. *matel tiuyan*, allons, décidons-nous; partons.

[3] Le manuscrit MN porte à toutes les personnes *te*, au lieu de *mo* : *ma xitetlaçotla*, etc. ce qui change tout à fait le sens. Il faut, en effet, traduire : aime les gens, et non, aime-toi.

este mesmo imperatiuo en el singular tendra en algunos verbos tres significados. Ex. : *ma nitlaqua* querra dezir coma yo, y no coma yo, y vaya yo a comer, como parecera adelante. Pero en todos los verbos tendra los dos significados que es coma yo, o vaya yo a comer. Y donde la boz del preterito y del imperatiuo fuere una, los tendra todos tres. Y estos se diferencian en el ayre del dezir, o en el acento.

FVTVRO.

El futuro es como el del indicatiuo anteponiendo *ma*.

FORMACION DEL NEGATIVO AVISATIVO.

Ay otro imperatiuo negatiuo que algunos llaman auisatiuo porque dizen que no usare deste auisatiuo quando mando con imperio, sino quando a consejo o auiso. Pero los naturales en el uno y en el otro sentido lo entendien, y si estamos en esta diferencia podrase dezir, que para el que es puramente negatiuo usaran del imperatiuo ya dicho, anteponiendo estos aduerbios *maca*, vel *macamo*. Ex. : *maca*, vel *macamo xicchiua*, no lo hagas.

Y para el auisatiuo negatiuo usaran del preterito perfecto del indicatiuo a la letra anteponiendole el *ma*[1]. Ex. : *ma titlapix*, mira no guardas; — *ma titlatlaco*, mira no peques.

Y este auisatiuo tomara *ti* en el plural. Ex. : *ma nitemachti*, no enseñe yo; plural, *ma titemachtiti*, no enseñemos nosotros.

Y es de notar que algunas vezes el plural del auisatiuo

---

[1] Ou *manen*, qui donne plus de force : *manen titlatlaco*, fais attention de ne pas pécher; — *manen uetz*, qu'il ne tombe pas. Quand le prétérit finit par un *c*, cette lettre disparait à l'impératif vétatif. Ex. : *nitlatoca*, j'ensemence; prétérit, *onitlatocac*; impératif vétatif, *manen titlatoca*, n'ensemence pas. (Voir le *Compendio*, par Paredes, p. 52.) Il n'est pas nécessaire que ces particules soient immédiatement placées devant le verbe. Ex. : *ma muchipa timoyecquetz*, ne te pare pas continuellement. (*Platica*, § 14.)

tambien se formara del presente del indicatiuo añadiendo *ti* en algunos verbos. Ex. : *nitenutza*, llamar, *onitenutz*; en el plural del auisatiuo diremos : *ma antenutzti*, vel *ma antenutzati*. mirad que no llameis vosotros a alguno.

FORMACION DEL OPTATIVO.

El optatiuo es de saber que antes de los pronombres *ni*, *ti*, *an*, toma esta particula *ma* en todos los tiempos, y otros ponen *matel*, en lugar de o si; pero esta, segun los que bien sienten, quiere dezir : pues, o empero, o mas. Ex. : *matel tiuyan*, pues vamos [1].

PRESENTE.

La formacion del optatiuo es clara, porque el presente es como el del imperatiuo sin quitar ni poner nada segun parece en la conjugacion. Ex. : *ma nitemachti*, o si yo enseñase.

PRETERITO IMPERFECTO, PERFECTO Y PLVSQVAMPERFECTO.

El preterito imperfecto sirue de preterito perfecto y plusquamperfecto, y la formacion deste es del presente del indicatiuo añadiendo *ni*, y sirue para todas seis personas. Ex. : *nitlaqua*, yo como, *ma nitlaquani*, o si yo comiera. Pero donde el plural tuuiere semejança con el singular, ansi en el pronombre que rescibe, como en la terminacion que acaba, diferenciar se ha del dicho singular añadiendo una *h*, como es dicho [2]. Ex. :

Sing. *Ma nitlaquani, ma xitlaquani, ma tlaquani.*
Plur. *Ma titlaquanih, ma xitlaquanih, ma tlaquanih.*

FVTVRO.

El futuro es en todo como el del imperatiuo [3].

---

[1] Voir la note 2 de la page 81. Paredes donne pour l'optatif les trois particules *ma*, *macuele* et *mayecuele*. (*Compendio*, p. 53.)

[2] Ces trois derniers mots sont tirés du manuscrit MN.

[3] Paredes indique un optatif négatif formé du présent de l'indicatif devant

FORMACION DEL SVBIVNCTIVO.

El subjunctiuo en la formacion no tiene dificultad porque son los mismos tiempos del optatiuo. Pero difieren en las particulas que toman antes del verbo, porque el subjunctiuo toma esta particula *yntla*, que quiere dezir si para todos los tiempos, y no puede tomar otra particula, saluo en el un romance que damos al futuro, el qual se puede dezir con este aduerbio *yn ihquac*, que significa quando. Ex. : quando yo amare a Dios, sere bueno, *yn ihquac nictlaçotlaz in Dios, niqualli niez.*

Y para sacar esto mas de raiz y que se declare y de la causa porque en el subjunctiuo no damos todos los romances que pone Antonio de Lebrixa en su arte, es de notar que en la lengua latina ay estos aduerbios : *quando* que significa quando, y *cum* que quiere dezir como. Y otros, con los quales todos los romances que en el subjunctiuo se ponen, se pueden hazer por aquellos tiempos donde se señalan los tales romances, y por eso quadran muy bien todos los romances que por el tal modo se pueden dezir. Pero en esta lengua como no tienen mas desta particula *yntla* que quiere dezir si, solos los romances que quadraren con ella se pornan en el subjunctiuo segun buena razon y no mas, porque todos los otros romances del quando y del como se han de reduzir necesariamente al indicatiuo, saluo el que señalamos en el futuro del subjunctiuo con este aduerbio *yn ihquac*. Ex. : este romance : como yo predicase una vez en Mexico, me acaescio esto, etc. lo reduzen : quando yo predicaua en Mexico, etc. y hazese por el preterito imperfecto del indicatiuo. Ex. : *yn ihquac nitemachtiaya, nopan omochiuh y.*

lequel est placée l'une des particules *maca* ou *macamo*, et auquel on ajoute la terminaison *ni*. Ex.: *maca* ou *macamo titlapohuani*, que tu ne comptes pas. (Voir le *Compendio*, p. 53.)

Y este romance : como yo sirua a Dios, no se me da nada de lo que de mi se dixere, lo reduziran a este romance : por quanto yo siruo a Dios, etc. y hazenlo por el indicatiuo en esta manera : *ypampa uelh nictlayeculhtia in Dios, amo nechyolitlacoa yn tlein notechpa mitoa* [1].

Y por esto quitamos algunos romances del subjunctiuo y añadimos otros. Verdad es que añadiendo al futuro esta particula *quia* se podran suplir algunos romances del subjunctiuo en preterito perfecto, o plusquamperfecto, los quales no se podran hazer por esta boz *ni*, como parecera a la larga en la segunda parte, capitulo octauo [2].

Pero es de notar que este *quia* siempre se pone en la segunda oracion de subjunctiuo y nunca en la primera, y ya que en la orden este primero en la sentencia y congruo romance se pondra a la postre. Y desta particula *quia* se tratara adelante en el capitulo viii° [3] desta segunda parte.

FORMACION DEL INFINITIVO.

El infinitiuo no le tienen proprio, pero suplenle en dos maneras. La primera por el futuro del indicatiuo añadiendo este verbo *nequi* que quiere dezir querer. Ex.: *nitlaçotlaznequi*, quiero amar. Y este verbo *nequi* es el que se varia por todos los modos y tiempos, y el futuro a quien se ayunta en singular y plural de los dichos tiempos y modos no se varia. Y puesto caso que este en platica que el infinitiuo se suple por este verbo *nequi*, lo que yo siento es que lo que suple la boz del infinitiuo no es el futuro con el *nequi*, sino solo el fu-

---

[1] Dans le manuscrit MN, la phrase est tournée autrement : « Si yo siruo a Dios, » etc. « *yntla uelh*, » etc.

[2] Voir le paragraphe intitulé : « De las particulas que se posponen. » Page 129.

[3] C'est par erreur que les manuscrits portent vi°, au lieu de viii°. Le chapitre vi est exclusivement consacré à la conjugaison des verbes irréguliers *aller* et *venir*.

turo, como en el latin no diremos que es infinitiuo el *volo amare*, sino el *amare*. Puesto caso que el infinitiuo no puede estar sin otro verbo, como acaece tambien en esta lengua, pero no por eso sera infinitiuo el futuro con el *nequi*.

La segunda manera de suplir el infinitiuò sera anteponer el verbo *nequi*, y añadiendo el futuro. Ex.: *nicnequi nitlaquaz*, quiero comer. Y entonces los pronombres *ni*, *ti*, *an* se pornan en entrambos verbos. Lo qual no se haze en la primera manera de suplir el dicho infinitiuo. Ex.: no dezimos *nitlaquaz nicnequi*, *titlaquaz ticnequi*, etc. Pero quando se antepone el *nequi* en esta segunda manera bien dezimos: singular, *nicnequi nitlaquaz, ticnequi titlaquaz, quinequi tlaquaz;* — plural, *ticnequih titlaquazque, anquinequih antlaquazque, quinequih tlaquazque.*

Y es de notar que ansi el uno como el otro infinitiuo se varia el *nequi* por todos los tiempos como esta dicho, y el futuro se quedara inuariado. Ex.: en el preterito imperfecto diremos *nitlaquaznequia*, yo queria comer; y en el perfecto, *onitlaquaznec*, yo quisse comer, etc. y assi por todos los demas.

En la segunda manera diremos en el preterito imperfecto:

Nicnequia nitlaquaz, yo queria comer;
Ticnequia titlaquaz, tu querias comer;
Quinequia tlaquaz, aquel queria comer.

Preterito perfecto: *onicnec nitlaquaz*, yo quisse comer; *otinec titlaquaz*, quisiste comer; *oquinec tlaquaz*, quiso comer, etc.

Los demas tiempos del infinitiuo que se hallan en la conjugacion se reduzen al indicatiuo.

El preterito anteponiendo *qualli inic*, vel *qualli yezqui yn*, lo dizen por el preterito perfecto del indicatiuo. Ex.: *qualli inic onitlaqua*, vel *qualli yezqui yn onitlaqua*, bueno es auer comido.

Y el futuro reduzen al futuro del indicatiuo anteponiendo *qualli yez*. Ex.: *qualli yez in nitlaquaz*.

FORMACION DE LOS GERVNDIOS DE GENITIVO.

Estos gerundios los suplen de dos maneras. La primera es al verbal en *liztli* añadirle *pan*, y anteponer uno destos dos aduerbios *ye*, vel *ya*. Ex.: *tlaqualiztli*, es la comida, perdiendo el *tli*, y añadiendo *pan*, dizen *tlaqualizpan*, y añadiendo *ye*, vel *ya*, diremos: *ye tlaqualizpan*, ya es hora de comer.

La segunda manera es anteponer uno destos dos aduerbios *qualhcan*, vel *ye iman*[1], al futuro, o presente del impersonal. Ex.: *ye qualhcan inic temachtiloz*, vel *inic temachtilo*, hora es de enseñar; — vel *ye iman in tlaqualo*, vel *ye inan yn tlaqualoz*, tiempo es de comer.

Y en esta segunda manera se puede variar por todos los modos y tiempos. Ex.:

PRESENTE.

Ye iman in nitemachtia, tiempo es que yo enseñe.

Y tambien se dize:

Ye iman in nitemachtiani.

PRETERITO IMPERFECTO.

Ye iman in onitemachtiaya, tiempo era de enseñar yo.

PRETERITO PERFECTO.

Ye iman in onitemachti, tiempo fue de enseñar yo.

PRETERITO PLVSQVAMPERFECTO.

Ye iman in onitemachtica, tiempo auia sido, etc.

FVTVRO IMPERFECTO.

Ye iman in nitemachtiz, tiempo sera, etc.

[1] Les grammairiens indiquent une troisième locution: *ye imonequian*. Ex.: *ye imonequian in* ou *inic nitetlatzontequiliz*, déjà il est temps de juger; litt. que je juge.

FVTVRO PERFECTO.

Ye iman in nitemachtizquia, vel *ye iman in onitemachti,* ya es, o era tiempo de auer enseñado yo, etc. como el preterito.

Lo mesmo sera en el impersonal y passiua. Estos romances parecen ser de subjunctiuo, pero en fin tienen sentencia de gerundios de genitiuo.

DE LOS GERVNDIOS DE DATIVO.

Estos no los tienen, pero suplenlos por el preterito perfecto del indicatiuo anteponiendo *yquac,* vel *in,* vel *in iquac.* Ex.: *yn iquac onitlapix, niman nimitzilhuiz,* en guardando, o auiendo guardado, luego te lo dire; — *yn onitemachti, niman nompeuaz,* en predicando, o auiendo predicado, luego me partire.

FORMACION DE LOS GERVNDIOS DE ACVSATIVO.

Los gerundios de acusatiuo no los tienen proprios, suplenlos en algunos tiempos por estas particulas *tiuh, tiui, to, ti,* para yr; y *quiuh, quiui, co, qui,* para venir.

PARA YR.

Tiuh, tiui. — El *tiuh* es para presente y futuro para solo el singular; y el *tiui* es para el plural de los dichos tiempos. Ex.: *nitemachtitiuh,* yo voi, o yre a enseñar; — *antemachtitiui,* vosotros vais, o yreis a enseñar, etc.

To. — El *to* sirue para el preterito perfecto y plusquamperfecto en todas seis personas. Ex.: *nitemachtito,* yo fui, o auia ydo a enseñar; — plural, *antemachtito,* vosotros fuistes, o auiades ydo a enseñar.

Ti. — El *ti* sirve para el imperatiuo para el singular y plural, segun algunas prouincias. Ex.: *ma nitemachtiti,* vaya yo a enseñar. Pero en otras partes usan para esto del singular del imperatiuo sin la particula *ti* y suelen lo diferenciar del otro imperatiuo con solo el ayre de dezir, o con poner el acento en la ultima. Ex.: *ma nitemachti*, enseñe yo; *ma nitemachti*, vaya yo a enseñar; pero en el plural en todas partes usan poner el *ti*. Ex.: *ma titemachtiti*, vamos a enseñar.

Para los presentes del imperatiuo, optatiuo y subjunctiuo scruira el presente del indicatiuo anteponiendo las particulas *ma* o *yntla*. Ex.: *ma nitlaquatiuh*, vaya yo a comer. No es mucho en uso [1]. Diremos tambien vaya yo a comer, *ma nitlaqua*, vel *ma nitlaquati*, como arriba es dicho. En el preterito imperfecto, perfecto y plusquamperfecto del optatiuo y subjunctiuo, dizen: *ma onitlaquato*, o si yo ouiera ydo a comer, vel o si yo fuera [2]; — *yntla onitlaquato, amo napizmiquizquia*, si ouiera ydo a comer, no muriera de hambre.

Y estos gerundios tambien se pueden suplir por el verbo *niauh* puesto al principio y luego este aduerbio *inic*, vel *in*, y con el futuro imperfecto del indicatiuo. Ex.: *niauh inic nitlaquaz*, voi a comer; preterito imperfecto, *niuia*, vel *niaya inic nitlaquaz*, yo iba a comer. Variando en todos los tiempos el *niauh*, y quedandose el futuro invariado.

PARA VENIR.

Las particulas *co, quiuh, quiui, qui*, son para venir.

Co. — El *co* sirue para presente y preterito perfecto y plusquamperfecto en todas las seis personas, y mas proprio es de los preteritos que del presente, porque para el presente para dezir: vengo a comer, mas usan dezir: *niualaquatiuh*, que no *nitlaquaco*, si no es siendo ya venido [3].

---

[1] Cette remarque est tirée du manuscrit MN.

[2] Ces derniers mots sont extraits du manuscrit MN, qui porte, à tort, *ma omitlaquani*, au lieu de *ma onitlaquato*.

[3] *Var*. «para dezir: vengo a comer, usan dezir: *nitlaquaco*, siendo ya venido, y si no es llegado diran: *niualauh inic nitlaquaz*.» Manuscrit MN.

Quiuh, quiui. — El *quiuh* sirue para las tres personas del singular del futuro, y para el plural *quiui*. Ex. : *nitemachtiquiuh,* yo verne a enseñar; — *antemachtiquiui,* vosotros verneis a enseñar, etc.

Qui. — El *qui* es para las seis personas del imperatiuo. Ex. : *xicchiuaqui,* ven a hazer; — plural, *xicchiuaquih,* vosotros venid a hazer.

Los tiempos que faltan, suplirlos han por *niualauh,* como diximos de los passados que se suplian por *niauh*.

Tambien se pueden dezir o suplir estos gerundios como diximos de los passados poniendo, en lugar de *niauh, niualauh* con el *inic* o *in,* y el futuro perfecto del indicatiuo. Ex. : *niualauh inic nitlaquaz,* vengo a comer; — preterito imperfecto, *niualaya,* vel *niualataya inic nitlaquaz,* yo venia a comer.

La formacion de todas las particulas sobre dichas es del futuro imperfecto del indicatiuo perdiendo la *z,* añadir las dichas particulas; y esto se ha de entender en todas las bozes, ansi actiua como passiua, como impersonal. Ex. : *nitlaqua,* yo como; futuro, *nitlaquaz, nitlaquatiuh,* voi a comer; — passiua, *nitlaqualotiuh,* voi a ser comido; — impersonal, *tlaqualotiuh,* todos van a comer.

FORMACION DE LOS PARTICIPIOS DE PRESENTE.

Estos se suplen por la tercera persona del presente del tiempo que fuere el participio anteponiendo esta particula *yn*. Ex.: *yn tlaqua,* el que come; — *yn tlaquaya,* el que comia. Y ansi por toda la conjugacion.

De otra manera tambien los suplen con algunos verbos compuestos, los quales verbos compuestos tienen significacion de participios, o de gerundios de ablatiuo, segun algunos quieren sentir. Ex. : *nitlaquaticah,* estoi comiendo; — *nitlaquatinemi,* ando comiendo; — *nitlapixtiuh,* voi guardando.

Y en esta segunda manera se variara el verbo por toda la conjugacion, y el primero se quedara siempre entero. Ex. :

PRESENTE.

Nitlapiatiuh, voi guardando.

PRETERITO IMPERFECTO.

Nitlapixtiuia, vel *nitlapixtaya*, yua guardando.

PRETERITO PERFECTO Y PLVSQVAMPERFECTO.

Nitlapixtia [1], vel *nitlapixta*, fui guardando, o auia ydo guardando.

FVTVRO.

Nitlapixtiaz, vel *nitlapixtaz*, yo yre guardando.

Y la formacion destos es diferente de la que tienen las particulas, porque estos se forman poniendo el primero verbo en el preterito y añadiendo el segundo como se dira en los compuestos, capitulo duodecimo.

IMPERATIVO.

Ma nitlapixtiuh, vaya yo guardando; — *ma xitlapixtiuh*, ve tu guardando, etc.

VETATIVO.

Ma nitlapixtiuh, 2ª *ma xitlapixtiuh*, etc. [2]

DE LOS PARTICIPIOS DE FVTVRO EN RVS, SEGVN EL LATIN.

Los participios de futuro en *rus* se suplen por el futuro imperfecto de la boz de actiua añadiendo esta particula *quia*, y su significado es auia, o deuia, o ouiera, o deuiera.

De la formacion de la passiua e impersonal al presente no se dize nada, porque se ha de tractar en el capitulo quarto [3].

---

[1] Le manuscrit MN écrit avec l'augment *o : onitlapixtia.*

[2] Var. «*ma nitlapixta*, 2ª *ma titlapixta*, etc. no vayas guardando.» Manuscrit MN.

[3] Los manuscritos portent *siguiente* à la place de *quarto*. (Voir la note 1 de la page 79.)

CAPITVLO TERCERO.

DE LA FORMACION DEL PRETERITO.

El preterito perfecto es muy vario porque son muchas las terminaciones en que acaba, y por eso se pondra aqui algo dilatado, porque del se forma el preterito plusquamperfecto, y muchos verbales y otros nombres, y assi es necessario saberse bien para la inteligencia de la lengua y el artificio della. Pero aunque sean estos preteritos muy varios y diuersos, podremos los reduzir a tres reglas generales, porque unos verbos ay que pierden la vocal en que fenescen, y otros que sobre ella toman una *c*, y otros que mudan la letra o sillaba final; y los que destas terminaciones tuuieren diuersos preteritos se señalaran. Pero sepan que el mas usado o comun se porna en la regla general, aunque no dexare de poner los otros preteritos que tuuiere el verbo dado que sean menos principales y se usen poco, porque si alguna vez los vieren en escriptura o oyeren en platica no se turben y lo tengan por mal dicho. Y porque se ayude a la memoria, pondremos juntas todas las terminaciones de verbos que en el preterito pierden letra, o sillaba.

PRIMERA REGLA.
DE LOS QVE PIERDEN.

Los verbos que acabaren en estas terminaciones *huya, ia, oa, li, ma, mi, na, ni, pq, pi, xa, xi, tza, tzi,* pierden la ultima vocal. Exemplo de todos:

Huya. — Ex. de los de *huya*: *nitetlatlacalhuya,* ofender a alguno; preterito, *onitetlatlacalhui.*

Ia. — Ex. de los de *ia*: *nitecuculia,* querer mal a alguno; preterito, *onitecuculi.*

Sacanse : *nitlapia*, guardar algo, *onitlapix*; — *nitechia*, esperar a alguno, *onitechix*; — *nicia*, vel *nicea*, querer, *oniciz*, vel *onicez*; — *celia*, retoñecer la planta, *oniceliz*, vel *oniceliac*, vel *onicelix*; — *ninitonia*, tener calor, *oninitonix*, vel *oninitoni*[1]; — *niquequexquia*, tener comezon, *oniquequexquiac*[2].

Sacanse los demas neutros que no se deriuan de nombres, los quales por la mayor parte bueluen la *a* en *x*, aunque algunos tambien toman *c* sobre la *a*. Ex. : *nipipinia*, hagome hombre o fuerte[3], *onipipinix*, vel *onipipiniac*[4].

Y los neutros que se deriuan de nombres podran tener tres preteritos porque por la mayor parte o bueluen la *a* en *x*, o en *c*, o sobre la *a* toman *c*. Ex. : *niqualhtia*, hazerme bueno; preterito, *oniqualhtix*, *oniqualhtic*, *oniqualhtiac*.

Oa. — Ex. de los de *oa* : *nitlatoa*, hablar, *onitlato*.

Sacanse : *nicxicepoa*[5], entomecerse el pie, *onicxicepoac*; y los neutros deriuatiuos de nombres que toman *c* sobre la *a*. Pero, si los tales se hazen actiuos tomando *tla* o *te*, siguiran la regla general. Ex. : *nitliloa*, estar entintado, *onitliloac*; *nitlatliloa* (actiuo), entintar algo, *onitlatlilo*. Aunque estos mejor forman sus actiuos en *ya*. Ex. : *nitliloa*, *nitlatlilhuia*. Y algunos dellos tambien forman el actiuo en *tia*. Ex. : *ayoa*, aguarse, *nitlaayotia*, aguar algo; — *niteiua*, embiar mensajero, *oniteiuh*, *oniteiua*, *oniteiuac*.

Li. — Ex. de los de *li* : *niyolli*, biuir, *oniyolh*.

---

[1] Pour *nino-itonia*; substantif, *itonalli*, sueur. (Voir ci-dessous la note 4.)

[2] Cette exception n'est point indiquée dans le manuscrit MN.

[3] *Var.* « ...hagome viejo o vieja.» Manuscrit MN.

[4] Ici le manuscrit MN ajoute : «sacase, *ninitonia*, sudar, que haze solamente *oninitoni*.»

[5] De *icxitl*, pied, et de *cepoa*. On dit aussi avec les possessifs *no*, *mo*, *i*, etc. *nocxicepoa*, prétérit *onocxicepoac*. (Voir le Vocabulaire de Molina.)

Ma. — Ex. de los de *ma* : *nitlatema*, henchir algo, scil. de semilla o de tierra, *onitlaten*.

Sacanse : *nitlama*, prender o captiuar, que haze *onitlama*; — *ninoçuma*, enojarme, *oninoçuma*; — *nitlatlama*, pescar con red, *onitlatlama*; — *nitlamama*, llevar carga, *onitlamama*.

Mi. — Ex. de los de *mi* : *ninemi*, biuir, *oninen*.

Na. — Ex. de los de *na* : *nitlauana*, emborracharse, *onitlauan*.

Ni. — Ex. de los de *ni* : *nitlatlani*[1], ganar en juego, *onitlatlan*.

Pa. — Ex. de los de *pa* : *nitlacuepa*, boluer algo, *onitlacuep*.

Pi. — Ex. de los de *pi* : *nicopi*, cerrar los ojos, *onicop*.

Xa. — Ex. de los de *xa* : *nitexoxa*, hechizar en cierta manera, *onitexox*.

Xi. — Ex. de los de *xi* : *niniexi*, estornudar por baxo, *oniniex*.

Tza. — Ex. de los de *tza* : *nitenutza*, llamar, *onitenutz*.

Tzi. — Ex. de los de *tzi* : *niuetzi*, caer, *oniuetz*.

Estos verbos sobre dichos desta primera regla, algunos demas del preterito que tienen principal conforme a la regla general ya dicha, tienen otros menos principales y que menos se usan, y estos acaban en *c*, o en *qui*, o en entramas terminaciones, y para saber que verbos toman *c* o *qui*, y quales toman *c*, y no *qui*, y quales no toman la una ni la otra, es de saber que los de *huya*, *ia*, *oa* actiuos no pueden tomar *c* ni *qui*, mas de seguir la regla general. Pero los neutros de *ia*, *oa*, y los que acabaren en *ma*, *xa*, *xi*, ahora sean neutros, ahora sean actiuos, toman solamente *c*, y no *qui*.

Pero los demas verbos que acabaren en las otras terminaciones de la primera regla fuera de los aqui señalados podran tomar *c* y *qui* indiferentemente. Ex. : *nitenutza*, llamar,

[1] *Var.* « *nitetlani*, ganar en juego, *onitetlan*. » Manuscrit MN.

onitenutz, *onitenutzac*, *onitenutzqui;* pero la formacion destos sera los que toman *c* la tomaran sobre la vocal del presente. Ex. : *nitemi*, henchirse, *oniten*, vel *onitemic*.

Y los acabados en *qui* se formaran de su preterito perfecto principal añadiendo *qui*. Y ansi los de *c* como los de *qui* tendran por plural el que tuuiere su principal preterito. Ex. : *nitenutza*, el principal es *onitenutz*, haze en el plural *otitenutzque*. Esto mesmo sera el plural del preterito acabado en *c*, y en *qui*.

SEGVNDA REGLA.
DE LOS QVE TOMAN.

Los que fenescen en *ca, co, cui, ça, cha, chi, i, qua, ta, ti, tla*, sobre la vocal toman *c*.

Ca. — Ex. de los de *ca* : *nitetlamaca*, dar algo a alguno, *onitetlamacac*.

Sacase : *nitlapaca*, lauar, que haze *onitlapac;* aunque tambien sigue la regla [1].

Co. — Ex. de los de *co* : *nitleco*, subir, *onitlecoc*.

Cui. — Ex. de los de *cui* : *nitlacui*, tomar algo, *onitlacuic*.

Sacanse : *nitlaacocui*, tomar algo para lo alçar, *onitlaacocu* [2]. En este se haze liquida la *u*, y en los siguientes : *nitlaiztecui*, tentar algo con la uña, *onitlaiztecu;* — *nitlanecui*, oler algo, *onitlanecu* [3]. Y todos estos que se sacan tambien siguen la regla, pero como aqui se sacan es lo mas usado [4].

Ça. — Ex. de los de *ça* : *niça*, despertar, *oniçac*. Y algunos

---

[1] Il en est de même du fréquentatif *papaca;* prétérit, *papac* ou *papacac*.

[2] *Var.* « *nitlacocui*, tomar algo, *onitlacocui*. » Manuscrit BN. — La forme sans contraction était plus usitée. Paredes et Molina donnent pour prétérit *onitlaacoc*. (Voir le *Compendio*, p. 59, et le Vocabulaire au mot *acocui-nitla*.)

[3] Contracté pour *nitla-inecui* Suivant Paredes, le prétérit fait *ineuc*, et d'après Molina, *onitlanecu*.

[4] *Var.* « pero lo primero es lo mas usado. » Manuscrit BN.

desta terminacion hazen tambien en *qui*. Ex. : *niquiça*, salir, *oniquiz*, vel *oniquizqui*.

Sacase : *nitlaça*, arrojar, *onitlaz*.

Cha. — Ex. de los de *cha* : *nichicha*, escupir, *onichichac*.

Chi. — Ex. de los de *chi* : *nichichi*, mamar, *onichichic*. Sacase : *nicochi*, dormir, que haze *onicoch*.

I. — Ex. de los de *i* : *nitlai*, beuer, *onitlaic*.
Sacase : *nitlaay*, trabajar, *onitlaax*[1].

Qua. — Ex. de los de *qua* : *nitlachqua* [2], cauar tierra, *onitlachquac*. Y estos algunos vezes hazen en *qui*. Ex. : *nitlaqua*, comer, que no muda *onitlaqua*, vel *onitlaquaqui* [3].

Ta. — Ex. de los de *ta* : *niteitta*, ver a alguno, *oniteittac*.

Ti. — Ex. de los de *ti* : *nitlatzinti*, començar algo, *onitlatzintic* [4].
Sacanse los primitiuos que tuuieren vocal antes del *ti*, y los deriuatiuos en *cati*, los quales por la mayor parte pierden la *i* y quedan en *t*, aunque tambien siguen la regla general. Pero los compuestos toman *ti*, tambien pierden el *ti*. Ex. : *nitetlacamati*, obedecer, *onitetlacamat*, vel *onitetlacamatic*, vel *onitetlacama* [5]; — *nicalhpixcati*, soy o hagome mayordomo, *onicalhpixcat*, etc. Pero los otros deriuatiuos de nombres fuera

---

[1] *Var.* «*nitlay*, trabajar, *onitlax*, vel *onitlaxqui*.» Manuscrit MN. Cette forme contractée paraît moins usitée que l'autre.

[2] De *tlachcuitl*, motte de terre, et de *qua*, enlever.

[3] *Tzaqua*, cerrar, fait *tzauc*, suivant Paredes (*Compendio*, p. 59), et *tzacu*, d'après Molina (Vocab.).

[4] *Var.* «*nitzinti*, yo comienço, *onitzintic*.» Manuscrit MN. — Remarquer les deux verbes suivants : *pati*, guérir, qui fait *opatic*, et *pati*, fondre, se mettre en eau, dégeler, prét. *opat*.

[5] Cette dernière forme de prétérit, tirée du manuscrit MN, conserve le *t* au pluriel : *otitetlacamatque*, nous obéîmes. (Cf. le *Compendio*, par Paredes, p. 59.)

de los de *cati* sobre la *ti* toman *c*, vel *ac*, y tambien suelen tomar *x*, aunque algunos quieren dezir que esta *x* es de los de *tia*. Ex. : de *atl*, agua, *ati*, derretirse, o hazerse agua; preterito, *oatic*, vel *oatiac*, vel *oatix*; y este *oatix* podra venir de *atia* que es lo mesmo.

Tla. — Ex. de los de *tla* : *nitetlaçotla*, amar a alguno, *onitetlaçotlac*.

TERCERA REGLA.
DE LOS QVE MVDAN.

Los que fenescen en *ua, ui* bueluen la ultima vocal en *h*.
Los que acaban en *ci* bueluen la *ci* en *z*.
Los que fenescen en *qui* bueluen el *qui* en *c*.
Los que acaban en *ya* bueluen el *ya* en *x* [1].

Va. — Ex. de los de *ua* : *nitlachiua*, hazer algo, *onitlachiuh*.
Sacanse : *niteiua*, embiar mensajero, *oniteiua*; — *niteahua*, reñir a alguno, *oniteahuac*.

Vi. — Ex. de los de *ui* : *natonaui*, tener calentura, *onatonauh*.

Ci. — Ex. de los de *ci* : *niteimacaci*, temer, *oniteimacaz*.
Destos algunos suelen tomar *c* o *qui*. Ex. : *tlaneci*, amanecer, *otlanez*, vel *otlanecic*, vel *otlanezqui*.
Sacase : *aci*, allegar, que haze solamente *oacic*.

Qui. — Ex. de los de *qui* : *nitlanequi*, querer algo, *onitlanec*.
Sacase : *nitlaitqui* [2], lleuar algo, *onitlaitquic*.

Ya. — Ex. de los de *ya* : *nitlaucuya*, estar angustiado, *onitlaucux*.
Y estos algunas vezes toman *c*. Ex. : *nauiaya*, oler mal, o bien, *onauiax*, vel *onauiayac*.

---

[1] Cette ligne a été omise et laissée en blanc sur le manuscrit MN.

[2] Le pronom *ni* du présent manque dans les deux manuscrits, et le manuscrit BN écrit avec contraction : «*tlatqui* (pour *nitlatqui*), lleuar algo, *onitlatquic*.»

Sacanse: *tlaceceya*, resfriar el tiempo, *otlacecez*, vel *otlaceceyax*; y tambien sigue la regla; — *yzcaya*, crescer, *oyzcayac*; — *yztaya*, enblanquecerse, *oyztaz*, vel *oyztayac*; — *nitlauya*, alumbrar, *onitlaui*; — *coçauya*, amarillecerse, *ocoçauiz*, y tambien sigue la regla, *ocoçauyac* [1]; y tambien los verbos actiuos acabados en *uia* que por la mayor parte perderan en el preterito la *a*. Ex.: *nitlatlapiuia*, acrescentar algo, *onitlatlapiui*; pero, si fuere neutro, hara en *x*. Ex.: *tlapiuia*, crecer, *otlapiuix* [2].

CAPITVLO QVARTO.

DE LA BOZ PASSIVA E IMPERSONAL; Y DE SV FORMACION.

DE LA BOZ PASSIVA.

Antes que vengamos a la formacion destas dos bozes passiua e impersonal sera bien que notemos lo que en ellas ay que notar.

Quanto a lo primero de la boz passiua es de saber que no puede tomar las particulas *tla*, *te*, *ne*, *c*, *qui*, *quin*, porque estas van con la boz actiua, y solas las tres primeras con la boz impersonal como se dira adelante; y ansi a este verbo: *nitlaqua*, yo como, en la passiua le quitamos el *tla*, y añadimos *lo* diziendo: *niqualo*, soi comido; — *nipialo*, soi guardado. Pero quando el verbo rije dos casos, entonces bien se sufre tomar la particula *tla*, pero no el *te*. Ex.: *nitlacuililo*, es me tomado algo; — *nitlamaco*, es me dado algo [3].

Tambien es de notar que la boz passiua no rescibe los pronombres *nech*, *mitz*, etc. ni otra persona que padece, sino

---

[1] Le Vocabulaire de Molina et la grammaire de Paredes donnent *ocoçauix*, qui n'est autre chose que *ocoçauiz*.

[2] Ce verbe, auquel nous avons ajouté la signification, fait aussi au prétérit *otlapiuiac*. (Voir le Vocabulaire de Molina.)

[3] Ces deux derniers passifs viennent de *cuilia*, prendre, et de *maca*, donner.

es quando el verbo esta compuesto con nombre y tiene en si encorporada la persona que padece. Ex. : *petlachiualo*, es hecho el petate, o todos le hazen, que sera impersonal; — *nimilchiuilo*, es me hecha mi heredad. Ni tampoco rescibe persona agente expressa sino es boluiendo la tal oracion por la actiua, y ansi no diremos : yo soi amado de Dios ; mas reduzirla emos a esta oracion : Dios me ama [1]. Pero bien diremos : soi amado, no diziendo de quien, y desto no ay otra razon mas de la propriedad y uso de la lengua; aunque diziendo *ytechpa in Dios nitlaçotlalo*, tanto vale como *ego amor a Deo* [2].

Yten es de saber que ay algunos verbos que en una mesma boz tienen significacion actiua y passiua, y otros que, aunque tienen la boz actiua, la significacion es passiua ; pondre los que se me ofrescieren. Ex. :

Nitlacnopilhuya, vel *nitlaicnopilhuya*, yo recibo merced [3].
Ninoteneua, soi nombrado, o nombrome yo.
Nimauizcui, soi atemorizado, o tomo temor.
Ninitoa [4], soi nombrado, o nombrome yo.
Ninotlauhtia, soi socorrido, o socorrome yo.
Nicaquizti, soi oydo.
Nitlatlato, soi probado.
Nimauizti, soi reuerenciado.
Nimachia, soi descubierto, o conoscido, o sentido, etc. (Tlaxcala [5]).

Tambien se deue notar que a los verbos neutros y reuerenciales no les usan dar boz passiua. Ex. : *nitzatzi*, dar bozes, no diremos : *nitzatziua*, en la boz passiua; — *ninotetlaçotilia*, yo amo, no diremos : *ninotlaçotililo*, en la boz passiua.

---

[1] C'est-à-dire *nechmotlaçotilia in Dios*.
[2] Cette dernière phrase « aunque diziendo, » etc. est tirée du manuscrit MN.
[3] Exemple porté sur le manuscrit MN.
[4] Le manuscrit BN donne *ninitonia*, qui signifie suer, avoir chaud. Sur le manuscrit MN, le copiste avait mis le même mot, qui a été corrigé.
[5] Ces trois derniers mots sont tirés du manuscrit MN. — *Machia* vient sans doute de *mati*, savoir; passif, *macho*, ou du moins a la même racine : *ma*, saisir.

DE LA BOZ IMPERSONAL.

A los impersonales que descienden de verbos actiuos se les antepone una destas tres particulas *tla, te, ne,* las quales no tienen el passiuo y aunque sea una la boz de entrambos. Y tomara estas particulas, quando las tuuiere el verbo de donde se forman, y quando el verbo se compone con nombre no las rescibira en el impersonal, saluo quando rijere dos casos que entonces podra tomar el *te* y el *ne*. Ex.: no diremos *temilhchiualo,* pero bien se dize *temilhchiuililo,* todos hazen heredad a otros; — *nemilhchiuililo,* todos se hazen sus heredades.

Y esta es la diferencia que ay entre el passiuo y el impersonal, porque el passiuo no rescibira las dichas particulas, y el impersonal si. Mas las particulas *c, qui, quin* no se hallaran en el impersonal, porque son de solos verbos actiuos y de sola la boz actiua, como se dira en el capitulo septimo, quando se hablara de las particulas. Tampoco en el impersonal se hallaran los pronombres *ni, ti, an,* como se hallan en la boz actiua y passiua. Y es de notar que el *ne* no lo pueden rescibir indiferentemente todos verbos actiuos sino solos los actiuos reflexiuos. Ex.: *ninotlaçotla,* yo me amo; *netlaçotlalo,* todos se aman; pero los verbos reuerenciales, y aunque tengan *nino, timo, mo,* etc. no tendran impersonal, porque no diremos *netlaçotlalilo* [1].

DE LOS IMPERSONALES QVE SALEN DE VERBOS NEVTROS.

Emos hablado de los impersonales que se forman de verbos actiuos que toman las particulas *tla, te, ne,* veamos agora de los verbos neutros si las podran rescibir. Para lo qual es de notar que unos impersonales ay en boz y significacion, y otros ay impersonales en la significacion y no en la boz.

[1] Le manuscrit BN porte *netlaçotililo,* de *ninotlaçotilia,* s'estimer beaucoup.

Los impersonales de boz y significacion son los que se forman de su actiua añadiendo o quitando letras o sillabas, como se dira adelante. Los de sola significacion seran los que no se forman desta manera, mas sobre la mesma boz de la actiua toman alguna particula al principio.

Tla. — Y para mejor entender lo dicho se deue notar que algunas vezes sobre la tercera persona del presente del indicatiuo de la boz de actiua se antepone al verbo neutro un *tla* quedandose en la mesma boz actiua, porque el verbo neutro tambien tiene boz actiua como el actiuo, y con el *tla* se haze impersonal. Ex.: *nicuecuechca,* yo tiemblo; *tlacuecuechca,* todos tiemblan; — *niouiti,* estoi turbado, o en trabajo o dificultad puesto; *tlaouiti,* todos estan turbados; — *nixtoneua,* yo me enojo; *tlaixtoneua,* todos estan enojados.

. Y estos aunque salgan de muchos verbos neutros no empero saldran de todos. Mas quando el impersonal que sale de verbo neutro es impersonal en boz y significacion, quiero dezir que sigue las reglas de la formacion que se diran, entonces no puede tener el *tla*. Ex.: puesto caso que se diga *tlacuecuechca,* todos tiemblan, no se dira *tlacuecuechcalo;* y esto se deue mucho notar.

Y ansi podemos sacar de aqui que el impersonal de verbos neutros por la mayor parte podra ser en dos maneras: la primera siguiendo la regla de la formacion sin poner *tla*, y estos se llaman impersonales de boz y significacion; la segunda manera es como esta dicho anteponiendo el *tla* a la tercera persona. Ex.: *nitzatzi,* doi bozes; *tzatziua,* vel *tlatzatzi,* todos dan bozes.

Ne. — Estos impersonales de boz y significacion bien podran tomar la particula *ne,* pero sera solamente de los verbos neutros que tuuieren *nino, timo*, etc. Ex. : *ninoçaua*, yo ayuno; *neçaualo*, todos ayunan, etc.

Tambien se deue mucho notar que todos los verbos que se componen con verbos en tal manera que el primer verbo se ponga en el preterito perfecto, y el segundo en la segunda persona del presente del indicatiuo, estos tales podran tener dos impersonales : o en el primer verbo poner la boz del impersonal, o en el segundo, porque en ambos no se entiende bien. Ex. : *nitlaquataci*, llego a tiempo de comer [1]; impersonal, *tlaqualotaci*, vel *tlaquataxiua*, todos llegan a tiempo de comer.

Pero si el segundo verbo fuere alguno de los compuestos de *sum, es, fui*, si tuuiere impersonal, entonces en el primer verbo se pondra solamente el dicho impersonal. Ex : no diremos : *tlaquatimaniua*, pero bien diremos : *tlaqualotimani*, todos estan comiendo en pie.

DE LA FORMACION DE LA PASSIVA E IMPERSONAL.

LA QVAL ES MVCHO DE NOTAR.

La formacion de la passiua y del impersonal es una mesma porque es una la terminacion, saluo que el impersonal no tiene los pronombres *ni, ti, an*, como esta dicho. Por tanto por ser una misma terminacion sera una la formacion poniendo los exemplos de solo el impersonal, pues para la passiua no aura mas que hazer de perder *tla, te, ne*, y tomar *ni, ti, an*.

Y porque todos los verbos acaban en una de tres vocales que son *a, i, o*, reduzense todos estos verbos a tres reglas.

---

[1] *Var.* «*nitlaquataçi*, como en llegando.» Manuscrit MN. — (Voir le chapitre xii relatif aux verbes composés.)

PRIMERA REGLA.

La primera es que los verbos acabados en *a* actiuos o neutros se formaran de la tercera persona del futuro imperfecto del indicatiuo boluiendo la *z* en *lo*. Ex.: *tetlaçotlaz*, aquel amara; impersonal, *tetlaçotlalo*, todos aman [1].

Sacanse los de *na* que algunas vezes bueluen la *a* en *o*, aunque mas comun es seguir la regla. Ex.:

Na. — *Niteana*, prender alguno, *nanalo*, vel *nano*, soi preso; *teanalo*, todos prenden.

Ca. — Tambien se sacan los acabados en *ca* que hazen en *co* y en *coa*, y en *calo*. Ex.: *nipixca*, coger maiz, *pixco*, *pixcoa*, *pixcalo*, todos cogen.

Va. — Y los verbos que fenescen en *ua*, algunas vezes bueluen la *a* en *ua* en el impersonal, aunque mas comun es seguir la regla. Ex.: *pinaua*, aquel ha verguença, *pinaua*, vel *pinaualo*, todos han verguença [2].

Ça. — Tambien se saca de los de *ça* este verbo *niquiça*, con sus compuestos, que haze *quixoa*, todos salen [3].

SEGVNDA REGLA.

Los acabados en *i* sobre la *i* del presente toman *ua*, o se forman del futuro boluiendo la *z* en *ua*. Ex.: *yoli*, aquel biue, *yoliua*, todos biuen [4].

Ci. — Sacanse los de *ci* que, con seguir esta regla, tambien

---

[1] Le verbe *iquania*, éloigner, écarter, fait au passif *iquanilo*, ou *iquanihua*. (Voir le *Compendio*, par Paredes, p. 62.)

[2] *Ehua*, se lever, partir; impersonnel, *eohua*. (*Compendio*, par Paredes, p. 66.)

[3] *Iça*, s'éveiller, fait aussi *ixoa*. (*Ibidem*, loc. cit.)

[4] *Icali*, combattre, fait aussi *icalilo*; mais *titlani*, envoyer, suit la première règle: *titlano*, ou *titlanilo*. (Voir le *Compendio*, par Paredes, p. 62.)

bueluen el *ci* en *xoa*, o en *xiua*, y assi ternan tres impersonales o passiuos. Ex. : *aci*, allegar ; *aciua*, *axoa*, *axiua*, todos allegan [1].

Tzi. — Y de los de *tzi* se saca *uetzi*, aquel cae, que haze *uechoa*, vel *uechiua*, y siguiendo la regla haze *uetziua*, todos caen.

Qui. — Tambien se sacan los acabados en *qui* que bueluen el *qui* en *co*, y tambien en *coa*. Ex. : *miqui*, aquel muere, *mico*, vel *micoa*, todos mueren; pero *tlaitqui*, por lleuar algo, haze *tlaitcoa*; o sobre la *i* toma *ua*, y haze *tlaitquiua*, y segun algunos *tlaitquiualo* [2].

Vi. — Tambien se sacan los acabados en *ui* que bueluen el *ui* en *ua*. Ex. : *poliui*, perdiese, *poliua*, todos se pierden [3].

Mi. — Sacanse tambien los acabados en *mi* que bueluen el *mi* en *moua*, o la *i* en *ua*. Ex. : *nemi*, aquel biue, *nemoua*, todos biuen. Sacase *ami*, caçar, que haze *amiua*.

Y los que fenescen o se componen con *mati* que hazen *macho*. Ex. : *nitlamati*, saber, etc. *tlamacho*, vel *tlamatiua*, todos saben, etc. [4]

TERCERA REGLA.

Los acabados en *o* se les añade *a*. Ex. : *tleco*, aquel sube, *tlecoa*, o segun otros *tlecoua*, todos suben. Sacase este verbo *niniço*, que quiere dezir yo me sangro, o sacrifico, que haze

---

[1] *Imacaci*, craindre, respecter ; *teci*, moudre, font au passif *imacaxo*, *texo*. (Voir le *Compendio*, par Paredes, p. 62.)

[2] Dans le manuscrit BN, ce verbe est écrit avec contraction : *tlatqui*, etc. Paredes lui donne pour passif *itco* ou *itquihua*. (Voir le *Compendio*, loc. cit.)

[3] *Teocihui*, avoir faim, impers. *teociohua*. (Voir le *Compendio*, par Paredes, p. 66.)

[4] Cet alinéa manque dans le manuscrit BN. Le copiste en a laissé la place en blanc.

niçolo, vel *niçoa,* vel *niçoua,* y en el impersonal *neçolo,* todos se sangran, vel *neçoa,* vel *neçoua* [1].

Esta formacion susodicha se da solamente para el presente del impersonal y passiua que para todos los otros tiempos no es menester dar formacion mas del aviso que esta dado en la conjugacion o formacion, scil. que tomaran todos los tiempos como otro qualquier verbo acabado en *o,* vel en *ua,* porque todos los impersonales han de fenescer en una destas terminaciones *o, ua.* Y ansi haran en el preterito imperfecto añadiendo *ya,* y todos en el preterito perfecto tomaran *c,* y los demas tiempos se formaran como se dixo en la formacion de la actiua. Ex. :

PRESENTE.

Tetlaçotlalo [2], todos aman.

PRETERITO IMPERFECTO.

Tetlaçotlaloya, todos amauan.

PRETERITO PERFECTO.

Otetlaçotlaloc, todos amaron.

PLVSQVAMPERFECTO.

Otetlaçotlaloca, todos auian amado.

FVTVRO.

Tetlaçotlaloz, todos amaran.

FVTVRO PERFECTO.

Otetlaçotlaloc, todos auran amado.

---

[1] Le verbe *ço* a le même sens que *iço.* Cf. *çoço,* enfiler; *çoa,* percer, ouvrir.

[2] Si, au lieu de personnes, il s'agissait d'objets en général, non exprimés, il faudrait dire : *tlatlaçotlalo, tlatlaçotlaloya,* etc.

CAPITVLO QVINTO.

DE LOS VERBOS IRREGVLARES.

DESTE VERBO *SVM*, *ES*, *FVI*, Y DE SVS COMPVESTOS.

NICAH, SER O ESTAR.

El verbo *sum, es, fui*, no lo ay en esta lengua. Pero suplenlo por este verbo *nicah*, que propriamente quiere dezir estar. Y el verbo elegante o reuerencial deste *nicah* es *ninoyetzticah*, y variase por toda la conjugacion como el simple.

Y siempre el *sum, es, fui* se pone sub intelecto en el presente del indicatiuo quando esta en lugar de ser, y es quando estos pronombres *ni*, *ti*, *an* se juntan a nombres, como se dixo en la primera parte [1]. Ex.: *nitlatoani*, soi señor.

Y quando con el nombre se pone expresso el verbo *nicah*, en el presente quiere dezir estar. Ex.: *nican cah Pedro*, aqui esta Pedro.

Pero en preterito imperfecto usar se ha del tambien en este significado de ser. Ex.: *nitlazcaltilli* [2] *nicatca*, era discipulo. Mas si la oracion es de preterito perfecto, o plusquamperfecto en el indicatiuo, tambien usan deste verbo *ninochiua*, que es hazerme tal. Ex.: *nitlazcaltilli oninochiuh*, hizeme discipulo, y fuy discipulo; y no dire tambien *nitlazcaltilli onicatca* por el preterito perfecto, mas por los otros tiempos bien se dira el uno y el otro. Ex.: *nitlacoalli niez*, vel *ninochiuaz*, yo sere comprado; y lo mesmo diran con el participio de futuro. Ex.: *ninelhtoconi niez*, vel *ninochiuaz*, sere creydo o creible [3].

---

[1] Voir p. 18.

[2] De *izcaltia*, élever, instruire.

[3] Précédé à la troisième personne de la particule *on*, ce verbe *nicah* signifie avoir. Ex.: *oncah tlaxcalli*, il y a du pain. (Voir ci-après, p. 115, au mot *noncah*.) Il peut également être accompagné des particules gérondives *tiuh*, *to*, *ti*, et *quiuh*, *co*, *qui*: *nietiuh*, *onieto*, etc.; — *niequiuh*, *onieco*, etc.

INDICATIVO.

PRESENTE.

Sing. *Nicah*, yo estoi, *ticah, cah*.
Plur. *Ticate, ancate, cate*.

Y a vezes usan deste presente por futuro. Ex.: *ye iz nicah, yn tiualaz*, ya estare aqui, quando tu vengas.

PRETERITO IMPERFECTO, PERFECTO Y PLVSQVAMPERFECTO.

Sing. *Nicatca*, yo estaua, yo fui, o auia sido, *ticatca, catca*.
Plur. *Ticatcah, ancatcah, catcah*. Y al preterito perfecto se le antepone una *o : onicatca*, etc.

FVTVRO IMPERFECTO.

Sing. *Niez*, yo sere o estare, *tiez, yez*.
Plur. *Tiezque, anyezque, yezque*.

Para el futuro perfecto usan de circunloquio diziendo: *ye nitlatoani, yn tiualaz*, ya aure sido señor, quando tu vengas. Y en esta manera no se expressa el verbo, pero para dezir: aure estado, tornanse al futuro imperfecto, scil. ya estare, diziendo como es dicho.

IMPERATIVO.

PRESENTE.

Sing. *Ma nie*, sea yo, o este yo, *ma xie, ma ye*.
Plur. *Ma tiecan, ma xiecan, ma yecan*.

OPTATIVO.

PRETERITO IMPERFECTO, PERFECTO Y PLVSQVAMPERFECTO.

Sing. *Ma nieni*, o si yo estuuiera, o fuera, *ma xieni, ma yeni*.
Plur. *Ma tienih, ma xienih, ma yenih*.

En el preterito perfecto y plusquamperfecto tomara *o* al principio : *ma onieni*, o si yo ouiera, o ouiesse estado, o sido.

INFINITIVO.

Nieznequi, vel *nicnequi niez,* quiero ser, o estar, etc.

IMPERSONAL.
PRESENTE.

Eloac[1], todos estan.

PRETERITO IMPERFECTO.

Eloaca.

PRETERITO PERFECTO Y PLVSQVAMPERFECTO.

Oeloaca.

FVTVRO.

Eloaz.

IMPERATIVO.

Ma eloa.

OPTATIVO PRETERITO IMPERFECTO.

Ma eloani.

SVBIVNCTIVO PRESENTE.

Yntla eloac.

PRETERITO IMPERFECTO.

Yntla eloani.

PRETERITO PERFECTO Y PLVSQVAMPERFECTO.

Yntla oeloani.

FVTVRO.

Yntla eloaz.

NICAC.

Este verbo *nicac* quiere dezir estar en hiesto. Dizese de hombres, arboles, maderas, casa, silla, o vanco, o de qualquiera otra cosa que este en hiesta o hincada si es larga; y

---

[1] Suivant Paredes, *yeloa;* prétérit, *yeloac.* (Voir le *Compendio,* p. 68.) — Dans ce mot l'y ne se prononce pas, ou se prononce très-faiblement.

el reuerencial deste es 1ª *ninicatilhticac*, 2ª *timicatilhticac*, etc. y el *nicac* se varia desta manera :

INDICATIVO.
PRESENTE.

Sing. *Nicac, ticac, ycac.*
Plur. *Ticaque, amicaque, ycaque.*

Otros dizen en el plural : *timanih, amanih, manih*, para lo animado [1].

PRETERITO IMPERFECTO.

Sing. *Nicaya, ticaya, ycaya*, etc.

Y tambien dizen : *nicaca, ticaca, ycaca.*

PRETERITO PERFECTO Y PLVSQVAMPERFECTO. *Idem* [2].

FVTVRO.

Sing. *Nicaz, ticaz, ycaz.*
Plur. *Ticazque, amicazque, ycazque.*

Tambien dizen en el plural : *timanizque, amanizque*, etc.

IMPERATIVO.

Sing. *Ma nica, ma xica, ma yca.*
Plur. *Ma ticacan, ma xicacan, ma ycacan;* — plur. *ma timanican*, etc.

OPTATIVO PRESENTE.

Ma nica, como el imperatiuo.

PRETERITO IMPERFECTO, PERFECTO Y PLVSQVAMPERFECTO.

Sing. *Ma nicani, ma xicani, ma ycani.*
Plur. *Ma ticanih, ma xicanih, ma ycanih.*

Y tambien dizen en el plural : *matelh timaninih, matelh ximaninih*, etc.

[1] Voir ci-après, page 111, le verbe *mani*.
[2] C'est-à-dire : *nicaca, ticaca, ycaca*, etc. ou avec l'augment : *onicaca*, etc.

SVBIVNCTIVO.

PRESENTE.

Yntla nicah, etc. como el imperatiuo, vel *yntla nicac,* etc. como el presente del indicatiuo.

PRETERITO IMPERFECTO.

Yntla nicani, etc. como el optatiuo.

FVTVRO.

Yntla nicaz, etc. como el futuro del indicatiuo [1].

NONOC.

Este verbo *nonoc* [2] quiere dezir estar echado, y su elegante es *ninonolhtitoc.* Dizese el simple *onoc* de maderos y tablas largas que estan tendidas, y de arboles y verdura y de palo, o peñola, o yerua echada. Variase en esta manera :

INDICATIVO.

PRESENTE.

Sing. *Nonoc, tonoc, onoc.*
Plur. *Tonoque, amonoque, onoque.*

PARA LOS PRETERITOS.

Sing. *Nonoca, tonoca, onoca.*
Plur. *Tonocah, amonocah, onocah.*

Y tambien dizen : *nonoya, tonoya,* etc.; pero este ultimo no es mas de imperfecto.

FVTVRO.

Sing. *Nonoz, tonoz, onoz.*
Plur. *Tonozque, amonozque, onozque.*

---

[1] *Nicac* a pour impersonnel *nicoa.*

[2] Pour *ni-onoc,* dans lequel entre la particule euphonique *on.* Aussi, en composition, *oc* est employé au lieu de *onoc* : *nitlaquatoc* (pour *nitlaqua-ti-oc*), je mange couché.

IMPERATIVO.

Sing. *Ma nono, ma xono, ma ono.*
Plur. *Ma tonocan, ma xonocan, ma onocan.*

OPTATIVO PRETERITOS.

Sing. *Ma nononi, ma xononi, ma ononi.*
Plur. *Ma tononih, ma xononih, ma ononih.*

IMPERSONAL.

Onouac [1].

MANI.

Este verbo *mani* tambien quiere dezir estar, y su reuerencial es en plural : *titomanilhtia, amomanilhtia, momanilhtia* [2].

El *mani* tiene en el singular la tercera persona y no mas, y las tres del plural. Dizese de cosas llanas y anchas, assi como libros. Y tambien se dize del agua que esta en vasija ancha o en laguna, y de pueblo donde ay muchas casas, y tambien de arboles; y variase en la manera siguiente :

INDICATIVO.

PRESENTE.

Sing. 3ª *Mani* [3].
Plur. *Timanih, ammanih, manih.*

PRETERITO IMPERFECTO.

Sing. 3ª *Mania*, vel *manca*.
Plur. *Mamania*, vel *mamanca* [4], esto de inanimado ; — *timaniah*, etc. por lo animado.

[1] Paredes donne pour l'impersonnel : *onohua*. (*Compendio*, p. 70.)
[2] Var. «*titomanilhtica, amomanilhtica, momanilhtica.*» Manuscrit MN.
[3] On trouve aussi les deux autres personnes : *nimani* et *timani*. Il en est de même à l'imparfait, dont la seconde forme *nimanca*, etc. paraît plus usitée que la première. (Voir le *Compendio*, par Paredes, *loc. cit.*)
[4] Var. «plural *maniah*, vel *mancah*, etc.» Manuscrit MN.

FVTVRO.

Sing. *Maniz.*
Plur. *Timanizque, ammanizque, manizque.*

IMPERATIVO.

Sing. *Ma mani.*
Plur. *Ma timanicah*, etc.

OPTATIVO.

El presente como el del imperatiuo.

PRETERITO IMPERFECTO.

Sing. *Ma manini.*
Plur. *Ma timaninih, ma ammaninih*, etc.

IMPERSONAL.

Maniua [1], etc. por lo animado se dira.

TEMI.

Este quiere dezir estar echados o sentados, hombres, o mugeres, o culebras, o pajaros en el nido, o perillos, o gatillos, etc. Y tambien se dize para madera, o leña allegada, o maiz, o piedras, o semillas y de otras cosas menudas que estan juntas. El reuerencial deste sera en el singular en la tercera persona *motemilhtia*, y en el plural *titotemilhtia*, para la primera persona, de manera que *motemilhtia* en singular se dira por el que esta lleno o repleto de comida, o de vino, etc. y en el plural este verbo terna este mesmo sentido. Y el sobre dicho, y compuesto con *toc* [2], dizen: *tentoc*, lleno, scil. casa o el mundo, etc.; preterito imperfecto, *tentoca*, etc. Y el simple se varia en esta manera:

Temi, tercera del singular.
Plur. *Titemih, antemih, temih.*

---

[1] D'après Paredes, l'impersonnel est *manoa, manua.* (*Compendio*, p. 71.)
[2] Mis pour *ti-oc*, syncope de *onoc*. A la suite du verbe *temi*, Olmos donne divers exemples de composition des verbes irréguliers avec d'autres verbes.

PRETERITO IMPERFECTO, PERFECTO Y PLVSQVAMPERFECTO.

Tenca, tercera del singular.
Plur. *Titencah, antencah, tencah.*

FVTVRO.

Sing. 3ª *Temiz.*
Plur. *Titemizque, antemizque, temizque.*

IMPERATIVO.

Sing. 3ª *Ma temi.*
Plur. *Ma titemican, ma xitemican, ma temican.*

OPTATIVO.

El presente como el imperatiuo.

PRETERITO IMPERFECTO, PERFECTO Y PLVSQVAMPERFECTO.

Sing. 3ª *Ma temini.*
Plur. *Ma titeminih, ma xiteminih, ma teminih.*

IMPERSONAL.

Temiua.

NEVATICAH.

Este quiere dezir estar assentado. Dizese de cosas animadas racionales [1] e yrracionales. Y variase en todos los tiempos y modos, como el verbo *nicah*. El reuerencial deste es *nineuititicah* [2], y variase en esta manera :

Sing. *Nineuititicah, timeuititicah, meuititicah.*
Plur. *Titeuititicate, ammeuititicate, meuititicate.*

Y tambien dizen : *nineuilhtiticah, timeuilhtiticah,* etc.

[1] *Var.* «racionales, y para las yrracionales, scil. arboles, cañas, *euaticac.*» Manuscrit MN.
[2] Composé de *eua* et de *ca*, ce verbe sert à l'impératif de terme de salutation : *ma ximeuititie.*

TICOAVNOQVE.

Este se dize de personas que estan assentadas en combite, o en conuersacion, en rueda, y no tiene singular. Variase en esta manera :

PRESENTE.

Ticoaunoque, ancoaunoque, coaunoque.

PRETERITO IMPERFECTO.

Ticoaunoya, etc., vel *ticoacatca,* etc.

FVTVRO.

Ticoaunozque, ancoaunozque, coaunozque.

Tambien se dize : *nicoacah,* estoi combidado, etc.; plural, *ticoacate.*

PRETERITO IMPERFECTO.

Nicoaunoca, estaua combidado.

FVTVRO.

Nicoaunoz, estare combidado.

IMPERATIVO.

Ma nicoauno, etc.
Plur. *Ma ticoaunocan,* etc.

OPTATIVO PRESENTE.

Como en el imperatiuo.

PRETERITOS.

Ma ticoaunoni.

IMPERSONAL.

Coaunoac, todos estan en el combite.

PRETERITO IMPERFECTO.

Coaunoaya.

Ninoquetzticah [1], estoi leuantado en pie, es para cosas animadas.

Ninacaziconoc, tinacaziconoc, etc.; — plural, *tinacaziconoque, annacaziconoque,* etc. estar de lado, o de oreja echado.

Niuetztoc, tiuetztoc, uetztoc [2]; — plural, *tiuetztoque, anuetztoque, uetztoque,* estar echado, caido tendido.

Chapantoc se dize de mantas arrebujadas, o mal puestas, o de varro [3] estendido, o verdura: o quiere dezir: estar mojada la manta, o persona sentada en el suelo. El verbo es *nitlachapania,* por echar, scil. ropa arrebujada.

Chachayacatoc se dize de casas, o arboles ralos, o maiz, o piedras [4]. *Nitlachayaua,* echar los dados, o frisoles.

Noncah, estoi; siendo preguntado, bien dire : *muchipa nican noncah,* siempre estoi aqui; 2ª *toncah,* 3ª *oncah;* — plural, *toncate, amoncate, oncate.* Y la tercera del singular toman para dezir ay, scil. algo.

Nicatqui, ticatqui, catqui; — plural, *ticatquih, ancatquih, catquih.* Y la tercera persona toman para dezir : esta, o ay. Ex.: *catqui yn amatl,* ay papel; pero diziendo : *uelh ompa catqui,* alli esta, scil. Pedro, etc.

---

[1] De *quetza,* se lever, et de *ca,* être.

[2] Le manuscrit MN a omis cette 3ᵉ personne. — Ce verbe est composé de *uetzi,* tomber, et *oc* (*onoc*), être couché, étendu.

[3] Le manuscrit MN donne *sparto* au lieu de *varro.*

[4] Le manuscrit BN porte ici biffée la ligne suivante : « El verbo es *chachayaca,* caer tierra, scil. del sobrado, etc. »

CAPITVLO SEXTO.

DE OTROS DOS VERBOS IRREGVLARES QVE SON *EO, IS*, POR YR,

Y *VENIO, IS*, POR VENIR.

INDICATIVO.
PRESENTE.

Sing. *Niauh,* yo voy, *tiauh, yauh.*
Plur. *Tiaui*[1], vel *tiui, ayaui,* vel *aui, yaui,* vel *uih.*

PRETERITO IMPERFECTO.

Sing. *Niaya,* yo iua, *tiaya, yaya.*
Plur. *Tiyayah, ayayah, yayah.*

PRETERITO PERFECTO.

Sing. *Onia,* yo fuy, *otia, oya.*
Plur. *Otiaque, oayaque, oyaque.*

Y tambien se dize :

Sing. *Oniuya, otiuya, ouya.*
Plur. *Otiuyah, oauyah, ouyah.*

PLVSQVAMPERFECTO.

Sing. *Oniaca,* yo auia ydo, *otiaca, oyaca.*
Plur. *Otiacah,* vel *otiayaca, oayacah, oyacah.*

FVTVRO.

Sing. *Niaz,* yo yre, *tiaz, yaz.*
Plur. *Tiazque, ayazque, yazque.*

FVTVRO PERFECTO.

Yo aure ydo. Como el preterito. Ex.: *yn tiualaz, onia,* quando vengas, aure ydo.

---

[1] Paredes regarde cette première forme comme impropre. (*Compendio*, p. 71.) La seconde personne *ayaui* ou *aui,* vous allez, est mise pour *an-yaui* ou *an-ui.* Aux autres temps le pronom *an* est également syncopé.

IMPERATIVO.
PRESENTE.

Sing. *Ma niauh*, vaya yo, *ma xiauh, ma yauh.*
Plur. *Ma tiuyan, ma xiuyan, ma uyan.*

VETATIVO.
PRESENTE.

Sing. *Ma niati*, no vaya yo, *ma tiati, ma yati.*
Plur. *Ma tiatih, ma ayatih, ma yatih.*

OPTATIVO.
PRESENTE.

Ma niauh, etc. como en el imperatiuo.

PRETERITO IMPERFECTO.

Sing. *Ma niani, ma xiani, ma yani.*
Plur. *Ma tianih, ma xianih, ma yanih.*

De los otros preteritos lo mesmo anteponiendo *o*.

El subjunctiuo es como el optatiuo anteponiendo *yntla*.

INFINITIVO.

Niaznequi, vel *nicnequi niaz*, etc. como en los regulares.

PARTICIPIOS.
PRESENTE.

Yn aquin yauh, el que va.

FVTVRO.

Yn aquin yaz, vel *yn aquin yazquia*, el que yra, o auia de yr, etc.

IMPERSONAL.
PRESENTE.

Viloa, todos van.

PRETERITO IMPERFECTO.

Viloaya, todos yuan.

En todo sigue la regla de los regulares.

IMPERATIVO.
Ma uiloa.

PRETERITO DEL OPTATIVO.
Ma uiloani.

SVBIVNCTIVO.
Yntla uiloani.

El elegante o reuerencial es :

Sing. *Ninouica*, voy, *timouica*, *mouica*.
Plur. *Titouica*, *amouica*, *mouicah*.

CONIVGACION DE *VENIO, IS*.

INDICATIVO.

PRESENTE.

Sing. *Niualauh*, yo vengo, *tiualauh*, *ualauh*.
Plur. *Tiualaui*, *aualaui*, *ualaui*; vel *tiualhui*, *aualhui*, *ualhui*.

PRETERITO IMPERFECTO.

Sing. *Niualaya*, yo venia, *tiualaya*, *ualaya*.
Plur. *Tiualayah*, *aualayah*, *ualayah* [1].

PRETERITO PERFECTO.

Sing. *Oniuala*, yo vine, *otiuala*, *ouala*.
Plur. *Otiualaque*, *oaualaque*, *oualaque*.

PRETERITO PLVSQVAMPERFECTO.

Sing. *Oniualaca*, yo auia venido, *otiualaca*, *oualaca*.
Plur. *Otiualacah*, *oaualacah*, *oualacah* [2].

FVTVRO.

Sing. *Niualaz*, yo vendre, *tiualaz*, *ualaz*.
Plur. *Tiualazque*, *aualazque*, *ualazque*.

---

[1] Var. «plural, *otiualayah*, *oaualayah*, *oualayah*.» Manuscrit MN.

[2] Paredes donne une autre forme plus élégante : *nihualhuia*, *tihualhuia*, *hualhuia*, etc. (*Compendio*, p. 72.)

IMPERATIVO.
PRESENTE.

Sing. *Ma niualauh*, venga yo, *ma xiualauh*, *ma ualauh*.
Plur. *Ma tiualhuyan*, *ma xiualhuyan*, *ma ualhuyan*.

Y tambien dizen : *ma tiualacan*, *ma xiualacan*, *ma ualacan* [1].

FVTVRO.

Venga yo despues. Como en el indicatiuo anteponiendo *ma*.

OPTATIVO Y SVBIVNCTIVO.

Los presentes y futuros son como en el imperatiuo, poniendo en el subjunctiuo *yntla* en lugar de *ma*.

PRETERITOS.

Sing. *Ma niualañi, ma xiualani, ma ualani*.
Plur. *Ma tiualanih, ma xiualanih, ma ualanih*.

INFINITIVO.
PRESENTE.

Niualaznequi, vel *nicnequi niualaz*.

PARTICIPIOS.

Yn aquin ualauh, el que viene.
Yn aquin ualaz, el que verna.
Yn aquin ualazquia, el que auia de venir.

IMPERSONAL.
PRESENTE.

Valhuiloa, etc. como en el verbo *niauh*, anteponiendo esta particula *ualh*, todos vienen, etc.

---

[1] Paredes dit positivement que cette seconde forme est impropre. (Voir le *Compendio*, p. 78.)

El elegante o reuerencial deste es: *niualhnouica, tiualhmouica, ualhmouica;* plural, *tiualhtouica, aualhmouica, ualhmouicah;* por todos los modos y tiempos.

DEL VERBO ITZ, QVE QVIERE DEZIR VENIR [1].

PRESENTE.

Sing. *Niuitz,* yo vengo, *tiuitz, uitz.*
Plur. *Tiuitze, anuitze, uitze.*

PRETERITO IMPERFECTO.

Sing. *Niuitza, tiuitza, uitza.*
Plur. *Tiuitzah, anuitzah, uitzah.*

El preterito perfecto se suple por: *niuala,* etc. si me quede: que si me torne a yr, bien se dira: *oniuitza.*

PRETERITO PLVSQVAMPERFECTO.

Como el imperfecto anteponiendo *o.*

FVTVRO.

Niuitz, etc. como el presente.

IMPERATIVO.

No se dize bien el presente.

FVTVRO.

Ma niuitz, ma tiuitz, etc. como el presente del indicatiuo.

Lo demas deste verbo se suple por *niualauh,* en toda la conjugacion.

---

[1] Nous transcrivons ici deux lignes qui figurent sur le manuscrit MN : « Presente, *niuitz,* vel *ninouicatz,* yo vengo, vel *niualnouicatz,* vel *niualauh.* — *Niyetiuitz,* venir pesado en algo; plural, *tiyetiuitze,* etc. » — *Niualnouicatz* nous paraît défectueux. Il faudrait, d'après Paredes, *niualnouica.* (*Compendio,* p. 73 et 94.)

CAPITVLO SEPTIMO.

DE LOS VERBOS ACTIVOS Y DE ALGVNAS PARTICVLAS QVE SE IVNTAN CON ELLOS.

Los verbos son en muchas maneras: unos son actiuos y otros neutros; unos primitiuos y otros deriuatiuos; unos simples y otros compuestos; unos reuerenciales y otros que no denotan reuerencia.

Verbos actiuos se llaman los que despues de si rigen caso y tienen despues de si persona que padece expressa o sub intelecta. Y esta persona, que padece, unas vezes se denota por algun nombre proprio o apelatiuo. Ex.: *nictlaçotla yn Iuan*, yo amo a Iuan. Y otras vezes, por algun pronombre. Ex.: *nimitztlaçotla*, yo te amo. Otras, por algunas particulas que se anteponen o entreponen al verbo. Ex.: *nitenanquilia*, yo respondo a alguno. Y este postrero tiene mas dificultad, porque en la lengua latina no se hallan particulas assi encorporadas o juntas con el verbo, las quales denoten la persona que padece.

Y es de notar que ningun verbo actiuo puede estar sin alguna particula destas, saluo quando el verbo esta compuesto con nombre y tiene encorporada en si la persona que padece. Ex.: *nipetlachiua*, yo hago petates; y tambien quando se junta el verbo con algun pronombre que tiene lugar de persona paciente, porque entonces bien estara sin las dichas particulas. Ex.: *ninotlaçotla*, yo me amo; *tinechtlaçotla*, tu me amas.

Sacanse tambien algunos verbos actiuos, los quales, aunque toman estas particulas, pueden estar tambien sin ellas, y son los siguientes:

Nitlatemiqui, vel *nitemiqui*, yo sueño.
Nitlaichtequi, vel *nichtequi*, yo hurto [1].
Nitlaiquiti, vel *niquiti*, yo texo.
Nitlatzaua, vel *nitzaua*, yo hilo.
Nitlateci, vel *niteci*, yo muelo.
Nicchichi [2], vel *nichichi*, yo mamo, scil. a la madre.
Nitechicha, vel *nichicha*, yo escupo a alguno.
Niquiztlacati yn tlatolli, vel *niztlacati*, yo erro, o miento la palabra.
Nicnaquia, vel *ninaquia*, vistome, scil. algo.
Nitlapixca, vel *nipixca*, coger maçorcas de maiz.

Otros algunos aura, pero al presente no se me ofrescieron. Y de como a los verbos se anteponen algunos pronombres para hazer con ellos oracion perfecta, dezirse ha en el capitulo nono.

Ahora en este veamos de como algunas particulas se juntan a los verbos actiuos y estan en lugar de persona que padece, y otras juntadas con la persona que haze, denotan en que numero se ha de poner la persona que padece, si ha de ser singular o plural. Y todas estas particulas se reduzen a seis, y son estas: *tla, te, ne, c, qui, quin*. De las quales se dira por su orden.

Tla. — Esta particula *tla* denota que la accion del verbo a quien se ayunta puede generalmente conuenir, o puede passar en cosas ynanimadas o animadas, aunque por la mayor parte se pone para denotar cosas ynanimadas, y quiere dezir lo que en nuestro romance dezimos: algo. Ex.: *nitlatlaçotla*, amo algo.

Esta se junta con verbos actiuos en la actiua y en el impersonal; pero no se hallara en la passiua, sino es quando el verbo rige dos casos porque entonces bien la podra tomar la passiua. Ex.: *nitlachiuililo*, es me hecho algo.

[1] Ces deux premiers verbes sont tirés du manuscrit MN.
[2] Var. «*nitechichi*, vel *nichichi*,» etc. Manuscrit MN.

Tambien se puede juntar con verbos neutros; pero no en la significacion que hemos dicho, sino para darles significacion de impersonal. Ex. : *cuecuechca*, aquel tiembla; *tlacuecuechca*, todos tiemblan.

Tambien esta particula *tla* se pone en el imperatiuo y sirue para mandar, y otras vezes en optatiuo. Ex. : *tla xiccaqui*, entiendelo, o oyelo, etc. imperatiuo; — *tla nicchiuani*, o si lo hiziera, etc. optativo.

Te. — Esta particula *te* denota que la accion del verbo passa en cosas animadas y por la mayor parte se dize de cosas racionales. Esta quiere dezir : alguno, no señalando quien. Ex. : *nitepaleuia*, ayudo a alguno. Y si alguna vez se juntaren en un mesmo verbo estas dos particulas *te*, *tla*, precedera el *te* al *tla*. Ex. : *nitetlamaca*, yo doi algo a alguno.

Ne. — Esta particula *ne* se junta con verbos actiuos reflexiuos, que tienen *nino*, *timo*, *mo*, etc., de los quales se dira en el capitulo nono. Y con estos verbos se hallara solamente en el impersonal, y entonces el *mo* de la tercera persona del presente del indicatiuo de la actiua se bolucra en *ne*. Ex.: *mochicauah*, aquellos se esfuerçan; impersonal, *nechicaualo*, todos se esfuerçan. Y en estos verbos reflexiuos el *ne* esta en lugar de persona que padece, denotando generalidad con reflexion. Ex.: *netlaçotlalo*, todos se aman.

Tambien se junta esta particula *ne* con verbos neutros que tienen *nino*, *timo*, *mo*, etc., pero entonces no esta en lugar de persona paciente, mas denota generalidad, y esto sin reflexion ninguna. Ex.: *ninoçaua*, yo ayuno; *neçaualo*, todos ayunan. De como estas particulas se juntan a los verbales esta dicho en la primera parte, en su proprio lugar [1].

---

[1] Voir capitulo nono, p. 41.

DE LAS PARTICVLAS QVE DENOTAN QVAL HA DE SER LA PERSONA PACIENTE.

Ay otras tres particulas que denotan si la persona paciente, que se ha de seguir o juntar con el verbo, ha de estar en numero plural o singular. Y son las siguientes : *c, qui, quin*.

C. — La *c* denota que la accion del verbo passa en tercera persona singular expressa o sub intelecta. Ex. : *nicmachtia yn Pedro*, yo enseño a Pedro. Esta se junta con las primeras personas del singular y plural del verbo, y con la segunda del singular. Ex. : *nictlaçotla in Dios*, yo amo a Dios; — *tictlaçotla in Dios*, tu amas a Dios; — plural, *tictlaçotlah in Dios*, nosotros amamos a Dios.

Qui. — El *qui* significa y denota lo mesmo que la *c*, pero juntase a las terceras personas del singular y plural, y a la segunda del plural. Ex. : *Pedro quitlayecultia in Dios*, Pedro sirue a Dios; — *yehoantin quitlayecultiah in Dios*, aquellos siruen a Dios; — *anquitlayecultia in Dios*, vosotros seruis a Dios.

Y es de notar que si el verbo, con quien se juntan estas particulas *c, qui*, comiença en una destas vocales *a, o*, si fuere *c* herira en ellas. Ex. : *nicana in Pedro*, yo prendo a Pedro. Y si fuere *qui* la que se auia de tomar, boluerse ha en *c*. Ex. : *ancana in Pedro*, vosotros prendeis a Pedro, y no diremos : *anquiana*.

Pero si la vocal que se sigue es una destas dos *e, i*, la *c* se boluera en *qui*, y herira en la vocal siguiente. Ex. : *nitlaczhuia*[1], ensangriento algo; *niquezhuia notilhma*, ensangriento mi manta; — *niteitta*, veo alguno; *tiquittah in Pedro*, vemos a Pedro.

---

[1] *Ezhuia* dérive du substantif *eztli*, sang.

Quin. — Esta particula *quin* denota que la persona que padece se ha de poner en numero plural expresso o sub intelecto, porque aunque la accion del verbo passe en cosas que en si son muchas, si el nombre que las significa o importa no tiene plural, no se pondra el *quin*, sino la *c* o el *qui*. Ex. : no diremos : *xiquincui miec uapalli*, toma muchas tablas; pero si a este nombre *uapalli* le damos plural, bien se dira : *xiquincui uapalhtin*, etc. Y esto se deue denotar.

Y si el verbo con quien se junta el *quin* començare en vocal la *n* se buelue en *m*, y hiere en la vocal que se sigue. Ex. : *teitta*, ver; *niquimitta in tlaca*, veo los hombres. Pero si la vocal que se sigue fuere *u*, entonces perderse ha la *n*. Ex. : *niquiuapaua in tlatlacoanime*, esfuerço a los pecadores.

Yten es de notar que no pueden dos destas particulas estar juntas, saluo quando el verbo rige dos casos, y entonces si ninguno dellos esta especificado, sino que se ponen en general, pondremos el *te* y el *tla*. Ex. : *nitetlacuilia*, tomo algo a alguno. Y si digo a quien lo tomo y no lo que tomo, entonces ponerse ha la *c*, o *qui* con el *tla*, si lo que se toma esta en numero singular. Ex. : *nictlacuilia yn Pedro*, tomole algo a Pedro. Y si la persona que padece estuuiere en numero plural, entonces ponerse ha el *quin* con el *tla*. Ex. : *niquintlacuilia yn maceualhtin*, yo tomo algo a los *maceuales*. Y si señalo lo que tomo y no a quien lo tomo, si lo que tomo esta en el numero singular porne el *te* con *c* o *qui*, y quitare el *tla*. Pero si lo que tomo esta en numero plural, poniendo el *te* y quitando el *tla*, pondre *quin*. Exemplo de lo primero : *nictecuilia yn totoli*, tomó a alguno la gallina. Exemplo del segundo : *niquintecuilia yn totolhtin*, tomo a alguno las gallinas [1].

[1] Ces divers exemples montrent que la première place est donnée à la particule qui se rapporte au complément exprimé du verbe.

Pero si se expressa lo que tomo y a quien lo tomo, entonces si lo uno y lo otro esta en singular, quitando las particulas *te*, *tla*, pondremos *c*, o *qui*. Ex.: *niccuilia in Pedro ytotolh*, tomole a Pedro su gallina. Y si esta lo uno y lo otro en plural, quitando las particulas *te*, *tla*, pondremos el *quin*. Ex.: *niquincuilia yn maceualhtin yn intotolhuan*, tomo a los *maceuales* sus gallinas.

Pero si lo uno esta en singular y lo otro en plural, lo mas usado y comun es tomar el *quin* quitadas las particulas *te*, *tla*; pero tambien se puede sufrir con la *c*, o *qui*. Ex.: yo tomo a Pedro sus vasallos, *niquincuilia in Pedro ymaceualhuan*, vel *niccuilia in Pedro ymaceualhuan*. Y esto se usa menos [1].

CAPITVLO OCTAVO.

DE OTRAS PARTICVLAS QVE SE IVNTAN CON VERBOS ACTIVOS Y NEVTROS, ETC.

Ay otras particulas que se pueden juntar con todo genero de verbos, y destas unas se anteponen, y otras se posponen a los verbos. Las que se anteponen, o, por mejor dezir, se entreponen a ellos, son muchas: pero las mas usadas y que tienen alguna dificultad son quatro, scil. *on*, *ualh*, *cen*, *uelh*; y las que se posponen son otras quatro, scil. *quia*, *tçinoa*, *puloa*, *tlani*, vel *tlani*.

Y antes que se diga de las particulas que se anteponen a los verbos sera bien notar que muchos dellos assi actiuos como neutros se pueden hazer frequentatiuos, y esto se haze doblando la primera sillaba del verbo, y estos tales tienen dos significados, conviene a saber: o hazer la significacion del verbo

---

[1] Le manuscrit MN dit au contraire : «Y esto es lo mas usado.» Ce qui est en contradiction parfaite avec les premières lignes de cet alinéa. Le copiste a aussi écrit *nicuili* pour *niccuilia*.

muchas vezes, o hazerla en diuersas partes. Ex. : *ninotlatlalia*, assentarme muchas vezes, o en diuersas partes o lugares. De los neutros, ex. : *nitzatzatzi*, doi bozes, etc. Y ansi de los demas quando caben en significacion del verbo entrambos significados.

Viniendo pues a las particulas que se anteponen al verbo, se dira primero de la particula *on* [1].

DE LAS PARTICVLAS QVE SE ANTEPONEN.

On. — Esta particula *on* algunas vezes parece significar distancia de tiempo, o de lugar, y otras no significa nada, sino ponese por ornato. Iuntase con verbos actiuos y neutros, y esta siempre se antepone al *tla, te, ne;* pero, quando ouiere *c, qui, quin,* se pospondra el *on*. Ex. : *nontlaqua*, como; *noconqua in tlaxcalli*, como el pan.

Pero en los verbos reuerenciales que tienen *nino, timo,* etc. ponese el *on* entre el *ni* y el *no*. Ex. : *noconnotlaxilia*, yo lo arrojo.

Pero es de notar que, quando a los pronombres *ni, ti, an,* se sigue luego el *on,* se pierde la *y* del pronombre, y ase la *n,* o *t* del *on*. Ex. : *nontlachia*, miro: plural, *tontlachia*, miramos, etc.; y la *n* del *an* se boluera en *m*. Ex. : *amontlachia*, mirais.

Y quando entre el pronombre y el *on* se pusieren *c,* vel *qui, c,* entonces la *i* del pronombre se boluera en *o*. Ex. : *nocontlaça*, yo lo arrojo; mas con el *quin* no se perdera la *i* del pronombre. Ex. : *niquimonnotlaçotilia*, yo los amo. Pero si el verbo a quien se junta el *on* es reuerencial que tiene *nino, timo, mo,* etc., de los quales se dira adelante, entonces sino ouiere letra, o diccion entre el *ni, ti, an* del pronombre y el *on,* perdera la *i* el pronombre; y si fuere *an* se conuertira la *n* en *m,* como esta dicho en los que no son reuerenciales. Mas si ouiere en medio letra o diccion, entonces no se boluera

---

[1] Ces deux derniers alinéas sont tirés du manuscrit MN.

la *i* del pronombre en *o*. y esto por la mayor parte. Ex.: *nimitzonnotlatlauhtilia*, yo, señor, os ruego; y especialmente ha esto lugar quando se ponen *nech*, *mitz*, *tech*, *amech*, etc., y con esta ultima, perdida la *i* toma la *a*. Pero con *nech*, *tech* mas toman *ualh* que no *on* [1].

Ualh. — Esta particula o aduerbio *ualh* significa haziaca. Ex.: *xiuallachia*, mira haziaca; plural, *xiuallachiacan* [2]. Y algunas vezes anteponiendose al verbo le haze tener contrario significado del que antes tenia. Ex.: *niauh*, es yr; *niualauh*, es venir; — *ximiquani*, apartate; *xiualhmiquani*, allegate aca. Esta se antepone a las particulas *tla*, *te*, *ne*. Ex.: *xiuallapia*, guarda aca; pero el *c*, *qui*, *quin* anteponerse han al *ualh*. Ex.: *xicualhcui*, daca, o trae.

Tambien se pospone al *on* que hemos dicho, y entonces el *on* pierde la *n* por la *u* que se sigue en el *ualh*. Ex.: *noualontemachtiquiuh*, verne a enseñar; pero el *on* con el *ualh* pocas vezes se junta [3]. Quando se junta con los verbos reuerenciales que tienen los pronombres *no*, *mo*, etc. tambien se antepone el *ualh* a ellos. Ex.: *xicualhmottili*, mirale haziaca. Aqui el verbo perdio la *i* primera, que no dizen *xicualhmoittili*. Quando a esta se sigue *tla* se perdera la *t* del *tla*. Ex.: *tlachia*, mirar, *niuallachia*, miro aca.

Cen. — Esta particula *cen* quiere dezir del todo. Ex.: *nicentlapia*, del todo guardo. Esta se antepone a las particulas *tla*, *te*, *ne*, unas vezes, y otras se pospone, y esto segundo es lo mas

---

[1] Cette phrase est tirée du manuscrit MN. Voici, en résumé, la composition de la particule *on* avec les pronoms de la première personne du singulier : *ni*, *non*; *me*, *nocon*; *niquin*, *niquimon*; *nino*, *nonno*; *nicno*, *noconno*; *niquinno*, *niquimonno*. Ceux des autres personnes se composent de la même façon. (Voir le *Compendio*, par Paredes, p. 82.)

[2] Ce pluriel est extrait du manuscrit MN.

[3] Ce commencement d'alinéa est tiré du manuscrit BN.

usado. Ex.: *nicentlachiua*, vel *nitlacenchiua*, hagolo del todo; — *nicentemachtia*, vel *nitecenmachtia*, yo enseño a alguno del todo [1].

Pero quando estuuieren juntas estas dos *tla, te*, demas de lo dicho se puede poner entre ellas, diziendo: *nitecentlamaca*, aunque mejor diran: *nitetlacemmaca*, que es: doi del todo algo a alguno. Con las particulas *c, qui, quin*, se pospone. Ex.: *niccentlapoa*, abrolo del todo. Con el *on, ualh* se ha de posponer. Ex.: *noualhcentlapia*. Poco se usara ponerlas todas juntas; pero con el *nino* del verbo reuerencial, aunque las otras particulas se antepongan, esta se pospone. Ex.: *timocentlapielia*, guarda vm. del todo.

Velh. — Esta particula *uelh* quiere dezir: bien, y anteponese a todo verbo y a los pronombres *ni, ti, an*. Ex.: *uelh nitlapia*, guardo bien. Tambien se entrepone entre el *ni* y el verbo, diziendo: *niuellapia* [2]. Tambien se pospone al *tla*: *nitlauelhpia* [3]; pero no con todo verbo. Quando el verbo toma la particula *te* se ha de anteponer al verbo y a los pronombres *ni, ti*, etc.: *uelh nitemachtia*, enseño bien.

DE LAS PARTICVLAS QVE SE POSPONEN.

Las particulas que se posponen son estas: *quia, tçinoa, puloua, llani*, vel *tlani*.

Quia. — Esta particula *quia* se pospone a los verbos y juntase siempre con el futuro imperfecto del indicatiuo. Ex.: *nitlaquazquia*. Y tiene todos estos romances: auia, o deuia, ouiera, o deuiera de comer, o comiera, o comeria, como parecera en los exemplos de adelante.

---

[1] Le manuscrit MN ne donne que *nitlacenchiua* et *nitecenmachtia*.

[2] Cette ligne « Tambien se entrepone, » etc., a été omise dans le manuscrit MN.

[3] Je le garde bien. — Le manuscrit MN porte un autre exemple: « *niuelmati*, » qui devrait avoir la particule *tla*: *nitlauelmati*, je le sais bien.

Esta se junta con todo verbo actiuo y neutro y en toda boz de verbos actiuos, conuiene a saber : actiua, passiua e impersonal. Ex. : *nican ualazquia*, aqui o por aqui auia de venir, scil. Pedro. Y desta manera la usan por la mayor parte quando la cosa no ouo efecto. Pero algunas vezes la ponen aunque la cosa aya efecto, hablando por el preterito del subjunctiuo con la particula *yntla* expressa, o sub intelecta. Ex. : *yntla nictlaçotlani Dios, amo niualazquia mictlan*, si yo amara a Dios, no viniera o no ouiera venido al infierno; he aqui como en este exemplo la cosa ouo efecto y dizese muy bien por el *quia*. Y deue se notar que por la mayor parte quando en la primera oracion del subjunctiuo se pusiere preterito imperfecto, perfecto, o plusquamperfecto, cuya boz siempre acaba en *ni*, entonces en la segunda oracion se ha de poner el *quia*. Ex. : *yntla niqualli nieni, nitlaçotlalozquia*, si yo fuera bueno, deuia o deuiera ser amado, etc. [1]

Dixe por la mayor parte, porque algunas vezes quando la una oracion y la otra son del preterito plusquamperfecto, la segunda haze tambien en *ni* por el mesmo plusquamperfecto del subjunctiuo, o la ponen en el preterito plusquamperfecto del indicatiuo. Ex. : *yntla onitlaquani, ye onimitzilhuiani*, vel *ye onimitzilhuica* [2], si yo ouiera comido, ya yo te lo ouiera dicho.

Tambien es de saber que no todas las vezes que se pone este romance : auia, se hara por esta particula *quia*. Ex. : *quimatia Dios ca in ytlamachtilhuan motolinizque, yequene cequintin tepuztica miquizque, cequintin tetica*, sabia Dios que auian de passar fatiga sus discipulos, que unos moririan a cuchillo, y otros con piedras. La razon desto es porque no le corresponde el *yntla* del subjunctiuo.

[1] *Var.* «si yo fuera bueno, fuera amado.» Manuscrit MN.
[2] De *ilhuia*, qui est une forme de *itoa*, dire.

Tçinoa. — Esta particula *tçinoa* tambien se pospone a los verbos elegantes y a los actiuos y neutros que tienen los pronombres *nino, timo, mo,* etc., significa o denota reuerencia, y otras vezes denota amor, porque hablando el padre con el hijo usa desta particula *tçinoa.* Ex.: *timoçauhtçinoa,* ayuna vmd. Y quando se ha de poner esta particula *tçinoa,* ver se ha mas largo en el capitulo donde se habla de los verbos reuerenciales [1].

Y la formacion desta particula sera del preterito perfecto del indicatiuo de la boz actiua, añadiendo el *tçinoa.* Ex.: *ninotlachiuilia,* hazer algo; preterito, *oninotlachiuili: timotlachiuilitçino,* hizo algo vmd.; — *otechmochiuilitçino in totecuyo,* hizo nos Dios. Y el verbo no se ha de variar, sino solo el *tçinoa,* y su conjugacion o variacion sera como se varia un verbo acabado en *oa,* etc. La qual particula se junta en la boz actiua y no en la passiua ni impersonal.

Puloua. — Esta particula *puloua* tiene contraria significacion del *tçinoa,* porque esta *puloua* denota menosprecio. Ex.: *nitlaquapuloua,* como yo pobrezillo, o yo ruin, o miserable. Esta se puede juntar con verbos actiuos y neutros ahora sean simples o elegantes, aunque no con todos, y esto se entienda en la actiua. Tiene la misma formacion que *tçinoa.* Ex.: *ninoçauhpuloua,* yo miserable, o ruin ayuno [2].

Llani, vel *tlani.* — Estas particulas *llani,* vel *tlani* por si no significan nada, pero posponiendolas a los verbos denotan con el tal verbo una manera de compulsion, o hazer a otro hazer la accion o operacion de verbo a quien se añaden. Ex.: *nitetlayeculhtillani,* hago a otro que sirua; — *nitechiuhtlani,*

---

[1] Voir capitulo decimo tercio, p. 161.
[2] Si le prétérit est terminé par un *c*, comme dans *teputztoca,* suivre (*teputztocac*), cette lettre disparaît : *in aic nieteputztocapoloa in qualli,* je n'ai jamais, misérable, suivi le bien. (*Compendio,* par Paredes, p. 97.)

hago a otro que haga, scil. algo; — *nictechiuhtlani in tequitl*, hago hazer a alguno el tributo o oficio.

Pero es de notar que, quando estas dos particulas se posponen a los verbos reflexiuos que tienen *nino, timo*, etc., tambien se hazen como reflexiuos, esto es querer yo que se haga, o exercite conmigo la accion, o operacion del verbo. Ex.: *ninomauiçollani*, quiero, o deseo ser honrado. La formacion destos es diuersa, porque los de *llani* se forman del futuro imperfecto del indicatiuo, quitando la *z* y añadiendo *llani*. Ex.: *nitemachtia*; futuro, *nitemachtiz, nitemachtillani*, hago a otro enseñar [1].

La formacion de los de *tlani* es del preterito perfecto del indicatiuo añadiendo *tlani*. Ex.: *nitechiuhtlani* [2], hago a alguno que haga algo. Sacanse los verbos acabados en *ca*, los quales se forman del presente del indicatiuo perdiendo la *a*, y añadiendo *tlani*. Ex.: *nitetlamactlani*, hago dar algo a alguno.

Y estos de *tlani* tambien se forman del preterito plusquamperfecto del indicatiuo añadiendo el *tlani*, y esto es lo que mas se usa. Ex.: *nitetlapixcatlani*, hago a alguno que guarde algo. Y no a todos verbos se añade *llani*, o *tlani*, ni se juntan si no es en la boz actiua.

CAPITVLO NONO.
DE COMO SE IVNTAN LOS VERBOS CON LOS PRONOMBRES.

Tres generos o diferencias de pronombres diximos en la primera parte [3] que se podian juntar con los verbos, y unos siruen de persona agente, y otros de persona paciente, y los que siruen para persona paciente, unos hazen al verbo con quien

---

[1] *Var.* « hago que otro enseñe. » Manuscrit MN.
[2] D'après la traduction de ce mot, il faudrait dire : *nitetlachiuhtlani*.
[3] Capitulo tercero, p. 17.

se juntan que sea reflexiuo. Esto es que de uno mesmo sale la accion del verbo, y a el se torna, assi como *ninotlaçotla*, yo me amo. Otros pronombres ay que estan por persona que padece, y son: *nech*, a mi; *mitz*, a ti, etc. Pero entonces esta persona que padece no ha de ser la mesma que haze mas antes distinta, de manera que, si la persona agente es primera, la paciente con estos pronombres sera segunda o tercera. Ex.: *nimitztlaçotla*, yo te amo.

DE COMO SE IVNTAN ESTAS TRES DIFERENCIAS DE PRONOMBRES CON LOS VERBOS SE DIRA EN ESTE CAPITVLO.

Los primeros pronombres son *ni, ti, an*, y estos siempre, donde quiera que se hallaren juntados a los verbos, siruen de persona que haze. Ex.: *nitlaqua,* yo como algo; el *ni* sirue de yo, y el *tla*, que significa algo, sirue de persona que padece; y en estos no ay dificultad.

Los segundos pronombres, que juntados con los verbos siruen de persona paciente, son estos para singular: *no, mo, mo;* plural, *to, amo, mo*. Y estos no pueden estar sino con *ni, ti, an*, saluo en las terceras personas que se hallan solas por si, porque *ni, ti, an*, no tienen terceras personas, como parecera en los exemplos que se pusieren.

Y es de notar que siempre que se juntan estas dos diferencias de pronombres se ponen al principio el *ni, ti, an*, y despues *no, mo, mo*, y se an de responder de arte que con el *ni* vaya el *no*, etc., y digamos en la 1ª persona *nino*, 2ª *timo*, 3ª *mo;* plural, *tito, amo, mo*. Y en esta segunda del plural auiamos de dezir *anmo,* y perdiose la *n* del *an*, y dezimos *amo;* y no seria inconueniente, a mi parecer, poner a la *a* una tilde, o poner dos *m* para denotar esto, o para distinguir esta segunda persona del adverbio *amo*, que quiere dezir no.

Y es de notar que estas dos diferencias de pronombres juntados y combinados en la manera ya dicha hazen algunas vezes al verbo con quien se juntan reflexiuo. Esto es que una mesma cosa es la persona que haze y la que padece. Ex. : *ninopechteca*, yo me humillo; — *timopechteca*, tu te humillas; — *mopechteca*, aquel se humilla; — plural, *titopechteca*, nosotros nos humillamos; — *amopechteca*, vosotros os humillais; — *mopechtecah*, aquellos se humillan.

Y estos reflexiuos, en este significado de reflexiuos, son siempre actiuos, y puesto caso que estos dos generos de pronombres sean diferentes, juntados hazen un pronombre reflexiuo, y ansi el pronombre sera *nino, timo, mo*, etc.; pero es de notar que en las primeras personas de singular y plural, en lugar de *nino*, bien dizen *nimo*, y, en lugar de *tito*, dizen *timo*. Ex.: *nimotlaçotla*, yo me amo; plural, *timotlaçotlah*, amamonos [1].

Y es de saber que, quando el verbo con quien se juntan estos pronombres reflexiuos començare en vocal, algunas vezes perdiendo la *o* del *nino, timo, mo*, etc. ase de la vocal del verbo; pero mas ordinario es no perder la vocal el pronombre y el verbo. Ex.: *nitlaatzelhuia*, regar o rociar; *ninatzelhuia*, yo me rocio; pero mas usan *ninoatzelhuia*, etc.

Y no todas las vezes que el *nino, timo*, etc. se juntan con verbos actiuos los hazen reflexiuos, porque tambien se juntan con los verbos reuerenciales o elegantes sin hazerlos reflexiuos. Ex.: *ninotetlaçotilia*, yo amo a alguno. Y lo mesmo hazen con los neutros, con los quales no denotan reflexion, ex.: *ninoçaua*, yo ayuno, como se tratara en el capitulo siguiente.

Los terceros pronombres son : 1ª *nech*, a mi; 2ª *mitz*, a ti;

---

[1] Paredes fait observer que ces deux pronoms *nimo*, pour la 1re personne du singulier, et *timo*, pour la 1re personne du pluriel, n'étaient en usage que dans certaines localités, et les considère comme impropres dans ces deux cas. (Voir le *Compendio*, p. 31.)

3ª *c* vel *qui*, a aquel; — plural, 1º *tech*, a nosotros; 2ª *amech*, a vosotros; 3ª *quin*, a aquellos. Y estos siruen siempre de persona paciente o destar en el caso que gramatica pidiere: y ansi no se pueden juntar sino con verbos actiuos, y anteponiendoles los pronombres *ni, ti, an*, con los verbos hazen tambien oracion perfecta, como diximos del *nino, timo*, etc. quando es reflexiuo. Ex.: *tinechtlaçotla*, tu me amas.

Y porque mejor se entienda en que manera se juntan estas tres diferencias de pronombres con los verbos, y tambien las particulas *tla, te*, que diximos en el capitulo septimo [1], pondremos aqui dilatada la variacion de un verbo ansi con los dichos pronombres, scil. *nino, timo*, etc., *nech, mitz*, etc., como con las particulas *tla, te, c, qui, quin*, de la manera que se sigue:

SINGVLAR.

1ª persona. *Nitetlaçotla*, yo amo a alguno, o cosa animada.
Nitlatlaçotla, yo amo alguna cosa, id est no animada.
Ninotlaçotla, yo me amo.

2ª persona. *Timotlaçotla*, tu te amas.

3ª persona. *Motlaçotla*, aquel se ama.

PLVRAL.

1ª persona. *Titotlaçotlah*, nosotros nos amamos.

2ª persona. *Ammotlaçotlah*, vosotros os amais.

3ª persona. *Motlaçotlah*, aquellos se aman.

De como se varian con los pronombres *nech, mitz*, etc.:

SINGVLAR.

1ª persona. *Nimitztlaçotla*, yo te amo.
Nictlaçotla, yo amo a aquel.
Namechtlaçotla, yo amo a vosotros.
Niquintlaçotla, yo amo a aquellos.

[1] Pages 122 et 123.

2ᵃ persona. *Tinechtlaçotla,* tu me amas.
Tictlaçotla, tu amas a aquel.
Titechtlaçotla, tu nos amas.
Tiquintlaçotla, tu amas a aquellos.

3ᵃ persona. *Nechtlaçotla,* aquel me ama.
Mitztlaçotla, aquel te ama.
Quitlaçotla, aquel ama a aquel.
Techtlaçotla, aquel nos ama.
Amechtlaçotla, aquel os ama a vosotros.
Quintlaçotla, aquel ama a aquellos.

PLVRAL.

1ᵃ persona. *Timitztlaçotlah,* nos te amamos.
Tictlaçotlah, nos amamos a aquel.
Tamechtlaçotlah, nos amamos a vosotros.
Tiquintlaçotlah, nos amamos a aquellos.

2ᵃ persona. *Annechtlaçotlah,* vosotros me amais.
Anquitlaçotlah, vosotros amais a aquel.
Antechtlaçotlah, vosotros nos amais.
Anquintlaçotlah, vosotros amais a aquellos.

3ᵃ persona. *Nechtlaçotlah,* aquellos me aman.
Mitztlaçotlah, aquellos te aman.
Quitlaçotlah, aquellos aman a aquel.
Techtlaçotlah, aquellos nos aman.
Amechtlaçotlah, aquellos os aman.
Quintlaçotlah, aquellos aman a aquellos [1].

---

[1] Nous sommes surpris que dans ce chapitre Olmos ait négligé d'indiquer une classe particulière de pronoms assez fréquemment employés. Nous voulons parler des pronoms joints aux verbes réfléchis et actifs suivis de leur complément. Les voici : *nicno, ticmo, quimo, ticto, anquimo, quimo,* avec un complément du singulier, et *niquinno, tiquimmo, quimmo, tiquinto, anquimmo, quimmo,* avec un complément du pluriel. Ex.: *nicnocuitia in notlatlacol,* j'avoue ma faute; — *niquinnocuitlahuia in icnotlaca,* je prends soin des malheureux. (Voir le *Compendio,* par Paredes, p. 32.) Olmos en dit pourtant un mot au sujet des verbes dérivés en *tia* (capitulo undecimo, p. 145) et des verbes révérentiels (capitulo decimo tercio, p. 162).

CAPITVLO DECIMO.

DE LOS VERBOS NEVTROS Y DE COMO ALGVNOS ACTIVOS SE HAZEN NEVTROS.

En esta lengua de otra manera tomamos los verbos neutros que en la latina. Aquellos se llaman en la gramatica verbos neutros que tienen la actiua en *o* y no tienen passiua en *or*, como *seruio, seruis*, por seruir. Pero en esta lengua aquel se llama verbo neutro que despues de si no puede regir caso. Esto es que la accion del verbo no passa en otra cosa, y quando el verbo no tiene persona que padece expressa o sub intelecta ni la puede tener, se llamara neutro en esta lengua. Ex.: *niuetzca*, riome. Pero no dire: yo rio a Pedro; ni por via de reflexion no dire: yo me rio a mi mesmo; ni con los pronombres *nech, mitz*, etc. dire: yo te rio, etc. De manera que en estos verbos neutros no puede passar la accion en otra cosa. Y ansi algunos verbos aura en la lengua latina neutros, que en esta seran actiuos y rigiran despues de si caso. Ex.: *nitetlayecultia*, yo siruo [1].

Emos dicho que este verbo *seruio, is*, es neutro en la lengua latina, y en esta es actiuo porque bien dezimos: siruo a Dios, *nictlayeculhtia in Dios*. Y cierto es que las particulas *c, qui, quin*, ningun verbo neutro las puede rescebir, donde parece el tal verbo ser aqui actiuo. Esto esta claro a los que tienen algunos principios de gramatica, pero para los que no los saben es menester declararlo. Y ansi van tambien otras cosas en esta arte, que no se pueden bien sacar de los terminos latinos, y ponerlo en terminos ynteligibles a todos no se puede bien hazer. Y ansi en muchas cosas lleua la traça

---

[1] Exemple tiré du manuscrit MN et qui devrait rigoureusement être traduit : yo sirvo a alguno.

de la gramatica latina assi porque se vea el artificio de la lengua no ser tan barbara como algunos dizen, como porque con gran dificultad y prolixidad, no se pudiera dar todo a entender por solo nostro romance, sin mezclar algo del latin.

Tambien se deue notar que entre estos verbos neutros unos ay que significan accion intrinseca, y otros accion extrinseca; y los primeros tienen en su significado lo que en nuestro castellano dezimos *me* para la primera persona, 2ª *te*, 3ª *se;* plural, 1ª *nos*, 2ª *os*, 3ª *se*. Ex.: pudrome, pudreste, pudrese; pudrimonos, pudrisos, pudrense. Y este es el proprio y natural significado del verbo neutro, porque no puede rescebir persona paciente. Y aunque estos parescan en el significado reflexiuos no lo son, porque una cosa es dezir: yo me pudro a mi mesmo, o yo me ensuzio a mi mismo, o dezir: pudrome, o ensuzio; porque el primero es reflexiuo, y el segundo es puro neutro; en el qual siendo neutro no puede caber reflexion.

Y estos romances de *me, te, se*, etc., aunque sean proprios de verbos que significan accion intrinseca, tambien conuienen algunas vezes a los que significan accion extrinseca. Ex.: como digo: duermo, tambien digo: duermome [1].

Yten es de traer a la memoria lo que se dixo en la materia de las particulas *tla, te, ne,* que los verbos neutros no pueden rescebir estas dichas particulas en la boz actiua, porque importan ellas en si persona que padece. Y emos dicho que el neutro no puede tener la tal persona paciente. Digo que no pueden rescebir estas particulas en boz actiua y significacion actiua; pero en la significacion impersonal, aunque sea en boz actiua, podran tomar el *tla* juntandole con la tercera persona del presente del indicatiuo de la boz actiua, como se

---

[1] L'exemple a été omis dans le manuscrit MN.

dixo en el quarto capitulo [1] hablando de la formacion de la boz impersonal, y entonces solamente significa generalidad, y no esta en lugar de persona paciente. Ex. : *niuetzca*, reir; *tlauetzca*, todos rien. Lo mismo dezimos en los verbos neutros que tuuieren *nino, timo*, etc., los quales en el impersonal tomaran el *ne*, pero no en significacion de reflexiuos; de manera que el *ne* en la boz impersonal de los neutros no significara mas de generalidad, y no reflexion. Ex.: *motlaloah*, aquellos corren; impersonal, *netlalolo*, todos corren.

Y para mas claridad es de notar que estos pronombres *nino, timo*, etc. no se pueden juntar con verbos neutros en la significacion que tienen de pronombres reflexiuos, porque si en esta significacion los pudiesen rescebir, boluerse an actiuos; pero algunas vezes se juntan estos dichos pronombres con verbos neutros, y entonces no significa el *nino* mas que *ni* solo, ni el *timo* mas que el *ti*, etc. Y ansi dezimos que el *nino, timo*, etc. es proprio del verbo y no puede estar sin el. Ex.: *ninoçaua*, yo ayuno.

Y es de saber que algunas vezes los verbos neutros que tienen *nino, timo*, etc. se juntan y posponen a los pronombres *no, mo, y*, etc. compuestos con preposiciones, de tal manera que se siga el verbo, y el pronombre compuesto con las preposiciones preceda; y para que esto mejor se entienda, pongo el exemplo siguiente :

SINGVLAR.

1ª persona. *Moca ninocacayaua*, riome de ti, o burlo de ti, es mejor dezir.
Yca ninocacayaua, riome de aquel.
Amoca ninocacayaua, riome de vosotros.
Ynca ninocacayaua, riome de aquellos.
Teca ninocacayaua, riome de alguno o algunos.

[1] Page 101.

2ª persona. *Noca timocacayaua*, burlas de mi.
Yca timocacayaua, rieste de aquel.
Toca timocacayaua, rieste de nosotros.
Ynca timocacayaua, rieste de aquellos.

3ª persona. *Noca mocacayaua*, riese aquel de mi.
Moca mocacayaua, riese aquel de ti.
Yca mocacayaua, riese aquel de aquel.
Toca mocacayaua, riese aquel de nosotros.
Amoca mocacayaua, riese aquel de vosotros.
Ynca mocacayaua, riese aquel de aquellos.

PLVRAL.

1ª persona. *Moca titocacayaua*, reimonos de ti.
Yca titocacayaua, reimonos de aquel.
Amoca titocacayaua, reimonos de vosotros.
Ynca titocacayaua, reimonos de aquellos.

2ª persona. *Noca amocacayaua*, reisos vosotros de mi.
Yca amocacayaua, reisos vosotros de aquel.
Toca amocacayaua, reisos vosotros de nosotros.
Ynca amocacayaua, reisos vosotros de aquellos.

3ª persona. *Noca mocacayaua*, riense aquellos de mi.
Moca mocacayaua, riense aquellos de ti.
Yca mocacayaua, riense aquellos de aquel.
Toca mocacayaua, riense aquellos de nosotros.
Amoca mocacayaua, riense aquellos de vosotros.
Ynca mocacayaua, riense aquellos de aquellos.

Esto mismo podran hazer algunas vezes con otros verbos neutros que no tuuieren *nino*, etc. Ex.: *noca tiuetzca*, rieste de mi; *moca niuetzca*, riome de ti; — *noca timotopeua*[1], hazes burla de mi, etc.

[1] Ce dernier exemple offre précisément un verbe conjugué avec les pronoms réfléchis *nino*, *timo*, *mo*, etc.

Tambien con esta preposicion y pronombre *notech* se suelen variar. Ex. :

Ytech ninixcuitia, tomo exemplo de aquel.
Notech timixcuitia, tomas exemplo de mi.
Motech ninixcuitia, tomo exemplo de ti.
Amotech titixcuitiah, tomamos exemplo de vosotros, etc.

He aqui como se varia el pronombre con la preposicion y tambien se varia el verbo, ahora tenga *nino*, *timo*, *mo*, etc., ahora no le tenga. Y en esta manera no es en todos verbos neutros, antes en muy pocos. He puesto este exemplo sobre dicho tan dilatado para que sepan variar todos los demas.

Pero otro verbo hallo singular que se varia el pronombre juntado con la preposicion y el verbo; aunque se varia por los tiempos, no se varia por las personas, quiere dezir : bien me viene, scil. la ropa o el oficio, o bien me quadro, o justo o cabal vino, scil. lo que se reparte, o cosa semejante. Ex.: *uelh nopan y*, vel *nopan iti in notilhma*, vel *notequiuh*, vieneme justa la ropa, o quadrame bien el oficio: — *uelh otepan ic*, vel *otepan itic in tlaqualli*, a todos vino ygual o justa la comida. Y porque es dificultoso de variar, le pondre aqui.

INDICATIVO.

PRESENTE.

Singular. 1ª *Nopan y*, vel *nopan ti*, vel *nopan iti*, vel *nopan ia*, vel *tia*, vel *itia*, justo o cabal me viene.
2ª *Mopan y*, vel *mopan ti*, vel *mopan iti*.
3ª *Ypan y*, vel *ypan ti*, vel *ypan iti*.

Plural... 1ª *Topan y*, vel *topan ti*, vel *topan iti*.
2ª *Amopan y*, vel *amopan ti*, vel *amopan iti*.
3ª *Ynpan y*, vel *ynpan ti*, vel *ynpan iti* [1].

[1] Le manuscrit MN porte *ypan* au lieu de *ynpan*.

PRETERITO IMPERFECTO.

Singular.   1ª *Nopan ya*, vel *nopan tia*, vel *nopan itia*, vel *nopan iaya*, vel *tiaya*, vel *ytiaya*, etc.
           2ª *Mopan ya*, vel *mopan tia*, vel *mopan itia*.
           3ª *Ypan ya*, vel *ypan tia*, vel *ypan itia*.

Plural...   *Topan ya*, etc. por las otras personas.

PRETERITO PERFECTO.

Singular.   1ª *Onopan ic*, vel *onopan tic*, vel *onopan itic*, vel *ix*, vel *tix*, vel *itix*.
           2ª *Omopan ic*, vel *omopan tic*, vel *omopan itic*.
           3ª *Oipan ic*, vel *oipan tic*, vel *oipan itic*, etc.

PLVSQVAMPERFECTO.

Singular. *Onopan iaca*, vel *onopan itica*, vel *onopan tica*, vel *onopan ixca*, etc.

FVTVRO.

Singular.   1ª *Nopan iz*, vel *nopan tiz*, vel *nopan itiz*, vel *nopan iaz*, vel *tiaz*, vel *itiaz*.
           2ª *Mopan iz*, vel *mopan tiz*, vel *mopan itiz*.
           3ª *Ypan iz*, vel *ypan tiz*, vel *ypan itiz*, etc.

IMPERATIVO.
PRESENTE.

Singular.   1ª *Ma nopan i*, vel *ma nopan ti*, vel *ma nopan iti*, vel *ma nopan ia*, *tia*, *itia*, etc.
           2ª *Ma mopan i*, vel *ma mopan ti*, etc.

IMPERSONAL.
PRESENTE.

Tepan i, vel *tepan ti*, vel *tepan iti*, vel *tepan ia*, vel *tia*, vel *itia*, etc., a todos les viene bien, scil. la ropa o oficio.

Ay otros verbos neutros que se pueden dezir defectiuos porque no se usaran en todas personas, saluo en la tercera del singular, como en el latin este verbo: *pluit*, llueue; y destos ay muchos, y seran por la mayor parte los que denotan operaciones que a Dios, o a las causas naturales superiores solamente pueden conuenir. Ex.: *tlauizcalcoa*, amanecer; — *tlatlatzini*, atronar; — *tlapetlani*, relampaguear, etc.

DE COMO LOS VERBOS ACTIVOS SE PVEDEN HAZER NEVTROS.

En dos maneras los verbos actiuos se pueden hazer neutros. La primera es no mudando nada sino solamente quitando las particulas *te, tla*, que tenia el verbo actiuo, y quitadas quedara hecho neutro. Ex.: *nitlatliloa*, entintar algo; *tliloa*, entintase; — *nitlatlapiuia*, yo acreciento algo; *tlapiuia*, acrecientase. Y ansi sera en otras terminaciones.

Y es de notar que no de todos verbos actiuos se pueden hazer neutros quitandoles el *te*, o el *tla*; pero los que desta manera se hizieren neutros, algunos dellos en el preterito perfecto, y en el futuro, y en los tiempos que se forman dellos, haran de una manera quando son actiuos, y de otra quando son neutros. Exemplo en los verbos ya dichos: *nitlatliloa* es actiuo y haze en el preterito *onitlatlilo*, y en el futuro *nitlatliloz*, y quando es neutro haze en el preterito *tliloac*, y en el futuro *tliloaz*; — *nitlatlapiuia* es actiuo y haze en el preterito *onitlatlapiui*, y en el futuro *nitlatlapiuiz*; quando es neutro haze *onitlapiuix* [1] en el preterito, y en el futuro *nitlapiuiaz*.

Y aunque esto sea ansi en algunos verbos, en otros haran el actiuo y el neutro de una mesma manera en el preterito. Ex.: *nitlacatçaua*, ensuziar algo, haze *onitlacatçauh*, vel *onitlacatçauac*; futuro, *nitlacatçauaz*; y lo mesmo hara *nicatçaua* (neutro), ensuziome.

La segunda manera, como los verbos actiuos se pueden hazer neutros, es mudando alguna letra o sillaba del fin y

---

[1] On *onitlapiuiac*.

quitando las particulas *te*, *tla*. Ex. : *nitlatema*, henchir algo; *temi*, hinchese. Y no todo verbo actiuo se podra hazer desta manera neutro, sino los que acabaren en ciertas terminaciones, como se dira en el capitulo siguiente.

Quanto a lo que toca a los impersonales de los verbos neutros se note mucho lo que esta dicho en el capitulo quarto [1] en la formacion del impersonal; y en la manera que forman estos verbos neutros los reuerenciales dezir se ha adelante [2].

CAPITVLO VNDECIMO.

DE LOS VERBOS DERIVATIVOS.

En la primera diuision de los verbos emos hablado de los actiuos y neutros, conuiene que agora tratemos de los primitiuos y deriuatiuos. Primitiuos se llaman los verbos que no descienden ni se deriuan de otra parte. Ex.: *nitemachtia*, yo enseño, etc.; y en estos no ay cosa particular que notar. Deriuatiuos se llaman por el contrario los que se deriuan de otro, como de *atl*, agua, *atia* [3], derretirse, o hazerse agua. Y para mas claridad es de notar que entre estos deriuatiuos, unos ay que se deriuan de nombres, y otros de verbos, y otros de aduerbios. Y los que se deriuan de nombres, unos son actiuos y otros neutros; y los que se deriuan tambien de verbos, unos son actiuos y otros neutros. Los que se deriuan de aduerbios son neutros por la mayor parte. Veamos de los que salen de nombres primero.

---

[1] Page 100 et pages suivantes.
[2] Capitulo decimo tercio.
[3] Ou *ati*, qui a même signification. (Voir ci-dessus, p. 97, et ci-après, p. 167 et 168.)

DE LOS VERBOS ACTIVOS QVE SE DERIVAN DE NOMBRES.

Via. — Unos deriuatiuos ay que acaban en *uia* y estos son actiuos y su significado es obrar con aquello que significa el nombre. Ex.: *tetl,* piedra; *nitlateuia,* hazer algo con ella.

Y la formacion desto es, perdiendo el nombre lo que ha de perder, como se dixo en la primera parte, capitulo decimo tercio [1], hablando de la composicion de los nombres, añadir *uia,* y, si el nombre quedare en consonante, añadir *huia.* Exemplo de lo segundo : *tlilli* es tinta, *tlatlilhuia* es entintar algo; de lo primero ya esta dado exemplo [2].

Tia. — Otros se deriuan de nombres, son tambien actiuos y acaban en *tia,* y el significado destos es hazer lo que significa el nombre o proueerse dello. Ex. : *nitemilhtia* [3], yo hago la heredad a otro, o labro el maizal de otro ; *ninomilhtia,* labro mi heredad.

Y la formacion destos es, perdiendo lo que el nombre ha de perder, añadir el *tia,* como parece en el exemplo ya dicho. Pero es de notar que quando a estos verbos sobre dichos se les anteponen los pronombres *no, mo,* etc. y entre el *ni* y el *no* toman una *c,* mudan el significado por razon de la *c* y significan apropriarme, yo a mi, aquello que significa el nombre. Ex. : *calli* es la casa, *nicnocalhtia* es yo me aproprio y applico la casa, vel *nicnocalhtia in calli; ninocalhtia,* hago mi casa [4].

Lia. — Otros salen tambien de nombres numerales, aunque

[1] Page 64.
[2] La terminaison *uia* s'ajoutait même à quelques adverbes, comme *ilihuiz,* follement, sans réflexion : *ilihuizuia,* agir étourdiment. (Voir le *Compendio,* par Paredes, p. 149, et le Vocabulaire de Molina.) Olmos aurait pu indiquer cette sorte de dérivés, soit ici, soit dans le paragraphe qui termine le chapitre, page 150.
[3] De *milli,* champ, terre cultivée.
[4] Cf. le *Compendio,* par Paredes, p. 146.

no de todos, y estos son actiuos y acaban en *lia*, que es hazer a algunas cosas que se bueluan en aquel numero que el nombre numeral significa. Ex. : *ome*, dos; *nitlaomelia*, hazer de alguna cosa dos. Y su formacion sera que los nombres que acabaren en *tl, tli, li*, bolueran las tales terminaciones en *lia*, y, si acabaren en vocal, tomaran sobre la vocal *lia*, como parece en el exemplo dicho.

DE LOS VERBOS NEVTROS QVE SE DERIVAN DE NOMBRES.

Oa. — Ay unos verbos neutros que se deriuan de nombres y estos se acaban en *oa*; su significado es conuertirse en aquello que significa el nombre, o tenerlo en si, aunque no se conuierta en ello. Ex.: de *atl*, agua, *ayoa*, boluerse agua, o tener en si agua, o aguarse. Y este segundo significado parece que quadra mas. La formacion destos es de los nombres adjectiuos deriuatiuos, que diximos [1] que acaban en *yo*, o en *lo*, sobre el *yo*, vel *lo* añadir una *a*. Ex. : de *tlalli*, tierra, *tlallo*, cosa que tiene tierra, *tlalloa*, empoluorarse, o boluerse tierra [2].

Ti, vel *tia*. — Ay otros verbos neutros acabados en *ti*, o *tia*, que descienden de nombres y su significado es propriamente conuertirse, o hazerse aquello que significa el nombre de donde descienden. Ex. : *pilhtzintli* es niño; *nipilhtzinti*, vel *nipilhtzintia*, hagome niño; — *ueue*, viejo; *niueueti*, vel *ueuetia*, hagome viejo. El *nipilhtzinti* no es mucho en uso [3]. Y la formacion destos es, perdiendo el nombre lo que ha de perder, añadir *ti*, vel *tia*, como parece en los exemplos ya dichos.

Ay otros verbos neutros acabados en *ti*, vel *tia* que descienden de nombres numerales y tienen la mesma significa-

---

[1] Voir primera parte, capitulo undecimo, p. 52.
[2] *Var.* « tener tierra. » Manuscrit MN.
[3] Cette remarque est tirée du manuscrit MN.

cion que los ya dichos. Ex. : *niceti*, vel *nicetia* [1], hagome uno; — *nonteti*, vel *nontia*, hagome dos, etc. Y su formacion es como la de los verbos actiuos acabados en *lia* que salen de nombres numerales como arriba es dicho, poniendo las particulas *ti*, vel *tia*, en lugar de *lia*, como parece en los exemplos ya dichos; y estos se haran actiuos sobre el *ti* tomando *lia*, y anteponiendo las particulas *te*, vel *tla*. Ex.: *ceti*, hazese uno; *nitlacetilia*, hago algunas cosas una.

Vi. — Ay otros neutros acabados en *ui* que tambien descienden de nombres y tienen el mismo significado que los de *ti*, vel *tia* ya dichos, que es boluerse o hazerse aquello que significa el nombre, y estos son muy pocos y tomanse por la mayor parte de nombres de animales. Ex.: *maçatl* es venado, *maçaiciui*, vel *maçaciui*, hazerse o tornarse venado.

La formacion destos es, si el nombre quedare en vocal, poniendo un *ci*, añadir despues *ui* sobre el *ci*, como parece en el exemplo ya dicho; pero si quedare en consonante sobre la tal consonante poner *y*, y añadir despues *ciui*. Ex.: *çuli*, codorniz; *çuliciui*, hazerse codorniz; — *tochtli*, conejo; *tochiciui*, hazerse conejo.

Ay otros verbos deriuatiuos que salen y se deriuan de verbos, y unos son neutros deriuatiuos de actiuos, y otros actiuos deriuatiuos de verbos actiuos o neutros indiferentemente, como parecera adelante.

DE LOS VERBOS NEVTROS QVE SALEN DE VERBOS ACTIVOS.

Ca. — Ay unos verbos neutros acabados en *ca*, y estos se deriuan de verbos actiuos acabados en *tça*, y el significado es

---

[1] On disait aussi *centetia* (de *centetl*, un); prétérit, *ocentetiac*, *ocentetix*, et *ocentet*. Quant au verbe *nonteti* (pour *ni-onteti*) que le manuscrit MN porte, à tort, écrit *nontenti*, il dérive de l'adjectif numéral *ontetl*, deux.

el mesmo que del verbo actiuo, mudando el tal significado en significacion de neutro. Y lo mismo sera de todos los demas que aqui se pusieren que salen de actiuos y se hazen neutros; por no repetir en todos la significacion bastara poner los exemplos: *nitlamomolotça*, mullir algo, o menear agua; *momoloca*, menearse, o mullirse, o manar, o heruir el agua.

Mi. — Ay otros neutros acabados en *mi*, y estos se deriuan de verbos actiuos que fenescen en *ma*. Ex.: *nitlaciotoma*, descoser algo; *ciotomi*, descoserse. La formacion destos es boluer el *ma* en *mi*, y quitar las particulas *te*, *tla*, o la *a* boluerla en *i*, como parece en el exemplo ya puesto.

Ni. — Ay otros neutros acabados en *ni*, y estos se deriuan de verbos actiuos acabados en *nia*. Y estos se forman de los actiuos perdiendo la *a* del fin, y quitando las particulas *te*, *tla*. Ex.: *nitequalania*, enojar a otro; *niqualani*, enojome.

Pi. — Ay otros neutros acabados en *pi*, y estos se deriuan de verbos actiuos que fenescen en *pa*. La formacion dellos es boluiendo el *pa* de los actiuos en *pi*, o la *a* en *i*, y quitar las particulas *te*, *tla*. Ex.: *nitlatzupa*, concluir algo; *tzupi*, concluyese. Y estos son muy pocos.

Vi. — Ay otros neutros acabados en *ui*, y estos se deriuan por la mayor parte de verbos actiuos acabados en *oa*, pero tambien aura algunos neutros en *ui* que se deriuan de verbos actiuos acabados en *ua*, o en *uia* [1]; pero lo mas ordinario es formarse de los de *oa*. Ex.: *nitlaculoa*, entortar algo; *culiui*, entortarse. La formacion destos es muy varia y por esso no se da regla della, porque unos bueluen el *oa* en *y*, y sobre la *y* toman *ui*, assi como: *nitlapoloa*, destruir algo; *poliui*, destruyese. Y otros bueluen el *oa* en *a* y sobre ella toman *ui*.

[1] Ex.: *nitlaceuia*, refroidir une chose; *ceui*, se refroidir.

Ex. : *nitlaitlacoa*, dañar algo; *ytlacaui*, dañase; y de una destas dos maneras haran los mas, aunque algunos varien y hagan en otra manera, como *nitlapoa*, abrir algo, haze *tlapoui*, abrirse.

Tia. — Ay otros neutros en *tia*, y estos se deriuan de verbos actiuos acabados en *loa* por la mayor parte, y estos se forman de verbo actiuo boluiendo el *loa* en *tia*. Ex. : *nitlaculoa*, entortar algo; *culhtia*[1], entortarse; de manera que este *nitlaculoa* terna dos neutros, *culiui*, y tambien *culhtia*. Y es de notar que no de todos los verbos actiuos acabados en las dichas terminaciones se podran deriuar verbos neutros, basta que salgan y se formen de algunos porque no quadra en todos.

DE LOS VERBOS ACTIVOS DERIVATIVOS.

Ay otros verbos actiuos que se deriuan indiferentemente de verbos actiuos o neutros, y estos son muchos y muy usados; y otros ay que no se pueden deriuar, sino de solos verbos neutros. Los que se deriuan indiferentemente de verbos actiuos o neutros por la mayor parte acaban en *tia*, y estos significan hazer, persuadir, o constreñir a otro que haga lo que el verbo, de donde se deriuan, significa o importa. Ex : *nitlaqua*, yo como; *nitetlaqualhtia*, yo doi de comer, o hago comer a otro ; — *nicochi*, yo duermo ; *nitecochitia*, yo adormezco a otro, o le hago dormir, etc. en la cuna, o recibo a algunos para que duerman, scil. hospedar[2].

La formacion destos es muy varia y por esso no se pueden bien reduzir a regla, pero lo mas comun es que los acabados en *i* tomaran *tia* sobre la *i*. Ex. : *niyoli*, biuir; *niteyolitia*, dar vida a otro. Los de *a* tomaran *ltia*. Ex. : *nitlaqua*, comer; *nitetlaqualhtia*, dar de comer a otro.

[1] Sur le manuscrit MN on lit ici et à la ligne suivante : *culhtica*.
[2] Tiré du manuscrit MN, à partir de *en la cuna*.

Sacanse los de *uia, ia, oa* que perderan la *a* y tomaran *tia*. Ex.: *tlatoa*, hablar; *nitetlatolhtia*, hazer hablar a otro. Pero aunque esta formacion sea la mas comun, otros aura algunos que hagan en otra manera.

Ay algunos que a estos actiuos sobre dichos los llaman compulsiuos [1], porque parecen denotar que compelen a otro a que haga la operacion del verbo donde se deriuan, como *nitetlatolhtia*, dar tormento, o hazer a otro, o compelerle a que hable. Pero si bien se mira la significacion destos, aunque algunas vezes importe aquello, su significado comun no es sino el que ya emos dicho y no se requiere que importe aquella compulsion, como parece en el verbo *nitetlaqualhtia*, vel *nitecallotia* que es aposentar a otro.

Ay otros verbos actiuos tambien en *tia*, y estos no pueden venir sino de verbos neutros acabados en *oa*, que descienden de nombres adjectiuos que fenescen en *yo* o en *lo*, y quasi el significado dellos es el mesmo que destos de *tia* que ahora emos dicho; pero particularizando mas su significado, no es mas del significado neutro del verbo de donde descienden boluerle en actiuo. Ex.: *atl*, agua, *ayo*, cosa aguada; *ayoa*, aguarse, *nitlaayotia* [2], aguar algo; — de *tliloa*, *nitlatlilotia*, entintar algo. Y la formacion destos es del neutro boluiendo la *a* en *tia*, como en los exemplos ya dichos.

DE ALGVNOS VERBOS QVE SE DERIVAN DE ADVERBIOS, O NOMBRES TEMPORALES.

Tia, vel *tilia*. — Ay otros verbos neutros que acaban en *tia* o en *tilia*, y estos se deriuan de nombres o aduerbios temporales y toman el significado del tal nombre, o aduerbio, y quieren dezir: estoi tardo, o detengome el tiempo que se

---

[1] Cf. le *Compendio*, par Paredes, p. 83.
[2] Le manuscrit BN porte avec contraction: *nitlayotia*.

denota por el nombre o aduerbio de donde se deriuan. Ex.: *cemilhuitl* es un dia, *nicemilhuitia*, vel *nicemilhuitilia*, estoi tardo, o detengome un dia; preterito, *onicemilhuiti*. Tambien se dira : *cemilhuitica nican oninotlali*, yo estuue aqui un dia; — *nimuztlatica* [1] dizen por estar un dia; pero diziendo : mañana estare alla, dizen : *ompa nimuztlatiliz*, vel *nimuztlatiz*. Tambien quiere dezir : estare un dia, sin dezir mañana. — *Ye niuiptlatia* [2], vel *ye niuiptlatilia*, detengome ya tres dias con oy. *Ompa niuiptlatiz*, tres dias estare alla.

Contando por meses no deriuan verbos, sino dizen : *cemetztica ompa niez*, estare alla un mes. Y tambien dizen : *ypan centetl metztli ompa niez*, vel *ninotlaliz*.

Contando por años dizen en esta manera: *nicexiuhtiz*, vel *nicexiuhtiliz*, estare un año; — *noxiuhtiz* [3], vel *noxiuhtiliz*, estare dos años. Y ansi de los demas.

La formacion destos es en los que no han de perder nada, como son los aduerbios, sobre ellos añadir *tia*, vel *tilia*. Pero si fueren nombres que han de perder algo, entonces perdido lo que han de perder tomaran *tia*, vel *tilia*, como parece en los exemplos ya dichos. Y esto basta para esta materia.

CAPITVLO DVODECIMO.

DE LOS VERBOS COMPVESTOS.

Esta materia de los verbos compuestos es muy prouechosa y por tanto se deue poner algo dilatada.

Quanto a lo primero es de notar que los verbos se pueden

---

[1] De *muztla*, demain; *muztla yohuatzinco*, demain matin; *muztla teotlac*, demain soir.
[2] De *uiptla*, après-demain; *uiptlatica*, chaque troisième jour.
[3] Pour *ni-on(ome)-xiuhtiz*.

componer con nombres y con aduerbios y con verbos. Con nombres como: *nipetlachiua,* hago petates. Y desta composicion esta dicho en la primera parte, en el ultimo capitulo [1]. Componense tambien con nombres numerales, y destos se dira en breue al fin deste capitulo.

Tambien se componen verbos con aduerbios, y esto es en dos maneras: la primera es con aduerbios primitiuos, y la segunda con aduerbios deriuatiuos que se deriuan de verbos. De la primera manera esta dicho en el capitulo octauo desta segunda parte [2]. De la segunda manera ay mas dificultad, para lo qual es de notar que en esta lengua algunas vezes usan del preterito plusquamperfecto en lugar de aduerbio en la composicion. Ex.: *nimatcanemi,* ando, o biuo sabiamente; y tambien dizen: *matcaninemi,* y por ser el *onimatca* el preterito plusquamperfecto del verbo *nimati,* algunos quieren dezir que esta es composicion de dos verbos; pero en fin sea lo que fuere, el primero verbo tiene significacion de aduerbio, como parece en el exemplo ya dicho.

Pero porque no salgamos de la platica comun, digamos que esta es composicion de dos verbos, aunque el uno mude el significado del verbo y tenga significacion de aduerbio o de nombre. Y ansi conforme a esto podremos poner dos diferencias o generos de verbos compuestos con verbos.

El primero genero es de los que de tal manera se componen con otro verbo que el primero se pone en el preterito perfecto del indicatiuo y el segundo en la segunda persona del presente del indicatiuo. Ex.: *nitlapixtinemi,* ando guardando [3].

---

[1] Page 63.

[2] Page 126.

[3] Cette explication est, selon nous, inadmissible et en dehors de toute logique. Il est en effet surprenant que Olmos, ordinairement si méthodique, ait vu dans la particule *ti* le pronom de la seconde personne, au lieu d'une syllabe servant à

El segundo genero es de los que de tal manera se componen con otro verbo que el primero esta en el preterito plusquamperfecto del indicatiuo, y el segundo en la tercera persona del presente del dicho modo. Ex.: *nitlapaccacelia*, recibo algo con alegria.

Y es de notar que en estos verbos compuestos el principal significado se toma de segundo verbo, y por la mayor parte este es el que queda con la significacion del verbo, saluo en esto verbo *uetzi* que, aunque se ponga a la postre, no tiene significado de verbo sino de aduerbio, como parecera adelante. Pero el verbo que en la composicion se pone primero, pocas vezes queda con solo significado de verbo, mas antes quando lo tiene por la mayor parte tambien tiene significado de aduerbio, como parecera adelante. Y para proceder en esta materia de los compuestos con mas claridad, hablemos en particular de cada genero de los sobre dichos.

DE LOS VERBOS COMPVESTOS DEL PRIMERO GENERO.

Digo que ay unos verbos compuestos en los quales se pone el primero verbo en el preterito perfecto, y el segundo en la segunda persona del presente del indicatiuo, y estos son en tres maneras. Vnos ay que hazen el primero verbo tener significacion de participio, y otros que hazen el primero verbo tener significado de verbo y tambien de aduerbio. Pero ansi en los primeros como en los segundos, el segundo verbo se queda con significacion de verbo. Pero los terceros son que se componen con este verbo *uetzi*, el qual siendo el segundo verbo en la composicion haze que el primer verbo tenga signi-

---

lier les verbes en général avec les verbes irréguliers. Même observation pour la syllabe *ca* de l'alinéa suivant, considérée comme la terminaison du plus-que-parfait, tandis que c'est la ligature admise pour unir les verbes en général. (Voir en particulier le *Compendio*, par Paredes, p. 75 et 78.)

ficado de verbo, y el verbo *uetzi,* que se pone despues, tenga significacion de aduerbio.

Viniendo al primero, los que hazen al primer verbo, con quien se componen, tener significacion de participio son los siguientes :

Nicah. — Los verbos que se componen con este verbo *nicah,* que quiere dezir estar, tienen significado de participio poniendo el primero verbo en el preterito perfecto, y despues añadiendo el verbo *nicah* en la segunda persona del presente del indicatiuo, y significa todo el verbo compuesto estar haziendo lo que significa o importa el primero verbo: Ex.: *nitlachixticah,* estoi mirando.

Nicac. — Los verbos que se componen con este verbo *nicac,* que quiere dezir estar en pie, tienen significado de participio poniendo tambien el primero verbo en el preterito perfecto y el verbo *nicac* en la segunda persona del presente de indicatiuo, significa todo el verbo compuesto estar haziendo en pie lo que significa el primero verbo. Ex.: *nitlaquaticac,* estoi comiendo en pie.

Nonoc. — Los verbos que se componen con este verbo *nonoc,* que quiere dezir estar echado, o estar muchas personas juntas, tienen el significado de participio, y poniendo el primero verbo en el preterito perfecto se pone este verbo *nonoc* en la segunda persona del singular del presente de indicatiuo. Pero es de notar que, entre los compuestos del verbo *nicah* que ya emos dicho, solo este verbo *nonoc,* en la composicion, se pone syncopado. Ex.: *niuetztoc,* estoi echado, o caydo, y auia de dezir para seguir la regla de los otros verbos : *niuetztonoc;* y el significado de todo el verbo compuesto sera estar echado haziendo lo que el primero verbo significa o importa. Ex.: *nicochtoc,* estoi echado dormiendo.

Mani. — Los verbos que se componen con este verbo *mani,* que significa estar la cosa de llano o tendida, como manta, papel, o agua en vasija llana, etc., estos tienen tambien significado de participio, y poniendo el primero verbo en el preterito perfecto y el verbo *mani* en la segunda persona del presente del indicatiuo significa todo el verbo compuesto estar haziendo lo que significa el primer verbo con la disposicion o manera que por este verbo *mani* se importa. Ex.: *tentimani,* esta lleno en vasija ancha, o laguna. Con algunos verbos dizen: *timomani*[1].

Ninemi. — Los verbos que se componen con este verbo *ninemi,* que quiere dezir andar, tienen tambien significacion de participio, y añadese la segunda persona deste verbo al preterito perfecto del primero verbo con quien se compone, y todo el verbo compuesto quiere dezir andar haziendo lo que el primero verbo significa o importa, y estos son muy usados. Ex.: *nitemachtitinemi,* ando predicando.

Niauh. — Los verbos que se componen con este verbo *niauh,* que significa yr, tienen tambien significado de participio, y puesto el primero verbo en el preterito perfecto, este verbo *niauh* se auia de poner como los demas en la segunda persona del presente del indicatiuo. Pero ay que notar en este verbo lo mesmo que emos dicho del verbo *nonoc,* y es que por syncopa se perdio la *a* de en medio y queda en la segunda persona no mas de *tiuh.* Y el significado de todo el verbo compuesto sera yr haziendo lo que importa o significa el primero verbo. Ex.: *nitlaquatiuh,* voy comiendo; y auia de dezir, para seguir la regla de los otros, *nitlaquatiauh.*

Niuitz. — Los verbos que se componen con este verbo

---

[1] Cette phrase est du manuscrit MN.

niuitz, que quiere dezir venir, tienen tambien significado de participio y añadese la segunda persona del presente del indicatiuo deste verbo al preterito perfecto del primero verbo con quien se compone, y quiere dezir todo el verbo compuesto venir haziendo lo que el primero verbo importa. Ex.: *niqualantiuitz,* vengo enojado.

Quando a estos verbos sobre dichos se juntan otros verbos, tienen significado de participio los primeros verbos. Y estos que se ponen despues tienen significacion de verbos, como parece en los exemplos ya dichos. Pero quando se pone primero algun verbo y despues se sigue alguno de los que aqui se diran, unas vezes el primero verbo tiene significado de verbo, y tambien el segundo; otras vezes el primero tiene significado de verbo o aduerbio indiferentemente y el segundo de verbo; y otras vezes el primero tiene significado de verbo, y el segundo de aduerbio, segun que pareciera.

Naci. — Los verbos que se componen con este verbo *naci,* que quiere dezir allegar, tienen significado de verbo solamente, y puesto el primero verbo en el preterito perfecto, como esta dicho, y añadiendo la segunda persona del presente del indicatiuo deste verbo *naci,* significa todo el verbo compuesto allegar a alguna parte a hazer lo que el primero verbo importa. Ex.: *nitlaquataci,* llego a comer [1]. Y con este verbo *naci,* assi el primero verbo que con el se compone como el mesmo verbo *naci* tienen significacion de verbos, como parece en el exemplo ya dicho.

Neua. — Los verbos que se componen con este verbo *neua,* que significa partome, tienen significado de verbo, y significa todo el verbo compuesto hazer algo y luego leuantarse, o partirse. Ex.: *oquitoteuac*[2], dixolo y partiose, o fuese. Pero tambien

---

[1] *Var.* «en llegando como.» Manuscrit MN.
[2] Le premier verbe est *itoa,* dire; prétérit, *ito.*

los verbos que se componen con este verbo *neua* quedan con el significado de verbos, y el verbo *neua* puesto en la segunda persona del presente de indicatiuo y añadiendole al preterito perfecto del otro verbo, tiene el primero significacion de verbo, y el verbo *neua* significado de aduerbio. Y ansi tambien quiera dezir hazer de presto lo que el primero verbo significa. Ex.: *ninoquetzteua,* leuantome de presto, o leuantome y partome.

Niquiça. — Los verbos que se componen con este verbo *niquiça,* que quiere dezir salir, tienen significado de verbo, y todo el verbo compuesto significa hazer algo e yrse, o passar de camino. Ex.: *oquitotiquiz,* dixolo yendo de camino; y tambien parece este ser significado de aduerbio que es, dezir algo de passo o de camino. Tambien algunas vezes este verbo *niquiça* compuesto con otro verbo tiene significacion de puro aduerbio, y quiere dezir todo el verbo compuesto hazer lo que el primero verbo importa de presto, o sin deliberado acuerdo. Ex.: *oquitotiquiz,* dixolo de presto, inconsideradamente.

Niuetzi. — Los verbos que se componen con este verbo *niuetzi,* que quiere dezir caer, tienen significado de verbo, y el verbo *uetzi* muda su significacion de verbo en significado de aduerbio, y quiere dezir todo el verbo compuesto hazer lo que importa el primero verbo de priesa, o apresuradamente. Ex.: *nitlaquatiuetzi,* como de presto, o arrebatadamente.

DE LOS VERBOS COMPVESTOS DEL SEGVNDO GENERO.

Los verbos compuestos del segundo genero, esto es que el primero verbo se pone en el preterito plusquamperfecto, y el segundo en la tercera persona del presente del indicatiuo, son en tres maneras: unos ay que se quedan el primero y segundo verbo con significacion de verbo; otros ay que hazen el primero verbo tener significado de aduerbio quedandose el segundo con significacion de verbo; otros ay que hazen el primero verbo tener significado de nombre y el segundo se queda con la significacion de verbo. Y de todas estas tres diferencias se pondran exemplos.

Nitlamati. — Este verbo *nitlamati*, que quiere dezir saber o sentir algo, tiene en la composicion significacion de verbo, y tambien el verbo, con quien se junta, queda con significado de verbo, y quiere dezir todo el verbo compuesto saber algo en la manera que el primero verbo importa o significa. Ex. : *nicacicamati*, alcançolo todo a saber.

La segunda diferencia es de los verbos compuestos que hazen al primero verbo tener significacion de aduerbio, y el segundo se queda con significado de verbo; y estos son los que al principio diximos que en algunos verbos compuestos se tomaua el preterito plusquamperfecto en lugar de aduerbio. Y estos verbos, que se quedan con significacion de verbo y hazen al verbo con quien se juntan tener significacion de aduerbio [1], son los siguientes :

Nitecelia. — Los verbos que se componen con este verbo *nitecelia*, que quiere dezir rescebir a alguno, tienen significado de aduerbio, y puesto el primero verbo en el preterito plusquamperfecto, y el verbo *nitecelia* en la tercera persona del presente, como esta dicho, todo el verbo assi compuesto significa rescebir algo con la passion o operacion que el primero verbo importa. Ex. : *nitlapaccacelia* [2], rescibo algo alegremente.

[1] Les deux manuscrits portent à tort *verbo*.
[2] Le premier verbe est *nipaqui*, se réjouir; prétérit, *onipac*.

Nicihyouia. — Los verbos que se componen con este verbo *nicihyouia*, que quiere dezir padecer, tienen significado de aduerbio, y significa todo el verbo compuesto sufrir, o padecer algo con la passion, o operacion que importa el primero verbo. Ex.: *nitlaocuxcaihiyouia* [1], padecer, o sufrir algo tristemente, o con tristeza.

Nitlacaqui. — Los verbos que se componen con este verbo *nitlacaqui*, que quiere dezir oyr o entender, tienen significado de aduerbio, y significa todo el verbo compuesto oyr o entender algo con la passion o operacion que el primero verbo importa. Ex.: *nitlapaccacaqui*, oygo algo alegremente, o con alegria.

Niteitta. — Los verbos que se componen con este verbo *niteitta*, que quiere dezir ver algo, tienen tambien significado de aduerbio, y significa todo el verbo compuesto ver alguna cosa con la passion o operacion que el primero verbo importa. Ex.: *nitlapaccaitta*, miro algo alegremente [2]; — *nicqualancaitta*, miro a aquel con enojo.

La tercera diferencia de los verbos es de los que hazen al primero verbo tener significacion de nombre, y ellos se quedan con significacion de verbo. Pero es de notar que, quando se juntan estos tales verbos a otros verbos en composicion, por la mayor parte han de tener los pronombres *nino, timo, mo,* etc.; y estos, que ansi se componen, son los siguientes :

Nequi. — Los verbos que se componen con este verbo *nequi*, que en composicion quiere dezir fingirse, tienen significado de nombre, y como es dicho al primero verbo con quien se componen han de anteponer los pronombres reflexiuos, y

---

[1] Le premier verbe est *nitlaocuya*, être triste; prétérit, *onitlaocux*. Le second verbe *ihiyouia* est écrit *hiyouia* sur le manuscrit BN.

[2] Ce premier exemple n'est pas dans le manuscrit BN.

en estos verbos, como esta dicho, el primero ha de estar en el preterito plusquamperfecto del indicatiuo, y luego añadir el verbo *nequi*, y significa todo el verbo compuesto fingirse ser tal como por el primero verbo se importa, boluiendo la significacion de verbo en significacion de nombre. Ex.: *ninomiccanequi*, fingome muerto, y tambien dizen *ninomiccanenequi*, redoblando la prima sillaba del *nequi*, y es el mesmo significado; — *ninoyacanequi*, fingome yr adelante.

Tlapiquia. — Los verbos que se componen con este verbo *tlapiquia*, que en composicion quiere dezir fingirse o mentirse ser tal, tienen significado de nombres, y tambien se les an de anteponer los pronombres *nino, timo, mo,* etc. Y el significado de todo el verbo compuesto es el mismo que emos dicho de *nequi*, vel *nenequi*, que es fingirse ser tal como por el primero verbo se importa, mudando la significacion de verbo en significacion de nombre. Ex.: *ninocucuxcatlapiquia*, fingome enfermo.

Y es de notar que estos dos verbos sobre dichos tambien se componen con nombres y tienen el mesmo significado compuestos con nombres, que tienen quando se componen con otros verbos, y tambien resciben al principio los pronombres *nino, timo, mo,* etc., y quiere dezir todo el verbo compuesto fingirse ser tal como por el nombre con quien se compone significa. Ex.: *moquichnenequi*, fingese ser hombre. Y esto baste desta manera.

Y de como estos verbos compuestos, assi los de primero genero como del segundo, hazen en el impersonal esta dicho en el capitulo quarto en esta segunda parte [1], y mirese que es bien de notar.

Tambien ay algunos verbos que se componen con nombres

---

[1] Page 102.

numerales, y estos tales significan la accion o operacion del verbo en aquel numero y no mas que el nombre numeral importa. Ex. : *nitlaomepia*, guardo dos; *nitlaontlalia*, pongo dos. La formacion destos es lo que se dixo en el capitulo passado hablando de los verbos que se deriuan de nombres numerales [1].

CAPITVLO DECIMO TERCIO.

DE LOS VERBOS REVERENCIALES.

Esta materia de los verbos reuerenciales es muy necessaria y muy usada y por esso se deue denotar.

Quanto a lo primero es de saber que, para hazer que un verbo que en si no importa cortesia ni reuerencia se haga reuerencial, son menester dos cosas : lo primero que se antepongan al verbo simple los pronomres reflexiuos *nino*, *timo*, *mo*, etc.; lo segundo es menester que al fin del verbo simple se añada alguna particula; y con estas dos cosas el verbo simple se haze reucrencial. Pero es de notar que, aunque en el verbo reuerencial no se ponga el *nino, timo, mo*, etc., para denotar reflexion como en otros verbos porque no significa mas *nitetlaçotla* que *ninotlaçotilia*, dexada la reuerencia a parte, empero y aunque esto sea ansi, tambien el verbo reuerencial se podra hazer reflexiuo, si le quitamos las particulas *te, tla*. Ex. : *nitetlaçotilia*, yo amo a alguno; *motlaçotilia*, aquel se ama. Y ansi dezimos : *motlaçotilia in Dios*, amase Dios.

Tambien es de saber que, quando en estos verbos reuerenciales despues de los pronombres *nino, timo*, etc. se siguiere algun verbo que comiençare en vocal, por la mayor parte se

[1] Page 145.

quedara el pronombre entero, y el verbo no perdera tampoco la vocal en que comiença. Ex. : *nitlaezhuia,* ensangrentar algo; *nicnoezhuilia notilhma,* ensangriento mi manta.

Pero algunas vezes se pierde la vocal del verbo, y queda el pronombre, con la *o.* Ex. : *niquilhuia,* yo le digo algo, y el verbo es *ilhuia;* si le hago reuerencial, dire : *nicnolhuilia in Pedro,* digose lo a Pedro. Otras vezes se perdera la vocal del pronombre y la consonante, que queda, herira en la vocal del verbo. Ex. : *aauia,* alegrarse; *mauuilhtia,* aquel se alegra. Yten es de saber que, quando despues del verbo reuerencial se sigue persona que padece expressa, entonces el *c, qui, quin,* que denotan la tal persona que padece, se pondran entre el *ni* y el *no* del pronombre. Ex. : *nicnotlaçotilia in Dios,* amò a Dios. Y lo mesmo se haze con los pronombres *nech, mitz,* etc. Ex. : *nimitznotlaçocamachitia,* yo te lo agradezco. Pero quando con los dichos pronombres se juntan las particulas *te, tla,* entonces se antepondran los pronombres *nino, timo,* etc. a las tales particulas. Ex. : *timotetequipachilhuia* [1], aflixes a alguno; — *timotlapielia,* guardas, señor, algo. Y como los dichos pronombres se han de auer con otras particulas o aduerbios, que se anteponen o entreponen a los verbos, esta dicho en el capitulo octauo desta segunda parte [2].

Lo segundo que es menester para hazer el verbo simple reuerencial es añadirle al fin una destas particulas *lia, ltia, tia, huia, tzinoa,* porque los verbos para hazerse reuerenciales no pueden estar sin una destas cinco particulas.

Y para ver que verbos tomaran las unas y quales las otras se ponen las reglas siguientes.

[1] De *tequipachoa,* composé de *tequitl,* charge, et de *pachoa,* imposer.
[2] Page 126.

DE LOS REVERENCIALES QVE SALEN DE VERBOS ACTIVOS.

PRIMERA REGLA.

Los verbos actiuos acabados en *a*, si tienen *i* antes de la *a*, perdiendo la *a* toman *lia*. Y si no tienen *i* antes de la *a*, bueluen la *a* en *i*, y sobre la *i* toman *lia*[1]. Y esto es lo mas comun y general. Ex.: *nitemachtia*, enseño a alguno; *ninotemachtilia;* — *nitlacuepa*, boluer algo; *ninotlacuepilia*, vel *pilhtia*. Y esta es la formacion mas comun y general, y aunque los acabados en *ya* y otros algunos sobre la *a* toman *lia*. Ex.: *nitlanamoya*, arrebatar; *ninotlanamoyalia;* — *niteiua*, enuiar a alguno; *ninoteiualia*, vel *ualhtia*, etc. — Sacase de la regla *nitlaqua*, que haze *ninotlaqualhtia*, vel *tilia*.

Pero y aunque lo dicho en la regla sea lo mas general, algunos verbos ay que con el *lia* tambien toman *tia*. Ex.: *nitlatilinia*, estirar algo; *ninotlatilinilia*, vel *ninotlatilinilhtia*, vel *ninotlatilinilhtilia*, etc.

Tambien ay otros verbos acabados en *a* que, con tomar *lia* y *ltia*, toman tambien *tia*. Ex.: *nitetlamaca*, dar algo a alguno; *ninotetlamaquilia, quilhtia, quitia.*

De la regla general se sacan los acabados en *tla*, *tza*, los quales bueluen las dichas sillabas en *chilia*. Ex.: *nitlaxotla*, rayar; *ninotlaxochilia;* pero *nitetlaçotla*[2] haze *ninotetlaçotilia*, vel *tilhtia*.

Tambien se sacan los acabados en *ça*, los quales perdiendo el *ça* toman *xilia*. Ex.: *nictlaça*, arrojolo; *nicnotlaxilia*. Y este verbo *nitetelicça*, que quiere dezir acocear, tambien haze *ninotetelicçalhtia*.

Sacanse tambien los acabados en *ca*, los quales bueluen el *ca* en *qui* y toman *lia*, *ltia*, *tia*, los mas dellos. Ex.: *nitlateca*, echar algo; *ninotlatequilia, quilhtia, quitia*. Sacase *nitlanelhtoca*,

---

[1] *Itta*, voir, fait *itztilia*, et non *ittilia*.
[2] Aimer quelqu'un.

creer, que no haze en *quilia*, sino solamente en *quilhtia*, *quitia*.

SEGVNDA REGLA.

Los verbos acabados en *oa* hazen en *huia*. Y la formacion mas comun y general dellos es boluer el *oa* en *al*, y añadir *huia*. Ex.: *niquitoa*, digo algo; *niquinitalhuia*. Y tambien algunos hazen en *ilhuia*. Ex.: *nitlapachoa*, cubrir algo; *ninotlapachilhuia*. Y estos por ser tan varios no se puede dar regla quales haran en *alhuia*, y quales en *ilhuia*. Pero por la mayor parte los verbos que antes de la ultima consonante tuuieren *a*, en el reuerencial bolueran el *oa* en *i*, y sobre la *i* tomaran *lhuia*. Ex.: *nitlanepanoa*, juntar o poner una cosa sobre otra; *ninotlanepanilhuia*.

Desta regla se sacan los acabados en *loa*, los quales perdiendo el *oa* toman *huia*. Ex.: *nitlacuiloa*, escriuir; *ninotlacuilhuia*, vel *huilia* [1].

Tambien se sacan los acabados en *tzoa* que por la mayor parte hazen el reuerencial en *alhuia*, *ilhuia*, y tambien perdiendo la *a* toman *ltia*. Ex.: *nitlapetzoa*, alisar algo; *ninotlapetzalhuia*, *tzilhuia*, *tzolhtia*.

Tambien se sacan los acabados en *noa*, *toa*, *xoa* que, guardando la regla general, tambien pierden la *a* y toman *ltia*. Ex.: *nitlatepitonoa*, achicar algo; *ninotlatepitonalhuia* [2], vel *olhtia*; — *nitlatoa*, hablar; *ninotlatalhuia*, vel *tolhtia*; — *nitlapipixoa*, esparzir cosas menudas; *ninotlapipixalhuia*, vel *xolhtia*, y tambien haze *xilhuia*. Pero algunas destas terminaciones no las tendran todos.

[1] Selon Paredes, *toloa*, avaler, fait *tololtia*. (Voir le *Compendio*, p. 95.)
[2] Les deux manuscrits écrivent, sans le pronom réfléchi *nino*, *nitlatepitonalhuia*, etc.

TERCERA REGLA.

Los acabados en *i* toman *lia* y tambien *ltia*, y estas dos terminaciones son las mas comunes. Y la formacion destos es añadir las dichas particulas sobre la *i*. Ex.: *nitlapi*, cortar verdura; *ninotlapilia*, vel *pilhtia*. Pero algunos ay que, teniendo estas dos terminaciones, toman tambien *tia*. Ex.: *nitlacui*, tomar algo; *ninotlacuilia, cuilhtia, cuitia;* — *nitlai*, hazer algo; *ninotlailia, ilhtia, itia*. Lo mesmo terna quando quiere dezir beber.

De la regla general se sacan los verbos acabados en *ci*, los quales perdiendo el *ci* toman *xilia*. Ex: *niteimacaci*, temer; *ninoteimacaxilia, xilhtia*. Tambien se sacan los acabados en *ti*, que perdiendo el *ti* toman *chitia*, vel *chialia*, vel *chielia*. Ex.: *nitetlacamati*, obedecer; *ninotetlacamachitia, ninotetlacamachialia*, etc. Pero algunos destos en *ti* variaran en otra manera [1].

DE LOS REVERENCIALES QVE SALEN DE VERBOS NEVTROS.

PRIMERA REGLA.

Los verbos neutros acabados en *a* por la mayor parte toman *ltia*. Y la formacion destos es como en los actiuos. Ex.: *aauia*, alegrarse; *ninoaauilhtia*, vel *ninaauilhtia*, etc. Esto es lo mas general. Pero algunos, con tomar *ltia*, toman *tia*. Ex.: *nipeua*, començar; *ninopeuilhtia, peuitia, peualhtia* [2].

Tambien ay algunos que con el *ltia* toman *lia*, y aunque sean neutros. Ex.: *nimaceua*, bailar; *ninomaceuilhtia*, vel *uitia*, vel *uilia*; el *uitia* no es mucho en uso [3]. Otros las toman todas tres en diuersas maneras. Ex.: *nitlauana*, emborracharme; *ninotlauanitia, nilhtia, nalhtia, uantia, uanilia;* — *nichoca*, llorar, haze *ninochoquilia, choctia, choquilhtia, choquitia;* — *tlatla*, arder, haze *ninotlatilhtia*, vel *tilia*, etc.

---

[1] *Mati*, savoir, connaitre, fait *machitia* ou *machiltia*.
[2] Le manuscrit BN porte: «*ninopeualhtia, peuatia, peualhtia.*»
[3] Cette remarque est tirée du manuscrit MN.

En estos que aqui he puesto podra ver cada uno la variedad que ay en estos reuerenciales neutros. Y la mesma, y aun mayor, la ay en los actiuos, y por esso tengo por cosa dificultosa que se pueda dar regla para todos, ni se pueda dezir la variedad que cada uno tiene, si no fuesse hablando de cada uno por si. Y esto seria mas hazer vocabulario que no arte; y por esso poniendo lo mas general por reuerencia, lo demas el uso lo dara a entender.

SEGVNDA REGLA.

Los verbos acabados en *oa* bueluen el *oa* en *al* y toman *huia*, y tambien perdiendo la *a* toman *ltia*. Ex.: *nineucxoa*[1], estornudar; *nineucxalhuia*, vel *xolhtia*. Sacase *ninotlaloa*[2], que haze *ninotlalochtia*, vel *lolhtia*.

Tambien se sacan los acabados en *poua* y *oua*, los quales hazen *ltia*, y tambien *lia*. Ex.: *cepoua*, entormecerse; *ninocepouilhtia*, *pouilia*; — *nixtlayoua*, no ver[3]; *ninixtlayouilhtia*, *uilia*. Y destas dos terminaciones y de las demas algunos haran en otra manera y seran varios.

TERCERA REGLA.

Los verbos acabados en *i* por la mayor parte toman *ltia*, vel *tia*. Y la formacion es como en los actiuos. Ex.: *niqualani*, yo me enojo; *ninoqualanilhtia*, *nitia*, *nalhtia*.

Sacase *miqui*, morir, que haze *ninomiquilia*, *quitia*. Tambien se sacan los acabados en *ci*, *tzi*, los quales perdiendo las dichas terminaciones toman *xilhtia*, vel *xitia*. Ex.: *naci*, allegar; *ninaxilhtia*, vel *xitia*; — *niuetçi*, caer; *ninouetçilhtia*, *uetçitia*.

Sacanse tambien algunos de los de *ui*, que hazen en tres ma-

---

[1] Le Vocabulaire de Molina donne *necuxoa* ou *nicuxoa* (1ʳᵉ et 2ᵉ partie).
[2] Signifie courir, fuir.
[3] Ou plus exactement, être aveuglé par la lumière.

neras, scil. *lia, ltia, itia.* Ex.: *nelhciciui,* sospirar; *ninoelhciciuilia, ilhtia, itia.*

Tambien se sacan los acabados en *ti,* que por la mayor parte sobre la *i* toman *lia.* Ex.: *nitlacati,* nacer; *ninotlacatilia;* — *ati,* derretirse; *moatilia;* — *qualhti,* hazerse bueno; *ninoqualhtilia.*

QVARTA REGLA.

Las reglas sobre dichas se an dado para los que toman al fin estas particulas *lia, ltia, tia, huia.* Resta agora que digamos a quien se puede juntar esta particula *tçinoa,* para lo qual es de notar que esta particula *tçinoa* se puede juntar a todos los verbos reuerenciales ya dichos, y a los demas que ouiere en las terminaciones dichas. Y la formacion sera, perdiendo la *a,* añadir el *tçinoa.* Y el significado sera denotar supremo genero de cortesia, reuerencia con el verbo a quien se ayunta. Ex.: *omotlacatilitçino in totecuyo,* nacio nuestro señor.

Tambien se junta esta particula *tçinoa* a verbos neutros que tienen *nino, timo, mo.* Ex.: *ninoçaua,* ayunar; *ninoçauhtçinoa.* Y esto es lo mas comun; y otros muchos verbos neutros, y aunque no tengan el *nino, timo,* etc., podran tomar el *tçinoa,* y tambien algunos verbos actiuos. Y aunque estos mas toman las particulas ya dichas que no el *tçinoa,* si no es sobre el verbo reuerencial, como esta dicho.

NOTABLES.

1º Y es de notar que a estos verbos reuerenciales, y aunque salgan de verbos actiuos, no se usa darles passiua ni impersonal, y aunque se le de mas en nuestro castellano y el verbo simple de donde se forma le tenga. Y ansi puesto caso que diximos: *nitlaçotlalo,* soi amado, no dire *ninotlaçotlilo,* y aunque algunos dizen que se puede dezir en la tercera persona de la passiua solamente. Ex.: *tlaçotililo yn Dios*, es Dios amado.

2° Es tambien de notar que muchos de los verbos reuerenciales, que salen de verbos neutros, se pueden hazer actiuos. Y esto se hara quitandoles los pronombres *no, mo, mo*, etc., y añadiendo las particulas *te*, vel *tla*. Ex: *ati* es verbo neutro, quiere dezir derretirse, su verbo reuerencial es *moatilia*; quitando el *mo* y anteponiendo *tla* se hara actiuo y diremos *nitlaatilia*, yo derrito algo; — *qualhti*, es hazerse bueno, *ninoqualhtilia* es su reuerencial, el actiuo sera *nitequalhtilia*, hazer bueno a otro. Y ansi como diziamos, en el capitulo undecimo desta segunda parte [1], que muchos verbos actiuos se pudian hazer neutros, ansi digo agora que muchos verbos neutros se podran hazer actiuos en la manera sobre dicha; lo qual se note tambien para la materia de los verbos.

3° Lo tercero es de notar que todos estos verbos reuerenciales acabados en *lia*, ansi los que salen de verbos actiuos como los que salen de neutros, quitandoles los pronombres *no, mo, mo*, etc. se pueden hazer verbos que rijan dos casos, esto es acusatiuo y datiuo, o acusatiuo y ablatiuo como dezimos en nuestro castellano : enseño a Pedro su hijo, tomo a Pedro la capa. Y es de notar questos dos romances: enseño al hijo de Pedro, y enseño a Pedro su hijo; tomo la capa de Pedro, o tomo a Pedro su capa, en esta lengua son muy diferentes. Pues para dezir estas tales oraciones donde ay estos dos casos ya dichos, se ha de añadir al verbo un *lia*. Ex.: para dezir: yo tomo a Pedro su manta, no se podra dezir por esto verbo *nitlacui*, que quiere dezir tomar, sino para regir estos

[1] Page 147.

dos casos ha se le de añadir esta particula *lia* al verbo *nitlacui*, y dize : *niccuilia Pedro ytilma;* y si digo : *niccui Pedro ytilma*, querra dezir : tomo la manta de Pedro. Y porque estos verbos reuerenciales, que salen de verbos actiuos por la mayor parte, sobre el verbo simple toman este *lia*, digo que a los tales verbos reuerenciales quitandoles los pronombres *no, mo*, etc. los haran verbos que rijan dos casos.

4° Lo quarto es de notar que a los reuerenciales acabados en *lia*, que salen de verbos actiuos, no es menester mas para hazerlos que rijan dos casos, sino quitarles los pronombres *no, mo, mo*. Ex. : *ninotlaçotilia* es reuerencial; *nictlaçotilia Pedro ypilhtzin*, amole a Pedro su hijo, rije dos casos.

Pero a los reuerenciales en *lia*, que salen de verbos neutros, es menester quitarles los pronombres y añadirles *te, tla*, y sobre todo esto añadirles otro *lia*, porque con las dos cosas primeras se hazen ellos actiuos y para hazerlos que rijan dos casos despues de hechos actiuos es menester añadirles otro *lia*. Ex : *qualhtia* es hazerse bueno; *nitequalhtilia* es yo hago bueno a alguno; para dezir : yo hago a Pedro bueno su hijo, dire : *nicqualhtililia Pedro ypilhtzin*; y si digo : *nicqualhtilia* [1], quiere dezir que hago bueno a su hijo de Pedro.

5° Y desto ultimo podremos sacar que quando el verbo actiuo tuuiere de suyo un *lia*, si le queremos hazer que rija dos casos, le pondremos otro *li* antes del *lia*, y si al tal verbo que rije dos casos le queremos hazer reuerencial, anteponerle emos los pronombres *no, mo*, etc. y añadirse a otro *li* que seran tres [2]. Ex. : *nitlacelia* es rescebir, tiene de suyo el *lia*; si quiero hazerle verbo que rija dos casos, dire : *niccelilia yn Pedro ynemac*, rescibole a Pedro su don; y si, con regir dos

---
[1] Le manuscrit MN met *nicqualhtililia*.
[2] *Var.* « que sera tercero. » Manuscrit MN.

casos, le quiero hazerle reuerencial, dire : *nicnocelililia Pedro ynemac*. Y esto baste con esta materia.

Aqui se acaba la segunda parte [1].

[1] A la suite de la deuxième partie, le manuscrit MN contient une page qui, sous le titre de Extrauagantes, mentionne quelques particularités. Mais, au style, nous croyons reconnaître que cette page n'est pas de A. de Olmos. Aussi, tout en la conservant, nous l'avons rejetée dans les notes.

EXTRAVAGANTES.

« Este verbo *nicnolhuia* hallo tener *c* sin tener persona, o caso que rija expresso, ni sufrirle, y quiere dezir *ninononutza*, tomo conmigo consejo o parecer; y lo mesmo sin la *c*, *ninolhuia*, aunque sin la *-c*, tambien quiere dezir *ninochicaua*, esforçarme haziendo algo rezio o con fuerça; assi no sufre la *c*. Podra ser auer otro alguno que no me ocurre, etc. Segunda persona, *ticmolhuia*; tercera, *quimolhuia*, etc.

« No me acuerdo si esta dicho que quando en el verbo se pone *c* siguiendose le *i* en el singular bien se sufre, aunque no se buelua la *c* en *qui*. Ex.: *niteyolalia*, vel *teyollo niotlalia*, consuelo a alguno; *nicyolalia yn Pedro*, vel *nictlalia yn yyollo yn Pedro*, consuelole; — plural, *niquiyolalia yn oquichtin*, consuelo los hombres. No sufre la *n*, *m*, antes de la *y*.

« De como se sacan aduerbios del preterito plusquamperfecto del indicatiuo de la boz actiua y se anteponen y entreponen con el verbo. Ex.: *tetlaçotlaca ninemi*, vel *nitetlaçotlacanemi*, biuo amorosamente; — *niyocuxcanemi*, *nitlapatca.*, *nipacta.*, biuo *quiete, pacifice*.

« De nombres hallo salir este exemplo : *tlaueliloc*, vellaco, toma *a*, y dize : *nitlauelilocanemi*, vel *tlaueliloca ninemi*, biuo vellacamente.

« De los de *liztli* pierden el *tli* y toman *tica*. Ex.: *tetlaçotlaliztica ninemi*, biuo amorosamente o con amor, porque mas parece estar *tica* en lugar de *cum*, preposicion, ambos sentidos puede tener. »

TERCERA PARTE.

Comiença la tercera parte en la qual se tratara de las partes de la oracion indeclinables, y de la orthographia, y tambien de algunas maneras de hablar ansi comunes como otras que usauan en su tiempo.

CAPITVLO PRIMERO.

DE LAS PREPOSICIONES.

Las preposiciones no se hallan por si solas en esta lengua, sino ayuntadas a los pronombres, o nombres, y algunas dellas se anteponen y posponen a los nombres, y las que se juntan solamente a los pronombres *no, mo, y,* siempre se pospornan a los tales pronombres, los quales con las preposiciones absolutamente puestos no denotan possession, antes estan en lugar de los primitiuos, pero denotarla han quando la preposicion se pospone al nombre, el qual tiene consigo el pronombre, como parecera mas claramente en los exemplos que se pornan, quando de cada una se tratara. Y es de notar que quando en el discurso desta materia se dixere que tal preposicion tiene dos, o tres, o mas romances, ha se de entender que sera en diuersas oraciones y no siempre en una; porque si tuuiere en una dos o tres, en otra no terna mas de uno, y por tanto bastara que todos los romances que le quadran se hallen o verifiquen dónde cupieren, ahora sea en una o diuersas oraciones; pero no cada qual indiferentemente quadrara con cada nombre, que da el uso [1].

---

[1] *Var.* "que da al uso esto." Manuscrit MN.

Ca. — Esta preposicion *ca* por si sola esta en lugar de quatro preposiciones : en, de, a, por. Ex.: *coyonqui*, agujero, o ventana; *coyonca*, en la ventana, de la ventana, a la ventana [1], y por la ventana; y puesto el nombre con el pronombre, dizen *nocoyonca*, en mi ventana, de mi ventana; — *çacen teixcueyunca*, vel *çacen neixcueyunca*, vel *çacen neixcueyuniliztica totlatzontequiliz Dios*, en un momento o en cierra y abre el ojo juzgara Dios.

Con el pronombre *y* en la tercera haze *yca*, la qual distinta se antepone y pospone al nombre y algunas vezes pospuesta perdiendo el nombre letras haze *tica* [2], porque ruede mejor esta *yca*, vel *tica*, vale por cinco preposiciones, scil. con, en, de, por, *propter*. Exemplo de todo : *yca tetl*, con la piedra, y pospuesta dizen : *tetica*, vel *tetl yca*. Y quando esta en lugar de *cum* no se usa sino en la tercera del singular y plural de los pronombres *no, mo, y*. Exemplo del plural : *ynca pipilhtin*, vel *pipilhtin ynca mochiuaz y*, con los principales o por mano de los principales se hara esto ; — *apilolhtica ycac yn atl*, en el xarro esta el agua. Y si esta en xicara o escudilla, dizen : *caxtica* [3] *mani yn atl*; — *noca uetzca Pedro*, riese de mi Pedro; — *moca onicchiuh*, por ti lo hize [4]. Varianse esta y las demas, que se juntaren con los pronombres, desta manera : singular, *noca, moca, yca*; — plural, *toca, amoca, ynca*.

---

[1] Cette ligne, à partir de *coyonca*, a été omise sur le manuscrit BN.

[2] C'est encore la ligature *ti*, si souvent employée pour l'euphonie. (Voir la note 3, p. 152.) — La préposition *ca*, jointe au mot *ilhuitl*, jour, en composition avec les noms de nombre, indique une durée, un espace de temps : *yeilhuitica*, le troisième jour, au troisième jour ; et en redoublant la première syllabe du nom de nombre : *yeyeilhuitica*, de trois en trois jours ; — *cacaxtolilhuitica*, de quinze en quinze jours, etc.

[3] Tous les noms joints à cette préposition prennent la ligature *ti*, excepté *otli*, chemin, qui fait *otlica*, par le chemin.

[4] Le manuscrit MN ajoute : «o para ti.»

C, co. — Estas dos significan : en, de, por, a la. Ex.: *tepexitl*, peña; *tepexic*, de la peña, en la peña; — *tlapantli*, açotea o terrado; *tlapanco*, del terrado, en el terrado, por el terrado.

Y es de notar que para se juntar estas preposiciones a los nombres ay esta diferencia que, quando el nombre perdido lo que ha de perder quedare en consonante, siempre el tal nombre tomara el *co;* pero quando quedare en vocal por la mayor parte tomara la *c,* como parece en los exemplos ya dichos [1].

Copa, cacopa. — Estas estan en lugar de de, *ad.* Ex.: *noyolocopa,* vel *noyolocacopa,* de mi corazon o voluntad; pero quando se ha de ayuntar solamente a los pronombres ha se le de anteponer la preposicion *tech.* Ex.: *notechcopa tlatoa yn Pedro,* habla de mi Pedro; — *ylhuicacopa uala in angel,* del cielo vino el angel; — *ylhuicacopa nitlachia,* miro al cielo, o hazia el.

Cpac [2]. — Esta significa encima o sobre, dizese de cosas que estan altas enhiestas como arbol, sierra. Ex.: *nocpac,* sobre mi, scil. en lo alto de la cabeça; — *tepetl icpac,* en lo alto de la sierra.

Ycampa. — Esta significa detras. Ex.: *nicampa* [3], detras de mi; — *teicampa,* detras de alguno, o algunos.

Yntlaca. — Esta parece estar en lugar de sin. Ex.: *yntlaca neh amo tiaz,* sin mi no te yras; — *yntlaca tlaxcalli amo nitlaquaz,* sin pan no comere. Otras vezes, es aduerbio, y

---

[1] *Tletl,* feu, fait *tleco,* dans le feu.

[2] Mis pour *icpac;* seulement, en composition avec les pronoms *no, mo, i,* etc. la voyelle initiale s'élide : *nocpac,* pour *no-icpac;* mais avec le pronom indéfini *te,* on dit : *teicpac,* sur les autres. Avec les noms, il faut la ligature *ti : tepeticpac,* sur la montagne; *tlalticpac,* sur la terre.

[3] Pour *no-icampa. Icampa,* derrière lui, en son absence, est mis pour *iicampa.* Cette préposition s'emploie au propre et au figuré : *ma micampa xitlachia,* regarde derrière toi, ou examine ta vie passée.

entonces significa *nisi;* y por tal parece mas estar o tomarse siempre [1].

La, pa. — Estas tienen estos romances: en, de, por, a. Ex.: *milli,* heredad; *milla,* en la heredad, de la heredad, por la heredad, a la heredad; *milhpa,* en la heredad, etc. La dicha preposicion *pa* juntada a los nombres verbales acabados en *liztli,* perdiendo el *tli* estara solamente en lugar de en. Ex.: *neçaualiztli,* ayuno; *neçaualizpa,* en el ayuno. Y anteponiendo este aduerbio *ye* terna el romance del gerundio de genitiuo. Ex.: *ye neçaualizpa,* ya es tiempo de ayunar. Yten *pa* armada sobre otra preposicion significa hazia. Ex.: *Mexicopa itztiuh Pedro,* hazia Mexico va Pedro: — *Tetzcucopa ualitztiuh Iuan,* de hazia Tetzcuco viene Iuan. Con algunos nombres tales, aunque pocos, usan syncopados poner la dicha *pa,* y por ventura alguno otro que no ocurre. Ex.: *cochiztli,* vel *cochiliztli,* dormicion; *tecochpa,* en la tal dormicion de algunos; *nocochpa,* en mi sueño, o dormicion; pero *cochpa* no se dize, sino *cochizpa,* vel *cochilizpa;* — *nemachpa,* pro *nemachilizpa,* etc. con los pronombres [2].

N. — Esta parece estar en lugar de preposicion con este nombre *chan,* que sin el pronombre no significa nada, y con el quiere dezir casa, y con los verbales que salen del preterito imperfecto del indicatiuo de la boz actiua, la qual *n* denota estar en lugar destas preposiciones: en la, por la, a la, de la. Exemplo de todas: *nochan oniuala,* de mi casa vine; — *nocochian,* en mi camara donde duermo. Y si dixeren que la *n* no haze al caso, han de suplir de necessidad las dichas preposiciones en estos dos nombres.

Nauac, tlan, tloc. — Estas significan cerca, con. Ex.: *nonauac,*

[1] Cette dernière phrase est tirée du manuscrit MN.
[2] Cet alinéa est tiré du manuscrit MN. (Voir ci-après la note 1, p. 176.)

cerca de mi; — *notlan ximotlali*, sientate cabe mi; — *notloc ximonemiti*, biue conmigo. *Nixnauac*, dizen. *Cuix nixnauac?* quiere dezir lexos es de mi donde yo no se [1].

Nalhco. — Esta significa lo que *ultra, citra*, id est de la otra parte o desta parte del rio. Y ansi mesmo incluye las otras quatro preposiciones: a, por, de, en. Ex.: *analhco motlalia yn Pedro*, de la otra parte del agua o del rio esta Pedro; — *ualanalhco motlalia in Iuan*, desta parte del rio esta Iuan: — *analhco* [2] *niualauh*, desta o de la otra parte del rio vengo, etc. Y no se usa a otra preposicion ni con otro nombre, si no es con *atl*.

Nepantla, tzalan. — Estas significan en medio o entre. *Nepantla* por si sola es aduerbio y ayuntada a los pronombres *to, amo, yn*, en el plural, sera preposicion y estara en lugar de en, o entre. Ex.: *tonepantla ycac Pedro*, en medio de nosotros, o entre nosotros esta Pedro; — *tetzalantzinco motlalia in Iuan*, entre algunos esta Iuan [3].

Palh. — Esta tiene lugar de por, con. Ex.: *nopalh tinemi*, por mi biues, o conmigo; y diciendo *ypalhtzinco in Dios tinemih*, biuimos por Dios; — *ypalhtzinco in Dios amo onicchiuh*, por Dios que no lo hize. Aqui es juramento.

Pampa. — Desta usan en lugar de *propter*, de. Ex.: *nopampa*

[1] La fin de cet alinéa, à partir de *nixnauac*, est extraite du manuscrit MN. — *Nixnauac*, près de ma face, devant moi, se compose de *no, ixtli, nauac*. — *Tlan* se joint aussi aux substantifs : *nocaltitlan*, près de ma maison; — *mocxitlan*, à tes pieds. — De *tloc* et de *nauac* viennent *tloque, nauaque*, qui servent à désigner Dieu. (Voir ci-après, p. 221, et le *Compendio*, par Paredes, p. 43.)

[2] Cette préposition *nalhco* ou *nal* se compose aussi avec quelques verbes : *nalquixtia-nitla*, traverser une chose de part en part; — *nalquizcamati-nitla*, savoir, comprendre une chose parfaitement. (Voir le Vocabulaire de Molina.)

[3] Ces deux prépositions se composent aussi avec les noms : *Tlalnepantla*, au milieu de la terre; *Quauhtzalan*, au milieu des arbres, sont deux noms de ville.

otiuala, por mi. o por amor de mi veniste; — *yxtli*, cara, dizen: *teixpampa neua,* huyo de la cara o presencia de alguno. Pero quando esta preposicion se ayunta al pronombre *y* en el singular algunas vezes estara en lugar del aduerbio *ideo*, o de la conjuncion *quia.* Ex. : *ypampa in otitlatlaco, amo nimitzmacaznequi,* porque pecaste, no te lo quiero dar.

Pan. — Esta usan en lugar de las preposiciones : en, sobre, delante, con, de. Ex. : *nopan omochiuh,* en mi tiempo, o sobre mi, o delante de mi se hizo o acaescio; — *ypan tilhmatli tiualaz,* vernas con la manta, scil. vestido; — *teixpan neua,* partome de la presencia de alguno [1].

Tech, techpa [2]. — Estas preposiciones estan en lugar de en, de, a, cerca, con. Exemplo de todos : *notechpa yn tilhmatli*, en mi esta la manta; — *notech timixcuitiz,* tomaras exemplo de mi; — *motech niccaua in tequitl,* a ti dexo el cargo; — *notech timopachoz,* llegar te has cerca de mi; — *motech ninomati,* contigo me hallo bien; — *notechpa xipuui,* se conmigo, o de mi parte, o vando; — *notech,* vel *notechpa titlatlamia,* acusasme de falso testimonio, o levantasme lo.

Y es de notar que quando *ytech* se pospone a alguno nombre toma *t* que hiere al pronombre *y*, y dize *titech.* Ex. : *calhtitech xicquetza yn quauitl,* pon el palo enhiesto cabe la casa, scil. arrimado.

Tla. — Esta preposicion esta en lugar de a, por, en, de,

---

[1] Cette préposition se rencontre fréquemment jointe aux noms : *Tlalpan* (*tlalli-pan*), sur la terre (c'est aussi un nom de ville); *apan* (*atl-pan*), dans l'eau, sur l'eau. Elle est surtout unie aux substantifs verbaux finissant en *liztli* : *neçaualiztli*, jeûne, *neçaualizpan*, en temps de jeûne. Olmos paraît avoir distingué *pan* de *pa*, tout en lui donnant le même sens. (Voir, p. 174, le paragraphe *La, pa.*)

[2] Il y a aussi *techcopa* : *itechcopa nitlatoz in teotlaneltoquiliztli,* je parlerai sur la foi.

y se junta a los nombres aunque tengan los pronombres. Ex.: *quauitl*, arbol: *quauhtla*, en el monte, por el monte, etc.: — *noquauhtla*, en mi monte [1].

Van. — Esta significa con : *mouan nitlaquaz*, contigo comere; — *nouan tiaz*, conmigo yras.

Vic, uicpa. — Estas significan cerca, de, a, contra, por, hazia. Ex : *nouic*, vel *nouicpa ximotlali*, sientate cerca de mi [2]; — *yuic*, vel *yuicpa oninomaquixti yn diablo*, libreme del diablo; — *nouic*, vel *nouicpa ximoquetza*, llegate a mi, ayuda me; — *yuic ninoquetza*, soi contra aquel, o por el, como quadrara el proposito de que se habla; — *yuicpa onitlatlaco yn Dios*, peque contra Dios; — *yuicpa xitlachiacan yn Dios*, mirad hazia Dios, o volue os a Dios [3].

Ytic. — Yten es de notar que para dezir dentro de lo interior de alguna cosa, scil. ay esto, etc., toman esta preposicion *c* con este nombre *ytitl*, vel *ytetl* que significa vientre o lo interior del cuerpo, y perdido el *tl* del nombre y ayuntado todo al pronombre estara en lugar de *intra* vel *intus*. Ex.: *nitic*, dentro de mi: — *calitic*, dentro de la casa. Y assi de las otras cosas [4].

Teputzco, cuitlapan. — Yten estas dos preposiciones *co*, *pan*, con estos dos nombres *teputztli* que es lomo, y *cuitlapantli* que

[1] *Tla* marque surtout quantité, abondance : *tetl*, pierre; *tetla* ou *tetetla*, lieu pierreux. (Voir le *Compendio*, par Paredes, p. 40, et le Vocabulaire de Molina.)

[2] Le manuscrit MN porte ici : « Tlaxcala. »

[3] On dit aussi *uiccopa*. *Uic* se joint quelquefois aux substantifs : *ahuic* (*atl-huic*), vers l'eau; mais plus souvent on voit dans ce cas *uicpa*, *uiccopa*, ou par transposition, *pauic*, *copauic*. (Voir le *Compendio*, par Paredes, p. 43 et 199.) Cette préposition est surtout employée avec les verbes *eua*, *quetza*, *quixtia*, qui prennent divers sens. (Voir le Vocabulaire de Molina aux mots *teuic*, *teuicpa*.)

[4] On disait indifféremment *itic*, *itec*. *Nitic*, en moi, est pour *no-itic*; mais, avec la seconde personne *mo*, la voyelle initiale *i* s'élide : *motic*, en toi.

es espalda, juntado todo a los pronombres, y perdido lo que han de perder los nombres, valen tanto como detras de alguna cosa. Ex.: *noteputzco*, detras de mi, o a mis espaldas, etc.; — *ycuitlapan yn tepetl*, detras de la sierra.

Quac [1], *tçonco*. — Yten estas preposiciones *c, co, tla,* con estos nombres *tçontli*, cabello, *quauitl*, arbol, perdiendo lo que han de perder con los pronombres, significan todo junto lo que esta preposicion *super*, o lo alto de la cosa, o el cabo della. Ex. [2]: *yquac yn tlacatl*, sobre la persona, scil. la cabeça, o en, etc.; — *ytçonco yn quauitl*, sobre el arbol, o en lo alto del; — *notçontla*, vel *noquatla*, a mi cabecera, o por mi cabecera, etc.

Ixnauac, ixpan, ixtlan. — Yten estas preposiciones *nauac, pan, tlan* ayuntadas a este nombre *yxtli* que significa cara o rostro, y perdido lo que ha de perder el nombre con el pronombre, querran dezir todo junto *coram*, delante. Ex.: *nixnauac*, delante de mi [3]; — *mixpan*, delante de ti; — *yxtlan*, delante de aquel.

E assi mesmo es de notar que esta particula *tçinco* se añada por reuerencia o diminucion quasi a todas las preposiciones ya dichas, y a algunas les haze perder letras, excepto *ca, co, yntlaca, nalhco* que no la pueden rescebir.

Yten es de notar que los nombres de pueblos con sus preposiciones, segun la sentencia o romance les dieren, podran estar substantiuados; a vezes tambien algunos otros locales, como algunos lo sienten, como *xuchitla*. Exemplo de los

---

[1] Du substantif *quaitl*, tête, sommet, et non de *quauitl*, arbre, qui donnerait *quauhco*, au lieu de *quac*. (Voir plus haut les prépositions *c, co*.)

[2] Var. «*yquac in quauitl*, vel *izcaloca*, vel *ytçonco yn quauitl*,» etc. Manuscrit MN.

[3] Var. «*nixnauac, cuix nixnauac?* pues es ante mi notorio? quiere dezir lexos es donde yo no se, *ut supra*.» Manuscrit MN. (Voir la préposition *nauac*, p. 174.)

pueblos: *Mexico quipanauya yn Tetzcuco ynic uey altepetl*, Mexico excede a Tetzcuco en ser mayor pueblo [1].

CAPITVLO SEGVNDO.
DE LOS ADVERBIOS EN GENERAL.

Quanto a los aduerbios es de notar que algunos son proprios y otros deriuados de verbos o de nombres. Algunos se hallan por si solos antepuestos por la mayor parte a los verbos y otros enxertos con los verbos. Y porque seria prolixidad ponerlos aqui todos, notar se han algunos remitiendo los demas al vocabulario.

A quatro diferencias se pueden reduzir los aduerbios a equiuocos o de diferentes significaciones, y a locales, temporales y numerales; de los primeros se pornan algunos y de los otros los mas necessarios.

DE ALGVNOS ADVERBIOS EQVIVOCOS Y DE OTROS COMVNES.

A. — Este esta syncopado en lugar de *amo*, que quiere dezir no, y anteponese y posponese a verbos y nombres. Ex.: *aqualli*, vel *amo qualli*, no es bueno; — *anitlacaqui*, no entiendo, o no oyo. Otras vezes ponen la *a* en fin de nombre o verbo, para llamar o pedir. Ex.: *atl a, xiccaqui a*, id est hao [2].

Achto, acachto, acachtopa. — Estos quieren dezir primeramente [3].

Aço. — Este, segun Mexico, quiere dezir por ventura respon-

---

[1] Cet alinéa est tiré du manuscrit MN.
[2] Cette fin, à partir de Otras vezes, est tirée du manuscrit MN.
[3] On dit aussi : *acatto, yacatto, yacattopa*, et ces divers adverbes sont souvent précédés de l'adverbe *oc* : *oc achto, oc acatto*, etc.

diendo o dubdando; pero segun otros pueblos, como Çacatlan, esta en lugar de no negatiue [1].

Aic. — Nunca.

Amono. — Este con el verbo parece tener dos sentidos contrarios. Ex.: *amono oncah tlaxcalli?* pues no ay pan? como si dixese si ay; en la segunda manera quiere dezir: ni tampoco ay pan. Lo mesmo significa *amonoço*, en el primer sentido.

Anca. — Este, a vezes, parece estar en lugar de *aço*, por ventura [2].

Aquen. — *Aquen ninochiua*, ninguna enfermedad ni mal siento; — *aquen nicah*, bueno estoi; — *aquen nopan*, no se nada, scil. de lo que dezis, o no es mi culpa.

Aucmo [3]. — Este dizen en lugar de no, para dezir que no hara otra vez lo que queria hazer o hizo. Ex.: *aucmo nicchiuaz*, no lo hare, scil. otra vez. Y lo mismo parece que significa este aduerbio *aucquic*: *aucquic niaz*, vel *ayocquic*, nunca mas yre.

Auelh. — Este es compuesto de *amo* y *uelh*, quiere dezir no bien, o no se puede hazer. Ex.: *auelh mochiuaz*; y si otra vez se ha hecho la cosa para dezir que no se puede mas hazer, dizen: *auc uelh mochiuaz*, que es tanto como *aucmo uelh mochiuaz*.

Auic. — Quiere dezir a una parte y a otra, y se suele en-

---

[1] Il est du moins souvent joint à la négation *amo* : *aço amo*, *açocamo*, ou par transposition *acaçomo*, peut-être non; ainsi qu'à l'adjectif *ayac*, nul: *açayac* ou *acaçayac*, peut-être aucun.

[2] La plupart des auteurs lui donnent le sens de : de manière que, comme aux mots *anqui*, *anel*, etc. Quelquefois il signifie: donc, aussi, par conséquent.

[3]. De *amo*, non, et de *oc*, encore, par transposition, *aocmo*.

corporar con verbo. Ex.: *nauictlaloa*, vel *auic ninotlaloa*, corro a una parte y a otra.

Ayamo. — Aun no.

Ca. — Esta particula denota algunas vezes afirmacion en platica, o es modo o ornato que tienen en el dezir; otras vezes es verbo *sum, es, fui*, y diferenciar se ha con la *h* que se escriue, como parece en la conjugacion; otras vezes es preposicion, otras vezes aduerbio local. Ex.: *ca yauh yn Pedro*, vel *campa yauh yn Pedro*, adonde va Pedro.

Çan, vel *çanio.* — Quieren dezir solamente. Ex.: *çan*, vel *çanio mochiuaz y*, solamente se hara esto. Otras vezes esta en lugar de pronombre, y entonces quiere dezir aquel solo, apartando el *çan*. Otras vezes el *çan* esta en lugar de mas, o denota afirmacion, o se pone por ornato.

Çanen. — En vano, o por demas.

Çan yulic, çan quemman, çan quemmach, çan yuian, çan icemelh, çan tlamach, passo a passo, o con tiento, o blandamente.

Çan uelipan. — Quiere dezir buena o medianamente, o en buena manera, que ni mucho ni poco. Ex.: *Çan uelipan moztauiz nacatl*, en buena manera o moderadamente se salara la carne. Y escriuiendose las partes deste aduerbio distintas, ay en el aduerbio y preposicion con pronombre y assi terna distinto significado. Ex.: *çan uel ypan tilhmatli xicmana yn amatl*, mas pon bien sobre la manta el papel.

Cen, vel *cepan.* — Estos se anteponen y se entreponen al verbo, quieren dezir del todo, o juntamente; el *cepan* no se antepone y es para cosas animadas: *ticeyazque*, vel *ticepayazque*, yremos juntamente [1].

---

[1] La lettre *n* a disparu devant *y* à cause de l'euphonie. (Voir note 1, p. 116.) Autre exemple : *oticentlaquaque*, ou *oticepantlaquaque*, nous mangeâmes ensemble.

Cenca [1], muy.

Cenquizca. — Este significa del todo, scil. bueno o malo. Ex.: *cenquizca qualli*, del todo muy bueno; — *cenquiztoc yn qualli yn ilhuicac*, todo esta lleno de bien y gloria en el cielo, vel *cenquiztica qualhca in ilhuicac*; y por el contrario en el infierno.

Chico. — Este se antepone y entrepone [2] al verbo, quiere dezir auiesamente o al reues. Ex.: *chico ximotlali*, sientate al lado; — *nitlachicocaqui*, entiendo algo al reues. Pero es de notar que no lo tomaran para dezir : al reues [3] vesti el sayo, porque para esto diran : *amo uelh onicnoquenti*, vel *oniquixcuep notilhma* [4].

Cuix? por ventura?

Cuix mo [5]? pues no?

Yc, ynic. — Este aduerbio tiene diuersos sentidos y con los verbos siempre se antepone y algunas vezes sufre otras particulas o dicciones en medio, y porque los romances son diuersos tomar se han de los exemplos *infra* escriptos :

Yehica tinechnotza, yc niaz mochan, porque me llamas, por tanto, o por esso yre a tu casa;

Tinechnotza ynic niaz teupan, llamasme para yr a la yglesia;
Ynic ce oquichtli, el primer hombre;
Ynic centetl tetl, la primera piedra;
Ynic oquichtli, en quanto hombre;

---

[1] Seul ou précédé de *oc*, cet adverbe sert à marquer le superlatif ; *cenca yectli* ou *occenca yectli*, très-bon, le meilleur. (Voir la fin de la première partie, p. 66.)

[2] Le manuscrit MN a omis ces deux mots : « y entrepone. »

[3] Ligne omise dans le manuscrit BN. — *Chichico* signifie d'un côté à l'autre : *chichico yauh inon tlahuanqui*, cet ivrogne chancelle.

[4] Littér. Je ne me suis pas bien vêtu, ou j'ai retourné mon habit.

[5] On dit aussi : *cuix monel? cuix mo* ou *cuix monel huel niaz?* n'irai-je donc pas? (Cf. le *Compendio*, par Paredes, p. 191.)

Ynic ciuatl, en quanto muger. Tambien denota en esta manera de dezir la natura o parte vergonçosa de la muger.

Yc tiaz, vel *iquin tiaz?* quando te yras?

Tilhmatli yc titlapopoaz, con la manta lo limpiaras;

Yciuhca, presto;

Yc ayamo, antes que, o quando no;

Ychtaca, abscondida o secretamente.

Ycno. — Este aduerbio se ayunta a nombres y a verbos, anteponese a los nombres y entreponese a los verbos, significa pobreza, o orfandad, o viudez, o ingratitud. Ex.: *ycnociuatl*, muger biuda, o pobrezilla; — *ycnopiltzintli*, huerfano, o pobre--zillo; — *ycnoyotica ninemi*, biuo pobremente (aqui viene de *ycnoyutl*, que es pobreza); — *nicnopillauelilocati* [1], hagome ingrato.

Yeua. — Este algunas vezes es aduerbio y significa rato ha; otras vezes es tercera del pronombre syncopado y significa aquel. Ex.: *yeua oacico Iuan*, rato ha que llego Iuan.

Yn. — Esta particula por la mayor parte no significa nada en platica mas de solo ornato, aunque algunas vezes parece estar en lugar destas particulas que en Castilla dezimos : el, la, le, lo, las, les, los; otras vezes es aduerbio en lugar de *sicut*. Exemplo de como es aduerbio : *yn mani in calli*, assi esta la casa [2]; pero es de notar que para dezir assi es esto como esto, no lo diran por aqui, sino por este aduerbio *neneuhqui*; plural, *neneuhque*. *Yn nican mani in calli, çan no yuh yn mani yehuatl*, assi esta aqui la casa como aquella [3].

---

[1] De *icnopilli* ou *icnopillotl*, et de *tlauelilocati*, être pervers.

[2] Le manuscrit MN a omis une ligne, de *sicut* à *casa*.

[3] Var. « *Yn mani in calli, yn mani yehoatl*, assi esta la casa como aquella.» Manuscrit BN. — *In* devant le prétérit signifie : lorsque, après que. *In oacico*, quand il arriva, après qu'il fut arrivé.

Ynoc, ynoquic. — Estos significan entre tanto, o denotan un poco de tiempo, anteponense al verbo. Ex.: *ynoc nitlacuiloa, nican timotlaliz*, entre tanto que yo escriuo, assenter te has aqui; — *oc ximotlali*, vel *tla oc ximotlali*, sientate un poco.

Yntlacamo [1], si no.

Yuhqui, assi como, denota semejança [2].

Mach. — Este dize Tlaxcala en lugar de *cuix?* por ventura? interrogatiue, y anteponiendole una *o* lo tiene el mexicano en lugar de *cenca,* muy, o muy mucho. Ayuntase a diuersos verbos en tres solos tiempos de indicatiuo que son : imperfecto, perfecto, plusquamperfecto. Ex.: *omachnitlaquaya,* coma yo mucho.

Otras vezes esta en lugar de *quilhmach* que quiere dezir: dizque. Ex.: *quilmach niaz mochan?* dizque yre a tu casa [3]?

Otras vezes esta en lugar de *ca,* que denota afirmacion en la platica. Ex.: *mach amo oniquito,* vel *ca amo oniquito,* cierto no lo dixe. Los de Tlaxcala dizen *machmo* [4] en lugar de *amo.*

Miecpa, muchas vezes.

Necoc, de entramas partes, o de una y de otra.

Nelli. — Este tiene tres sentidos. Quando es aduerbio significa verdaderamente; quando es nombre substantiuo significa verdad; quando adjectiuo, cosa verdadera. Ex.: *nelli niaz,*

---

[1] Pour *yntla-ca-amo.* «*Amo nimitzcahuaz, intlacamo iquac otinechmacac,* vel *intlacamo achtopa tinechmacaz, in tinechhuiquilia,* no te dejare hasta que me hayas dado lo que me debes.» (*Arte del P. H. Carochi,* p. 101.)

[2] Cet adverbe s'emploie comme adjectif et a un pluriel *yuhque : tel in tehuantin ca çan tiyuhque,* mais nous sommes en tout parfaitement semblables. (Voir le *Compendio,* par Paredes, p. 190.)

[3] Cet alinéa a été omis dans le manuscrit MN.

[4] Le manuscrit BN porte *anechmo.*

cierto o verdaderamente yre; — *nelli otiquito*, verdad dixiste; — *nelli tlatolli yn onicac*, palabra verdadera he oydo.

Nepanotl, juntamente, o de comun.

Nepantla, en medio.

Niman amo, en ninguna manera no.

Ocmaya, vel *ocachica, occuelachic, tlaquachic, occachic, tlaocachic, occachitzinca.* — Estos tienen a manera de verbos para dezir a alguno que espere, o se detenga un poco; y para lo mesmo dizen : *ma oc ixquich cauitl ximotlali*, espera o sientate un poco, vel *ma ixquich caui; — ynoc ixquich cauitl ninemiz, amo nicalaquiz mochan*, entre tanto, o todo el tiempo que biuiere, no entrare en tu casa.

Yten la dicha *oc* o denota afirmacion, o quiere dezir primero. Ex.: *amo tiaz mochan, oc xicchiua y,* no yras a tu casa, primero haras esto.

Telh, quiere dezir empero [1].

Quentelh, algo mejor esta, scil. el enfermo [2].

Quema, quemaca [3], si.

Queman, vel *quemmanian, quemaya.* — Estos quieren dezir : a que hora o tiempo, y apartando el *quen* del *manian*, quiere dezir: como estaua, scil. el pueblo. Ex.: *Queman yn axcan?* que hora es ahora?— *queman tiuala?* a que hora veniste? *quen manian yn altepetl?* como estaua el pueblo, o que costumbres tenia?

Quenin, quen [4]? como, o en que manera?

---

[1] Cette ligne est extraite du manuscrit MN. Ne pas confondre ce mot avec le substantif *tel*, pour *to-el* (de *elli*), notre foie, le foie pris d'une manière générale.

[2] Ces trois derniers mots sont empruntés au manuscrit MN.

[3] Forme révérentielle : *quemacatzin.* — On dit aussi : *queme.*

[4] Ou bien encore : *quenami? Quen, quenin* ou *quenami timoyetztica?* Comment es-tu ?

Quilhmach [1], dizque.

Quexquichca? que tanto esta, o quanto ay? scil. hasta tal pueblo; y respondiendo usan *ixquichca*, tanto. No preguntando, sino comparando la distancia que ay de un lugar a otro, dizen : *yn quexquichca Mexico, no ixquichca yn Tetzcuco*, quanto dista Mexico, tanto dista Tetzcuco.

Tequi. — Siempre se entrepone al verbo y significa mucho. Ex. : *nitequitlaqua*, como mucho. Otras vezes esta syncopado : *te* por *tequi*. Ex.: *nitlatecuechoa*, golpeo, o aporreo, o muelo algo mucho; aunque no sea con piedra; — *nitlatexaqualoa*, fregar mucho lauando. Y no lo toman muchos verbos.

Tequitl. — Quando es aduerbio se antepone y quiere dezir : solamente, y quando es nombre quiere dezir : oficio, cargo, trabajo, o labor. Exemplo del aduerbio : *çan tequitl ynic ticcauhtiquiçaz amatl*, solamente passaras dexando la carta.

Teteuh. — Este tienen en lugar de muy, y siempre se entrepone al verbo. Ex. : *nitlateteuhtzitzquia*, muy asido tengo algo.

Tleipampa? porque? usase preguntando, y respondenle : *yehica*, porque.

Ye, vale tanto como ya del castellano.

Yeppa, vel *ycipa*, antes, o el tiempo passado.

Ye ipan, vale tanto como si dixesemos : ya llegamos al tiempo. Ex.: *ye ipan ticate yn neçaualiztli*, ya somos llegados al tiempo, o ya estamos en el tiempo del ayuno.

Tlaquauh. — Este se antepone al verbo y quiere dezir : mucho. Ex. : *tlaquauh xitlaqua*, come mucho, o come bien, y vale tanto como si dixese : *xixhui* [2], hartate bien.

---

[1] Ou *quil*. *Quilmach* signifie aussi : de manière que.
[2] Impér. de *nixhui* ou *nixui*, pour *ni-ixui*.

Otras vezes para llamar dizen : *tlaquauh*, como si dixese *xiualauh*.

Tzin [1]. — Este siempre se entrepone al verbo y quiere dezir: atras o hazia atras. Ex. : *nitzinquiça*, torno atras, o salgo hazia atras.

Otras vezes es particula de reuerencia juntandola a los nombres [2].

Velh. — Este algunas vezes esta en lugar de *bene*, y otras de *possum*. Ex. : *uelh nicchiuaz*, bien lo hare, o podre lo hazer.

Otras vezes esta en lugar de cierta o verdaderamente. Ex. : *uelh oquichtli*, cierto es hombre [3].

Veca, lexos [4].

Veueca. — Este anteponen a los verbos y significa ralamente, o esparzidamente. Ex. : *ueueca mani yn calli*, ralamente estan las casas, como si dixese : *chachayacatoc yn calli*, esparzidas estan las casas, y lo mismo sera diziendo : *xexeliuhca mani yn calli*.

CAPITVLO TERCERO.

DE LOS ADVERBIOS LOCALES Y TEMPORALES.

Estos locales tienen cada qual quatro significaciones, scil. en el lugar, del lugar, al lugar, por el lugar.

---

[1] De *tzintli*, anus, fondement. *Tzinnamaca-nite*, lenocinari.

[2] Voir capitulo duodecimo, p. 59.

[3] *Uelh* était fréquemment employé devant les adjectifs : *uelh qualli*, très-bon, *uelh aqualli*, très-mauvais, etc. Il entrait aussi dans un grand nombre de locutions, qu'il serait trop long d'indiquer ici. (Voir le Vocabulaire de Molina.)

[4] *Ueca mochan*, la maison est éloignée; — *ueca nitlachia*, je vois très-loin, j'ai une excellente vue. *Uecapa* signifie de loin, à distance : *uecapa niquitztiuh*, je le suis de loin.

Nican, vel *iz* [1], aqui, de aqui, aca, por aqui, etc.

Oncan, vel *oncano,* ay, de ay, por ay, a ay.

Nepa, ompa, nechca, nechcapa, alli, de alli, por alli, a alli, o aculla, de aculla, por aculla, a aculla.

Acan, en ningun lugar, por, de, etc.

Can, campa, canin, en donde, por, a, de.

Cana, canapa, a alguna parte, de, por, en.

Çaço campa, çaço canapa, çaço canin, çuço cana, çaço cacampa, çaço can, mas donde, o donde quiera, etc.

Caye, campaye, cayepa, a donde, o por donde, etc.

Nouyan, nouyampa, en toda parte, o lugar, etc.

Oc achi nican, mas aca, o hazia aca, etc.

Oc achi oncano, mas ay, o hazia ay, etc.

Oc achi nepa, oc achi nechca, oc achi nechcapa, oc achi ne, ye nepa, mas alla, o un poco mas alla.

Oc cenca nepa, muy mas alla, o mas aculla.

Oc nepa, oc ye nepa, mas alla, mas aculla.

Auic, a una parte y a otra [2], scil. ando o miro *non aliter.*

Oc ceccan, en otra parte, o por, etc.

Oc cececcan, en otras partes, de, por, etc.

Cecni, en otra parte, por, etc.

---

[1] Quelquefois, au lieu de *iz,* on trouve *ici,* qui est inusité suivant Paredes. (Voir le *Compendio,* p. 154.)

[2] Ce qui suit dans cette ligne est tiré du manuscrit MN.

DE LOS TEMPORALES.

Achica, achitzinca, achitonca, un poco de tiempo.

Axcan, oy, o agora.

Axcampa, ahora luego.

Axcan muchipa, de aqui adelante.

Cemicac, siempre.

Ye, yquin, quando.

Yquac, entonces, o quando.

Yeua, rato ha.

Ycipa, por la mañana.

Ymani, a esta hora.

Ymuztlayoc, un dia despues.

Yn iquac [1], quando.

Ynoc, ynoquic, entre tanto.

Yuiptla, yuiptlayoc, anteayer.

Ye nauhyupa [2], ya ha quatro dias.

Muchipa, siempre.

Mumuztlae, cada dia.

Muztla, mañana.

Niman, luego.

Oc, denota un poco de tiempo.

Qualhcan, a buen tiempo, o sazon, o a buen hora.

---

[1] Le manuscrit BN écrit : *Yn icoac*.
[2] Var. «*ye nayupa.*» Manuscrit BN.

Quin, quin axcan, quin izqui, aun ahora poco ha [1].

Quin iquac, entonces.

Tlauizcalpa, vel *nonchipa,* en amaneciendo.

Teutlac, tarde.

Viptla, despues de mañana.

Yalhua, ayer.

Youac, noche, o de noche.

Youatzinco, por la mañana.

CAPITVLO QVARTO.
DE LOS ADVERBIOS NVMERALES.

La manera que tienen de contar en esta lengua es hasta diez, y para multiplicar sobre el diez, dizen : diez y uno, hasta quinze [2]; y despues bueluen a tomar el uno, etc. hasta veinte, y proceden multiplicando los veintes hasta quatrocientos, porque alli mudan el vocablo y no lo pierden multiplicando con el hasta ocho mil que llaman *cexiquipilli,* que es la ultima cuenta que tienen, segun que en breue suma se pone aqui.

Cuenta general para personas, animales, maderos, mantas, chille, cacao, papel, tunas, tortillas, tamales, etc.

---

[1] *Quin achic* a la même signification.

[2] Olmos paraît admettre ici que le nombre *dix* servait de base à la numération des anciens Mexicains. C'est une erreur. Ce système numérique était *vigésimal*, ainsi que nous l'avons démontré dans une note publiée en 1867. (*Archives de la Commission scientifique du Mexique*, t. III, p. 523. Imprimerie impériale.)

Ce..	1.	Cempualli oce..	21.
Ome..	2.	Cempualli ommatlactli.	30.
Yei..	3.	Cempualli ommatlactli oce.	31.
Naui.	4.	Ompualli..	40.
Macuilli.	5.	Ompualli oce.	41.
Chiquacen.	6.	Epualli.	60.
Chicome.	7.	Nappualli [2].	80.
Chicuey.	8.	Macuilhpualli.	100.
Chiucnaui [1].	9.	Matlacpualli.	200.
Matlactli.	10.	Caxtolhpualli.	300.
Matlactli oce.	11.	Centçontli.	400.
Matlactli omome.	12.	Centçontli ypan [3] macuilhpualli.	500.
Matlactli omey.	13.	Centçontli ypan matlacpualli.	600.
Matlactli onnaui.	14.	Centçontli ypan caxtolhpualli.	700.
Caxtolli.	15.	Ontçontli.	800.
Caxtolli oce.	16.	Etçontli.	1200.
Caxtolli omome.	17.	Nauhtçontli.	1600.
Caxtolli omey.	18.	Macuilhtçontli.	2000.
Caxtolli onnaui.	19.	Matlatçontli.	4000.
Cempualli.	20.	Cexiquipilli.	8000.

Y es de notar que llegando a quatrocientos para multiplicar los demas toman esta particula *ypan* sobre la qual tornan a multiplicar, tornando la cuenta menuda hasta llegar al *cexiquipilli*, sobre el qual tornan al principio de la cuenta, diziendo: *onxiquipilli*, etc.

Yten es de saber que presupuesta la cuenta general para contar otras diuersas cosas tienen diuersas cuentas, aunque todas se arman sobre la general, como mas a la larga se vera en el vocabulario. Poner se han aqui algunas por exemplo.

Para contar piedras, gallinas, cacao, tunas, tamales, cere-

[1] On dit aussi *chicunaui*.
[2] Ou *nauhpualli*.
[3] Ce mot *ypan*, plus, en sus, sert à unir les unités de différentes espèces: *un quatre cents plus cinq vingts*, c'est-à-dire 500.

zas, ueuos, vasijas, casas, sentaderos, frutas, chille, maiz, frisoles, calabaças, nauos, xicaras, cosas redondas y rollizas, dizen desta manera :

Centetl................	1.	*Chiquacentetl*............	6.
Ontetl..:...............	2.	*Chicontetl*...............	7.
Etetl..................	3.	*Chicuetetl*...............	8.
Nauhtetl...............	4.	*Chiucnauhtetl*[1]	9.
Macuilhtetl.............	5.	*Matlactetl*...............	10.

Cuenta para contar renglones, o surcos de heredad, o paredes, o rengleras de personas o de otras cosas por orden puestas a la larga.

Cempantli...............	1.	*Chiquacempantli*..........	6.
Ompantli................	2.	*Chicompantli*.............	7.
Epantli.................	3.	*Chicuepantli*.............	8.
Nappantli...............	4.	*Chiucnauhpantli*[2]........	9.
Macuilhpantli............	5.	*Matlacpantli*.............	10.

Para contar platicas, o sermones, y para cacles, caxetas, papel, troxes, cielos, esto se entiende quando esta una cosa sobre otra doblada o pareada, o para quando una cosa es diferente de otra, etc.

Centlamantli.............	1.	*Chiquacentlamantli*........	6.
Ontlamantli..............	2.	*Chicontlamantli*...........	7.
Etlamantli...............	3.	*Chicuetlamantli*...........	8.
Nauhtlamantli............	4.	*Chiucnauhtlamantli*........	9.
Macuillamantli............	5.	*Matlactlamantli*..........	10.

Para contar montones de qualquiera cosa que sean, y

---

[1] Ou *chicunauhtetl*.
[2] *Var.* « *Chiucnappantli.* » Manuscrit BN. — On dit aussi *chicunauhpantli*, etc.

comida puesta en orden en platos, o caxetas, o para dezir en una parte o por, etc., dizen desta manera :

Ceccan..............	1.	Chiquaceccan...........	6.
Occan..............	2.	Chicoccan.............	7.
Excan..............	3.	Chicuexcan............	8.
Nauhcan.............	4.	Chiucnauhcan..........	9.
Macuilhcan...........	5.	Matlaccan.............	10.

Para dezir una vez, dos vezes, etc., dizen desta manera :

Ceppa..............	1.	Chiquaceppa...........	6.
Oppa...............	2.	Chicoppa.............	7.
Expa...............	3.	Chicuexpa............	8.
Nappa..............	4.	Chiucnappa...........	9.
Macuilhpa...........	5.	Matlacpa.............	10.

Es de saber que anteponiendo a qualquiera de las dichas cuentas particulares esta particula *oc* quiere dezir otro semejante al genero de la cuenta que se le antepone. Ex. :

Occe, otro.   Occeccan, en otra parte.
Ocome, otro dos.   Ococcan, en otras dos partes.
Occeppa, otra vez.   Ocexcan, en otras tres partes.
Ocoppa, otras dos vez.

Para dezir de dos en dos, o a cada dos, dizen desta manera : *oomentin; eeyntin; nanauitin*, etc., redoblando la prima sillaba.

Para dezir ambos o entramos hombres, palos, petates, dizen [1] :

Ymomextin............	2.	Ychicomextin..........	7.
Ymeixtin.............	3.	Ychicueixtin..........	8.
Ynauixtin............	4.	Ychiucnauixtin........	9.
Ymacuilixtin.........	5.	Ymatlacixtin..........	10.
Ychiquacemixtin......	6.		

[1] Cette ligne a été omise dans le manuscrit MN.

Para dezir cada sendos, segun la diferencia de la cuenta, redoblando la prima sillaba del numero, dizen :

Ce, uno, *cece*, cada uno, o a cada uno, vel *ceceyaca*, vel *ceceme*.

Ceppa, una vez, *ceceppa*, cada sendas vezes.
Ceccan, en una parte, *cececcan*, en cada parte.
Centlamantli, una cosa, *cecentlamantli*, cada sendas cosas.

Para contar por veintes, segun la diuersidad de las cosas, dizen assi :

Centecpantli, 20 personas;   *Tlamic*, 20 maçorcas;
Cemipilli, 20 mantas;   *Cempualhtetl*, 20 piedras.

CAPITVLO QVINTO.

DE LAS CONIVNCIONES E INTERIECCIONES.

Las diferencias de conjunciones, que en esta lengua puede auer, son las siguientes :

Copulatiua. — Assi como, y : *yuan, yequene, auh*. Ex.: *Pedro yuan Andres*, Pedro y Andres.

Y lo que dezimos : tambien, vel *etiam*, dizen con el *yequene;* y el *auh* se usa en medio de sentencias para trauar una oracion con otra.

Causal y colectiua. — Assi como, porque, y por lo qual, y por tanto, dizen : *yehica, yc, ynic, ipampa*. — *Auh* tambien se suele poner en lugar de *ergo*.

Disjunctiua. — Assi como, esto o aquello : *aço, anoço,* — *acanoçomo,* — *anoce*.

Aduersatiua. — Assi como, dudo que, aunque, puesto que,

dizen: *maciui, maçonelh, manelh, yntlanelh.*— *Ça* se usa muchas vezes en lugar de *sed,* mas.

Condicional. — Assi como, si, dizen: *yntla.*

Comparatiua. — Assi como, quanto mas, quanto mejor, usan: *quemmoce, quemmoque, quenoque, quenin occenca*[1].

Dubitatiua colectiua. — Assi como, de manera que: *anca, ma, no.* Ex.: *anca amo nicchiuaz, amo ma niaz,* vel *amo no niaz,* de manera que no lo hare, o que no yre, etc.

DE LAS INTERIECCIONES.

Cue, ecue, yeue, iyo, yuyaue, oo, aa, xio son para llorar, o para se quexar;

Para temer, *yuh;*

Para se admirar, *yuh, xüh, yuyaue, uih;*

Para exclamar, *oa, hui, yè;*

Para mofar, *yuyaue, yuya, oo;*

Para vedar, *xu, xi;*

Para llamar, *hui, xi, nica;*

Para el que toma a otro en alguno delito, *oui.*

Onotlauelilhtie, heu, me misero! o desdichado de mi! viene deste verbo *nitlauelilhti,* que quiere dezir soi desdichado, que no tiene mas del presente y los dos preteritos perfecto y plusquamperfecto. Y para exclamar en el modo dicho usan del perfecto.

Onouitie, heu, me misero! ay de mi miserable! viene de

---

[1] On dit aussi: *quenoce* ou *quenocye, quenin yequene* et *quenin ocualca.*

nouiti, que es ser misero o desdichado, tiene los tiempos que el de arriba y usase de la manera ya dicha [1].

CAPITVLO SEXTO.

DE LA ORTHOGRAPHIA [2].

La orthographia y manera de escriuir y pronunciar suele se tomar de las escrituras de los sabios y antiguos donde las ay; pero en esta lengua que no tenia [3] escritura, falta esta

[1] Ici le manuscrit BN offre trois pages et demie en blanc, et le manuscrit MN porte douze lignes environ dont le contenu est en dehors du sujet traité dans ce chapitre. Aussi nous les avons rejetées dans les notes.

« Y es de notar que los dichos dos verbos son particulares porque van con los pronombres *no, mo, y,* etc. Y ansi mesmo los siguientes, pero no en lugar de interjecciones :

Naxcati, maxcati, yaxcati, etc. enriquecer;
Nolhuilhti, molhuilhti, etc. ut supra, scil. *ninotlamachtia;*
Nomaceualhti, moma., etc. ut supra;
Nocnopilhti, mocno., etc. ut supra.

« Y en el preterito toman *c*, y anteponen al verbo la *o*. Pocos, pienso, a verbos semejantes.

« El siguiente es irregular, usale en segunda et tercera personas para saludar en presente tiempo : *Tle ticmomachiticatçintli ?* id est *quen timomachititçinoa ?* »

[2] Les grammairiens et auteurs mexicains n'avaient pas d'*orthographe* bien fixe. Leur façon d'écrire, au moyen des caractères européens, était particulière à chacun d'eux. Aussi on s'efforcerait inutilement de trouver dans les textes *nahuatl* une forme régulière et constante. Les mots s'y offrent, au contraire, avec des différences si nombreuses et si grandes que la lecture en devient parfois extrêmement difficile. Dans ce cas la représentation, la contexture d'un mot ne doit pas seule guider, il faut avoir recours à la prononciation et obtenir en quelque sorte par l'oreille ce que les yeux ne peuvent pas toujours faire découvrir. Voici quelques mots pris au hasard que l'on trouve écrits de diverses façons : *ciuatl,* femme, *cihuatl,* ou *cioatl,* qui se dit aussi : *çouatl, zouatl, çohuatl, zohuatl, çoatl,* ou *zoatl ;* — *huey,* grand, *huei, uey, uei, vey* ou *vei ;* — *iquac,* lorsque, *ihquac, icuac, icoac,* ou *yquac,* etc. On comprend aisément que les vocabulaires n'indiquent point et ne puissent indiquer toutes ces différences *orthographiques.*

[3] Les deux manuscrits portent *tenian.*

lumbre y ansi en ella hemos de andar adeuinando; pero pondre aqui lo que me parecera acerca de la orthographia y pronunciacion. Y si quadrare podrase poner en uso para que en todos aya conformidad en el escriuir y pronunciar de aqui adelante. Y si no quadrare lo que aqui pusiere perdere mi opinion, pues no estoi tan casado con mi parecer que no me sujetare al de otros siendo mejor.

Quanto a lo primero es de saber que en esta lengua les faltauan algunas letras de las que nosotros tenemos en nostro *abece*, porque en ninguna diccion que sea propria de su lengua se hallaran pronunciadas, ni ahora las tienen si no es en dicciones que de nuestro romance o del latin han tomado: Y las letras que les faltan son las siguientes *b, d, f, g, r, s, v* consonante.

Y puesto caso que quanto a la congruidad de la lengua los Mexicanos y Tetzcucanos hagan ventaja a otras prouincias, no la hazen en la pronunciacion [1], porque los Mexicanos no pronuncian la *m*, ni la *p*; y ansi por dezir *Mexico* dizen: *exico*. Y en todas essotras prouincias no tienen *v* consonante, y las mugeres mexicanas y tetzcucanas la pronuncian y no es buena pronunciacion. Ex. dizen *xiualhmovica*, y auian de dezir *xiualhmouica*. Y por esso quitamos del *abece* la *v* consonante, porque donde se pronuncia no es bien pronunciada, y seria antes abuso que buen uso. La *h* unas vezes parece que la comen, y otras vezes la pronuncian mucho.

Pero, quanto a las letras que hemos dicho que no tenian, ay alguna dificultad, porque parece algunas vezes pronunciar algunas dellas, y una destas es la *g* porque en esta diccion *uexotzinco*, y aunque escriuen *c*, parece que pronuncian *g*, y lo mismo es en esta diccion *cenca*; y aunque paresca a algu-

---

[1] *Var.* «Pero Mexico no lo haze en la pronunciacion,» etc. Manuscrit MN.

nos por esta pronunciacion que sea de escriuir *g* y no *c*, a mi me parece que ni en la pronunciacion es *g*, ni se deue tampoco escriuir; pues la *c* quando se pone despues de la *n* parece que tira a pronunciacion de *g* quando esta en una misma diccion, pero en la verdad no es sino pronunciacion de *c*. Y ansi no se ha de escriuir ni pronunciar *cenga*, sino *cenca*.

Tambien quanto a la *s* ay dificultad, porque algunos parece que la pronuncian quando escriuan *x*, y no la pronuncian mucho la *x* sino como *s*. Pero si bien miramos en ello, las tales dicciones se han de escriuir con *x*, aunque algunas vezes paresca tener pronunciacion de *s*, no lo es sino *c* y *s*, y este es el valor de la *x* que dize Antonio de Lebrixa que vale por *c* y *s*. Y esta pronunciacion parece mas claro en el latin que algunos, donde esta escrito *dixi*, pronuncian *dicsi*, etc.

A las otras letras que tienen comunes con nuestro romance les dan el mismo valor que nosotros, y aunque en la pronunciacion mas parece allegarse al latin que no a nuestro romance en algunas sillabas o letras. Y ansi usan de dos *ll* como en el latin que dezimos *villa*, y no como en el romance que dezimos *marauilla*. Tambien la pronunciacion que nosotros tenemos destas sillabas *ja, je, ji, jo, ju*, ellos no la tienen.

Y es de notar que entre estas dos vocales *o, u*, hazen muy poca diferencia en la pronunciacion y escritura, porque una misma diccion unos la pronuncian con *o*, y otros con *u*. Ex. unos dizen : *ocelotl*, y otros dizen : *ucelutl*. Y para esto, quales se ayan de pronunciar y escriuir con *o*, y quales con *u*, no se podra dar regla general. Pero pareceme que quando la *o* estuuiere entre dos vocales se pronunciara y escriuira mejor con *u* que con *o*, y la razon que a esto me mueue es que, en las tales dicciones, las mugeres mexicanas y tetzcucanas pronuncian *v* consonante, lo qual no harian si fuesse *o*. Ex. diremos : *nitlaalaua*, resbalar, porque la muger pronuncia *nitlaalava*, y la *u* se pone entre dos vocales; pero esta diccion *ualh* escribese con *u*, y las mugeres no pronuncian [1] en ella *v* consonante, lo qual es singular.

DE COMO SE AÑADEN O MVDAN LETRAS.

Unas vezes en esta lengua sera menester añadir letras, y otras vezes se perderan, y una de las letras que se añaden es la *h*, de la qual dire lo que siento.

Quanto a la *h*, y aunque en la pronunciacion no aya diferencia, porque todos casi la pronuncian de una manera, ay la empero en la escritura, porque unos las escriuen antes de la vocal, y otros despues della. Razones ay de una parte y de otra; pero mas me assienta que se aya de escriuir despues de la vocal, porque esto parece mas conforme a la pronunciacion de los naturales. Y tambien confirmo esto porque en algunas dicciones donde viene *h* con vocal parece que en otras lenguas tienen la misma pronunciacion que en esta dan los naturales a la *h* despues de vocal, y aquellas tales dicciones otras lenguas las escriuen con *h* despues de la vocal, porque en la pronunciacion parece que la *h* hiere de reflexo, y lo mismo es en esta lengua en muchos vocablos que hiere la *h* de reflexo. Ex.: *notlacauh*, mi esclauo, y no escribiremos *notlacahu*.

Tambien es de notar que la *h* en esta lengua nunca se halla en principio de diccion [2]. Pero hallase en fin y en medio de diccion. Quando se hallare en fin, siempre se escriuira despues de la vocal. Ex.: *nicah*, yo estoi. Pero quando se halla en medio de diccion, si se sigue despues de consonante, la qual consonante no hiere en la vocal siguiente, sino que haze sillaba con la vocal passada, entonces por la mayor parte se escriuira la *h* antes de la vocal que se sigue, porque en la pro-

---

[1] *Var.* «y las mugeres pronuncian,» etc. Manuscrit MN.
[2] Plusieurs auteurs écrivent pourtant: *huan, hueca, huel, huey, huic, huiptla*, etc.

nunciacion no parece herir de reflexo. Ex. : *nitetlatlacalhuia*, yo ofendo a otro.

Pero si la *h* estuuiere en medio de diccion y tuuiere la vocal alguna consonante antes de si que la hiera en ella, entonces la *h* se pondra despues de la vocal porque herira de reflexo, pues tiene la vocal antes de si consonante que la hiera de directo. Ex. : *tlahtoani*, señor, y no escribiremos *tlatoani* [1].

Tambien es de notar que quando alguna diccion acabare en *l*, despues de la *l* se a de escriuir *h*, porque los naturales pronuncian mas que *l*, y parece ser pronunciacion de *h*. Ex. : *nocalh*, mi casa. Pero quando se siguiere luego otra diccion que comience en vocal no se escriuira *h*, porque entonces tiene la *l* su simple pronunciacion, y no se pronuncia *h*. Ex. : *otiyol otitlacat*, naciste. Tambien otras vezes en medio de diccion se pondra *h* despues de la *l*, porque la pronunciacion lo requiere. Ex. : *nicalhchiua*, hago casa.

Pero es de notar que en todos los plurales, que no se diferencian en la boz ni pronunciacion de sus singulares [2], pondremos una *h*, y esto no porque en la pronunciacion se señale la *h*, sino solamente para denotar esta diferencia del plural al singular. Y esto se ha de entender ansi en los verbos como en los nombres donde no ouiere otra cosa por la qual se diferencian. Ex. : *tlatlacoani*, pecador; plural, *tlatlacoanime*, vel *tlatlacoanih*; — *tlaqua*, aquel come; plural, *tlaquah*, aquellos comen; — *titlaqua*, tu comes; *titlaquah*, nosotros comemos [3].

Y tambien se pondra la *h* en la escritura en algunas dicciones para diferenciarlas en el significado de otra o otras que son semejantes a ellas en la boz, si en el acento, o en otra cosa

---

[1] Cette dernière forme est néanmoins fort usitée.

[2] Ce mot manque dans le manuscrit BN.

[3] Le manuscrit MN ajoute : « y es primera del plural. » Remarque qui nous paraît ici bien oiseuse. — Cinq lignes plus haut, le copiste a omis : « se ha de entender. »

no se diferencian. Ex. : a este verbo *nicah*, por estar, ponemos *h* por diferenciarle de *nica*⁽¹⁾ que quiere dezir hermano, o amigo.

Tambien es de notar que quando la *n* se pone antes destas vocales *a, e, i, o*, por la mayor parte se buelue en *m*. Ex.: *ymamauh*, su papel, y auia de dezir : *ynamauh;* — *amelimiqui*, vosotros hazeis vuestra heredad, y auia de dezir : *anelimiqui*, etc. Sacanse estos aduerbios *çan* y *on*, que, aunque despues dellos se sigua alguna de las vocales ya dichas, no bueluen la *n* en *m*. Ex.: *çan icel*, aquel solo, y no diremos : *çam icel;* — *nonaci*, yo allego, y no dire : *nomaci*, etc.

DE COMO ALGVNAS VEZES SE PIERDEN LETRAS.

Algunas vezes quando se sigue *u* despues de *c*, se haze la *u* liquida, y aunque no se pierda en la escritura, en la pronunciacion parece perderse, o a lo menos suena muy poco, y parece que la *c* queda en la pronunciacion con la vocal precedente, y que no hiere en la *u;* y esto es hazerse liquida. Ex. : *necutli*⁽²⁾, miel. Quando despues de la *l* se sigue *tl* se ha de perder la *t*. Ex. : *xicuallapo*, ven aca a abrir, y auiase de dezir : *xicualhtlapo*, no perdiendose la *t*.

Tambien es de notar que quando despues de la *n* se sigue *c, tz*⁽³⁾, *u, x,* y consonante se pierde la *n* del todo⁽⁴⁾. Exemplo de todas ellas por su orden : *nitececelia*, yo rescibo del todo a algunos o alegrarles, y auia de dezir : *nitecencelia;* — *xiccetzaqua*, cierra del todo, y auia de dezir : *xiccentzaqua;* — *aualazque*, vosotros venisteis, y auia de dezir : *anualazque;*

⁽¹⁾ Altération sans doute de *nicauh*, mon frère (pour *no-icauh*), de *icauhtli; teicauh*, le frère de quelqu'un. — Le manuscrit BN écrit à tort : *nicah*.

⁽²⁾ Les deux manuscrits portent *neuctli*.

⁽³⁾ Ce cas et l'exemple qui lui correspond «*xiccetzaqua*,» etc. ne sont pas indiqués sur le manuscrit MN.

⁽⁴⁾ Devant un *c*, la lettre *n* se change aussi en *z : azcihua*, vous femmes, pour *ancihua*. (Voir le *Compendio*, par Paredes, p. 116.)

— *nicexuchinechicoa*, allego del todo flores, y auia de dezir: *nicenxuchinechicoa*; — *muztla ayazque*, mañana ireis, y auia de dezir: *muztla anyazque*.

Yten es de notar que quando estas letras *ch, x, z* vienen antes de qualquiera destas letras *c, tç, ch, x* se perdera la que precede. Exemplo de todas: *namecelia*, yo os rescibo, y auia de dezir: *namechcelia*; — *tenextli*, cal, *tenetçintli*, calezilla, y auia de dezir: *tenextçintli*; — *tçoaztli*, lazo, *tçoatçintli*, lazuelo, y auia de dezir: *tçoaztçintli*.

Exemplo de la *ch* siguiendose otra *ch*: *onamechiuh*, yo os hize, y auia de dezir: *onamechchiuh*.

Exemplo de la *ch* antes de *x*: *namexexeloa*, yo os reparto, y auia de dezir: *namechxexeloa*. Y esto baste por agora de la materia de la orthographia.

CAPITVLO SEPTIMO.

DE ALGVNAS MANERAS DE HABLAR COMVNES.

Cosa prolixa seria poner todas las oraciones en las quales discrepa nuestro romance de la manera de dezir de la lengua, quiero dezir que lo indio no corresponde al castellano. Pondremos algunas que son comunes, y poner se han por la orden de los aduerbios principales que en las tales oraciones se ponen, para que mejor se halle la oracion que queremos conuertir en la lengua. Despues pondremos algunos otros romances extrauagantes, y destos que aqui se pusieren, ansi de los unos como de los otros, podremos tomar tino para por ellos hazer otras oraciones semejantes.

ROMANCES DEL SI.

Este romance: si yo enseño, porque me han de culpar, se

haze en esta manera : *yntla nitemachtia, tlein ic notech tlamiloz yn tlatlaculli;* vel *yntla nitemachti,* etc. por el presente del subjunctiuo.

Este romance : si yo biuiera, o ouiera biuido bien, no me sucediera o no me ouiera sucedido mal, se haze en esta manera : *yntla uelh ninemini, aquen ninochiuazquia.*

Y esto es de notar en todos los romances que fueren por este tiempo acabado en *ni* que sirue de preterito imperfecto, perfecto y plusquamperfecto del optatiuo y subjunctiuo, que en las oraciones del subjunctiuo por la mayor parte le responde esta particula *quia,* y aunque otras vezes tambien se dize respondiendole el mismo tiempo acabado en *ni* en la segunda oracion. Ex. este romance : si yo ouiera predicado, no ouiera errado en ello, o pecado, etc. se haze en esta manera : *yntla onitemachtiani, amo ic onitlatlacoani.*

Este romance : si yo ouiera, o ouiese comido, no comeria o comiera otra vez, se haze ansi : *yntla onitlaquani, amo occeppa nitlaquazquia.*

Este romance : si yo ouiera de predicar, o ouiese de predicar, ya ouiera predicado, se dira ansi : *yntla onitemachtiani, ye onitemachtizquia;* — vel *yntla nitemachtizquia, ye onontemachtiani.*

Este romance : si no me lo dixeras, ya yo queria comer la manҫana, se haze en esta manera : *yntlacamo xinechmolhuiliani, ye onicquaca in xocotl,* vel *nicquazquia,* vel *ye nicquaznequia.* El primero no es mucho en uso [1].

Este romance : si querias comer carne, porque no me pediste primero licencia? se dira en esta manera : *yntla oticquaca in nacatl,* vel *yntla ticquaznequia in nacatl, tleica amo achto ic otinechmonauatili?* El primero no es mucho en uso [2].

[1] Cette remarque est tirée du manuscrit MN.
[2] Idem.

Este romance : si yo dixere, o dixese el pecado de alguno, mucho en ello ofenderia, o pecaria, o ofendere, o pecare, se haze en esta manera : *yntla nicteilhuiz tetlatlaculh, cenca ic nitlatlacoz*.

Este romance : si enseñare o predicare, errare o ofendere en ello? se haze en esta manera : *yntla nitemachtiz, cuix ic nitlatlacoz?*

Este romance : si a esta hora sueles predicar, ve a predicar, se haze en esta manera : *yntla yman yn titemachtiani, ma xitemachti*.

Este romance : si yo ouiere de predicar, o predicare, pedirte he licencia, se haze en esta manera : *yntla nitemachtiz, nimitznonauatiliz*.

Este romance : si te hallares bien conmigo, dexarme has? o si te hallases bien conmigo, dexarme has? se haze en esta manera : *yntla uelh notech timomatiz, cuix tinechtlalhcauiz?*

Este romance : si ansi has de predicar como predicaste, no prediques, se haze en esta manera : *yntla yuh titemachtiz in otitemachti, ma titemachti, vel macamo xitemachti*.

Este romance : si aura o ha llegado agora Pedro a Mexico? se dira en esta manera : *cuix oacic Pedro in axcan Mexico?* por el preterito perfecto.

Este romance : si predicaria mañana Pedro, si se lo pagasen? o si predicara mañana, si se lo pagan? se haze en esta manera : *cuix temachtiz in Pedro muztla, yntla tlaxtlauiloz?*

Este romance : si predicare, si viene la gente, o si predicaria, si viniese la gente, se haze ansi: *nitemachtiz, yntla ualhuiloaz*.

Este romance : si predicare, si fuere llamado, se haze en esta manera : *nitemachtiz, yntla ninotzaloz.*

ROMANCES DEL COMO Y QVANDO.

COMO.

Este romance : como yo ame a Dios, no me da pena lo que de mi se dize, se reduze a este : si yo amo a Dios, o porque yo amo a Dios, etc. y dizese ansi : *yntla nictlaçotla in Dios,* vel *yehica nictlaçotla in Dios, amo nechyolitlacoa in tlein notechpa tlamilo.*

Este romance : como yo predicase una vez in Mexico, se hizo [1] una marauilla, se reduze a este : quando yo predicaua, etc. y hazese en esta manera : *yn iquac ceppa ompa Mexico nitemachtiaya, omochiuh in tlamauiçolli.*

Estos romances [2] : como yo aya predicado, te lo dire; o como yo ouiere predicado, se reduzen a este : quando yo aya predicado, o ouiere predicado te lo dire, y se haze en esta manera : *yn iquac onitemachti, nimitzilhuiz.*

Este romance : como seruiria yo a Dios ? se reduze a este : como seruire yo a Dios [3] ? y hazese ansi : *quenin,* vel *quen nicnotlayeculhtiliz in Dios ?*

Este romance : como amare yo a Dios ? esta claro, y hazese en esta manera : *quenin,* vel *quen nicnotlaçotiliz in Dios ?*

Otros dexo de poner por ser muy claros, y no auer dificultad [4].

---

[1] *Var.* «acaescio.» Manuscrit MN.
[2] Par suite de quelques omissions, ce passage, dans le manuscrit BN, manque un peu de clarté.
[3] *Var.* «como yo sirua a Dios?» Manuscrit MN.
[4] Cette ligne est tirée du manuscrit MN.

QVANDO.

Este romance : o si ouiese muerto Pedro, quando yo viniese o venga, se haze en esta manera : *ma omic in Pedro, yn niuallaz*, vel *yn iquac niuallaz.*

Este romance : muerto era Pedro, quando yo vine, se haze en esta manera : *omic in Pedro. in oniualla*, vel *in iquac oniualla* [1].

Este romance : quando yo llegue aca, ya era muerto, o ya auia muerto Pedro, se haze en esta manera : *omicca in Pedro, in nacico*, vel *in iquac onacico;* pero por este *omicca* entienden que torno en si, o que torno a biuir; mas si no torno a biuir no diran *omicca*, sino *omic.*

Este romance : quando llegares, ya yo aure comido, se haze en esta manera : *yn iquac taciz, ye onitlaqua*, vel *ye onontlaqua.*

Este romance : quando yo biuiere bien, entonces me amara Dios, se haze en esta manera : *yn iquac uelh ninemiz, quin iquac nechmotlaçotiliz Dios.*

ROMANCES DEL PARA, O PARA QVE.

Este romance : para amar, para seruir, etc. se puede hazer de diuersas maneras, segun lo que adelante se siguiere. Para lo qual se deue denotar lo siguiente [2].

Si en estas tales oraciones no se explica el que a de amar ni a quien a de amar, hazerse han entramas oraciones por el futuro de la boz impersonal. Ex. este romance : para enseñar

---

[1] *Var.* «quando yo vine, ya era muerto Pedro, se haze en esta manera : *yn oniualla*, vel *yn ihquac oniualla, ye omic yn Pedro.*» Manuscrit MN.

[2] Le manuscrit BN porte seulement dans cet alinéa : «Para todas estas oraciones : para amar, para seruir, etc., se deue notar lo siguiente.»

bien, conuiene aprender, se hara en esta manera : *ynic uelh temachtiloz, monequi nemachtiloz.*

Y si se explica a quien a de amar, y no el que a de amar, esto es que se explica la persona que padece, y no la que haze, hazerse ha la primera oracion por el futuro de la boz passiua, y la segunda por el futuro de la boz impersonal. En este romance : para seruir bien a Dios, es menester aparejarse, se haze en esta manera : *ynic uellayeculhtiloz* [1] *in Dios, monequi uelh ic necencaualoz.*

Y si se explica a quien a de amar, y el que a de amar, se hazen entramas oraciones por el futuro indicatiuo. Ex. este romance : para que bien siruamos a Dios, conuiene nos dexar los pecados, se haze en esta manera : *ynic uelh tictotlayeculhtilizque in Dios, cenca totech monequi uelh titlatlaculhcauazque.*

Este romance : para que aya llegado Pedro a Mexico, menester a sido darse priesa, o para auer llegado, menester a auido darse priesa, se dize en esta manera : *ynic oacic,* vel *ynic oacito Pedro Mexico, cenca ic ototocac,* vel *yntla oacic,* vel *yntla oacito Pedro Mexico, uelh ic ototocac.*

Este romance : para llegar, o que llegue Pedro a Mexico, menester sera darse priesa, se haze en esta manera : *ynic aciz Pedro Mexico, monequi yn totocaz.*

Este romance : para que ouiese bien hecho la casa, primero se auia de auer enseñado, se hara en esta manera [2] : *ynic uelh oquichiuani in calli, achto monequia uelh omomachtiani.*

Este romance : para que yo enseñara, o enseñase, auiame de llamar, o auia de ser llamado, se hara en esta manera : *ynic nitemachtizquia, ninotzalozquia.*

[1] *Var. «ynic uelh tlayeculhtiloz.»* Manuscrit MN.
[2] Omission dans le manuscrit BN, à partir de «*ynic aciz Pedro*» dans l'alinéa précédent.

Este romance : para que Pedro sea seruido, vernan todos, se haze en esta manera : *ynic tlayeculhtiloz Pedro, ualhuiloaz* [1].

Este romance : soi venido para comer, se haze ansi : *oniualla imc nitlaquaz.*

Este romance : para que yria Pedro a Mexico, se reduze al preterito perfecto del indicatiuo, y hazese en esta manera : *ilein ic oya Pedro Mexico.*

De los romances del por, o porque, no se pone aqui ninguno, porque son claros y todos van por el indicatiuo [2].

DE OTROS ROMANCES EXTRAVAGANTES.

Este romance : ansi suelo predicar, ansi suelo escriuir, y los semejantes, se hazen por aquel tiempo acabado en *ni* del optatiuo y subjunctiuo [3]. Ex. este romance : ansi suelo predicar, se haze en esta manera : *yuh nitemachtiani.* Y esto es solo en el presente, porque en los otros tiempos hazerse ha por el verbo anteponiendo este aduerbio *yuh.* Ex. : *yuh nitemachtiaya,* ansi solia predicar [4].

Este romance : se leer, se hablar, se pintar, y los semejantes, se hazen en esta manera : *uelh nicpoa yn amuxtli* [5], *uelh nitlatoa* [6], vel *nicmati yn amatlacuilolli.*

Este romance : quiero yr a hazer, quiero yr a enseñar, y

---

[1] *Var.* «para que Pedro sea amado, vernan todos, etc., *ynic tlaçotlaloz Pedro, ualhuiloaz.*» Manuscrit BN.

[2] *Var.* «Los romances del por, o porque, todos se hazen por el indicatiuo, y por ser muy claros no se ponen aqui.» Manuscrit MN.

[3] Le manuscrit BN dit : «por el verbal acabado en *ni* de la voz actiua.»

[4] Cette fin, à partir de «Y esto,» manque dans le manuscrit MN.

[5] Exemple indiqué sur le manuscrit MN.

[6] Exemple extrait du manuscrit BN.

los semejantes, se hazen en esta manera : *niaznequi inic nitemachtiz*, vel *niaznequi nitemachtitiuh*.

Este romance : mañana en auiendo predicado, etc., y los semejantes, se hazen en diuersas maneras, porque, quando no se declara persona que haze, se dira por el preterito perfecto del impersonal. Ex. este romance : mañana en auiendo predicado, me partire, se haze en esta manera : *muztla in otemachtiloc, nompeuaz*.

Pero si se señala la persona que haze, dezirse ha por el preterito perfecto de la actiua. Ex. este romance : mañana despues que ayamos predicado, comeremos, se hara en esta manera : *muztla yn otitemachtique, titlaquazque*.

Este romance : ansi como se acostumbraua antiguamente, ansi se acostumbra agora, se haze ansi : *yn iuh tlamanca*, vel *tlamania yeuecauh, no yuh tlamani yn axcan*.

Este romance : el hombre santo con el amor se haze uno con Dios, y los semejantes [1], se hazen en esta manera : *yn qualli oquichtli tetlaçotlaliztica yuan ic ceti in Dios* [2].

Este romance : a todos alcanço la comida o ropa, y los semejantes, se haran en esta manera : *otepanitic*, vel *otepantic*, vel *otepanic in tlaqualli, anoço in tilhmatli*.

Este romance : no me quadra o assienta bien el oficio, o vestidura, y los semejantes, se hazen en esta manera : *aompa tlauica notequiuh, anoço notilhma*.

Este romance : dile que haga su casa [3], y todos los seme-

---

[1] Ces trois derniers mots manquent dans le manuscrit BN.
[2] Var. « *ic cen in Dios*. » Manuscrit BN.
[3] Il y a ici dans le manuscrit MN une erreur grossière du copiste qui a remplacé cette phrase par les mots « se hara en esta manera. »

jantes, se haran en esta manera : *xiquilhui in quichiuaz ycalh*, vel *xiquilhui ma quichiua ycalh*.

De aqui a un poco vernas, *ocuelachic in tiuallaz* [1].
Ya ha rato que vino, *yecuelh yeua in oualla*.
Rato antes que tu vine yo, *oyuh yeua niualla in tiualla*.
Rato antes vine que tu, *quin yuh yeua niualla in tiualla*.

De manera que con el dicho aduerbio *oyuh yeua*, que quiere dezir antes, o rato antes, etc. se haran las semejantes oraciones.

Un dia antes que tu vine yo, *oyuh yalhua niualla in tiualla*.
Dos dias antes que tu vine yo, *oyuh ye uiptla niualla in tiualla*.

Y tambien por otra manera dizen los dichos y semejantes. Ex. [2] :

Un dia vine antes que tu, *cemilhuitica otinechualitzta*.
Dos dias veniste antes que yo, *omilhuitica onimitzualitzta*.
Un año vine antes que tu, *oyuh ye monamicca niualla in tiualla*.
Dos años vine antes que tu, *onxiuhtica tinechualitzta*.
Un dia despues que yo venisteis, *oquimuztla auallaque in niualla*.
Dos dias vine antes que tu, *oquiuiptla niualla in tiualla*.
Un dia veniste despues que yo, *muztlatica tinechualitzta*.
Un año venisteis antes que yo, *oquiuh cexiuitl auallaque in niualla*.
Un año vine despues que tu, *cexiuhtica nimitzualitzta*.
Diez dias vine antes que Pedro, *oyuh ye matlactli* [3] *nacico in oacico Pedro*.
Un mes vine antes que Pedro, *oyuh cemetztica necoc in ecoc Pedro*.

---

[1] Dans cette fin du chapitre, les deux manuscrits diffèrent pour la forme seulement. Celle du manuscrit BN nous a paru préférable comme étant la plus courte. Le manuscrit MN a répété pour chaque exemple la rédaction ordinaire : « Este romance... se haze en esta manera : » etc.

[2] *Var.* « Tambien se dizen estos dos sobre dichos y todos los semejantes en otra manera. Ex. : » Manuscrit MN.

[3] Le mot *ilhuitl*, jour, est sous-entendu.

CAPITVLO OCTAVO.

DE LAS MANERAS DE HABLAR QVE TENIAN LOS VIEIOS EN SVS PLATICAS ANTIGVAS.

Las siguientes maneras de dezir son metaphoricas, porque una cosa quiere dezir la letra y otra la sentencia, aunque algunas vayan a la letra glosadas y otras se pueden aplicar a otro sentido del que van [1].

Aqui abro y descubro el coraçon de parte de Dios.

Nican nocontlapoua in toptli, in petlacalli; ualh cemmani, ualh chayaui in chalhchiuitl, in teuxiuitl, in pepetzcatiuetzi, in pupucatiuetzi, in aneuetzi, ça uelh nelhtiz, in itechpa uitz [2] *in icelhtzin Dios.*

Padre, madre, señor, capitan, gouernador que son o estan como arbol de amparo.

Nantli, tatli, xopechtli, manauilli, puchutl, aueuetl, ceuallo [3], *ecauhyo, ecauilo, yn izcaloticac, yn malacayoticac.*

Cuexane, mamalhuace, tlaçoa, tlauipana, tlamattzin, yuiantzin, inic tlatqui, tlamama, tlanapaloa, uelh cuitlapane, teputze, uelh tlauica, tlautlatoctia, tepachoa, teyacana.

Chalhchiuitl, teuxiuitl, cuzcatl, quetçalli, alhtepetl, petlatl, icpalli, tlauilli, tezcatl, ocotl, tlepilli, machiutl, uctacatl, nezcayutl, ceciyacatl, yuitoliuhqui, in ololiuhqui, in acatic, in xopaleuac, in pepetzca, in tlilli, in tlapalli contlalia, izcaloa, malacayoa, inic tepachoa.

---

[1] Si nous ne donnons pas ici, dans les notes, le sens propre de chaque expression métaphorique, c'est que ce travail nous mènerait trop loin et qu'il est, d'ailleurs, facile de trouver ce sens propre et quelquefois même le sens figuré dans les vocabulaires, notamment dans celui de Molina.

[2] *Var.* «*in itech uitz.*» Manuscrit BN.

[3] *Var.* «*ceualli.*» Manuscrit MN.

Labrador o persona baxa.

Quauhtli, ocelutl, cuitlapilli, atlapalli, quauhqui, elemicqui [1].

Arbol, o padre primero, o principio de generacion, señor, o gouernador.

Quatçoyutl, mecayutl, cuitlaxculutl, yolhcayutl, tlacatçoyutl [2], *quauhtçoyutl, in tetçon* [3], *in teculh.*

Parientes de algunos que salen de un tronco.

Teuitçoa, teauayoa, techamaloa, tetapalhcayoa, teeçoa, tetlapaloa, temetçoa, tetzicueuhcayoa, tetlapancayoa, texiloyoa, tecacamayoa, temiauayoa [4], *teizteyoa, teixquamulhua, tetentçoa, tetzintamalhua, tequequetzalhua, tequequetzolhua, tecotoncayoa, teuilhteccayoa, teuampoa, teoncayoa, teyecayoa, teuayolhcayoa* [5], *teelhtapachhua, tecuitlaxcoloa, in texillan, in tetozcatlan* [6] *cenquiçah.*

Niño gracioso nacido como joya fundida.

Tlapitzalli, tlamamalli, tlapetlaualli, in opitzaloc, in omamaliuac, in opetlaualoc, in otlachialhtiloc, yuhqui in teucuitlacuzcatl.

Despierta, rebiue, es discreto o tiene la razon por guia.

Miauati, xiloti, izcaloa, malacayoa, mimati, yolloa, celia, itzmolini, ynic xotla, ynic cueponi, ynic ixtli yollotli quitquitinemi, in quititlani, ynic ixe, inic yollo, ynic nacace.

---

[1] Ces deux derniers mots sont tirés du manuscrit MN. — *Elemicqui* ou *elimicqui* vient du verbe *elimiqui*, labourer, qui fait aussi *elimiquini*, laboureur.

[2] Le manuscrit BN écrit : *tlatçayutl.*

[3] Le manuscrit MN porte : *yn tetetçon.*

[4] Ce mot est tiré du manuscrit MN.

[5] Le manuscrit BN écrit par erreur : *teoalhcayoa.*

[6] De *tozquitl*, voix, gosier, qui, en composition, change *quitl* en *ca* : *tozcacuitlatl*, pituite.

Hijo o niño, o señor muy amado, a las aues lindas y preciosas comparado.

Tlauhquecholli, çaquametl, quetçalhtototl, teuquecholh, çaquan, tçinitzcan, xiuhtototl, piliuitl, tlaçopilli.

Hazer misericordia la persona o el señor, o hazer limosna, o consolar al afligido.

Choquiztli, elciciuiztli, ixayutl, tlauculli, ellelli, cemixcolli, tlamatçoalli, tlamapictli; tiçatl, yuitl, in tlilli, in tlapalli, in tecuçauitl in quitlalia, in quichiua; in tetech quimateloa, inic teceuia, tepatia, in tetiçauia, in iepotonia, in tetlauia, in tetecochuia, in tlacatl inic tetçiloa, inic teapana.

Moço, sieruo o vasallo de alguno.

Temayecauh, temecapalecauh, teteputzecauh, tecacaxecauh, tetlalecauh, tequauecauh.

Despertar a alguno con castigo, o corregirle.

Culutl, tçitçicaztli, uitztli, omitl, cecec atl nictequaqualhtia; yequene tetl, quauitl, mecapalli, tepuztli nictemaca[1], *nictetoctia, in nictequalhtia, inic tetech nicpachoa.*

Castiga Dios con mortandad, o sentencia el señor o juez a muerte.

Xuxuhqui in tetl, xuxuhqui in quauitl tepan quitlaça, quimayaui, yequene tepan quimomatzayanilia, yequene tzoaztli, tlaxapuchtli, mecatl quimoteaquililia, inic teatoyauia, tetepexiuia in Dios, anoço in tlatoani.

Por los pecados de inobediencia da Dios pestilencia y contrarios tiempos.

Yehica yn itzontlan, in iquatlan in quiça, in moquetza inic

---

[1] Dans le manuscrit MN on lit ici en marge : « para esclauo. »

quixopeua in ypetl, in icpalh in Dios, in ocelutl, in ahaztli, in cuitlapilli; ic tepan coliui yuey tetl, yuey quauitl, auh in ilhuicatl ic nanatzca, auh in tlalli olini.

Lleuo la vida, o biuo con fatiga faltandome lo necessario, ando afrentado.

Ninocnouica, ninocnotlatoctia, ynic nicqua yn nix, yn noyollo; yn anecini, amottani yn nocuchca, noneuhca; yn teixmullan, in tecalhtech noconmihiyouilhtia [1].

Corrije o reprehende de palabra el padre, o madre, o el señor.

Tlaxamania, tlapuztequi, tlaatoyauia, tlatepexiuia, yn eztli, yn choquiliztli ynic teixamia, ynic teitonia, yn tenan, yn teta, yn tlacatl, yn tlatoani, in tetic cecec yn ixillan, yn itozcatlan, ualhuetzi, ualhquiça.

Tomo consejo con alguno.

Yn teix, yn teyollo, nonan, nota nicchiua; yn teeço, yn tetlapallo uelh nicneçotia, nicnotlapalotia, nicnochamolotia, nicnotapalhcayotia [2].

No quiero padre ni madre, sino a mi plazer tomar la manceba que me pareciere.

Aninaxoa, anitayoa, çan can utlamaxalli, nextepeualli nicnotatia, nicnonantia, yn aniquittaznequi yn ixtli, yn xayacatl, yn itzcalli, yn yollotli [3].

Soberuio que no tiene a nadie en lo que huella, y el es tenido en menos.

Teixco, teicpac nemi, tetlanipachoa, tetlaniücça, tepan moquetza, tepan motlalia, çan petlatitlan, icpalhtitlan teaquia, tepopoloani [4].

---

[1] Cette ligne, à partir de *yn teixmullan*, est extraite du manuscrit MN.
[2] Ces deux derniers mots sont tirés du manuscrit MN.
[3] Var. «*yn ixtli yollotli, yn xayacatl, yn itzcalli.*» Manuscrit MN.
[4] Ce mot n'est pas dans le manuscrit BN.

Momauiçollani, miixtililani, yn açan aca ypan momati, in atle ipan itztinemi, çan ixço icpac quiquixtia in itleyo, in imauiço, yçan cuecuenociuhtinemi, çan quixopeua in tepetl, in teicpalli, maciui in atlei ypan itto.

Reboluer questiones por donde se maten unos a otros, o se destruygan.

Tetçalan, tenepantla in ninemi, in teuhtli, in tlaçulli, in nextli nicnomolonalhtitinemi inic nicteixpiquilhtia in cucuc, in chichic, inic nicteititinemi, nictequalhtitinemi in uctli, in nanacatl, inic aompa nitetlachialhtia, niteicxitia, nitetentia, nitematia, inic ninepanqualo, inic ninecoctene, inic ninecoquixe, inic ninenepilhmaxalhtic, inic nitetlocnequalhtia, inic nimaquizcoatl, nichiquimolin [1] *nimochiuhtinemi, inic eztli yollotli nicteititinemi, nictequalhtitinemi, inic nitequaiuintitinemi.*

Destruye el señor, o gouernador la republica, gouernando mal, o ensoberueciendose con el señorio.

Tlaçoneua, tlaacomana, teuhtli quiquetza in aompa teixtia tetlachialhtia in tlatoani, çan tlaxixinia, çan tlamoyaua, tlaxamania, tlapuztequi, çan tlaatoyauia, tlatepexiuia, çan teuicanaquia, teçoquiaquia, çan tlaxoxopeua, tlacecemana, çan motatlaça, monantlaça, çan ixtomaua ycica inic quiuica in yauh, in ytepeuh, çan ic quipinauhtia, cauilhquixtia in petlatl, in icpalli, yçan ixco icpac quimana, quipopua in yteucyo; yn ipillo, ynic çacatla quauhtla tecalaquia [2].

Esclauo.

Tepuzço, mecapallo, tlallo, çuquitl, teyo, quauhyo, aztayo mecaxicolo, axixpan, cuitlapan, ycayan in nemian.

[1] Le manuscrit BN écrit : *nichicomolin.*
[2] Cette fin, à partir de *ynic çacatla*, est extraite du manuscrit MN.

Perezoso, ocioso, mal criado, desuergonçado, que no quiere rabajar.

Tlalhmauilhtia, tapalhcamauilhtia, tlaçolhololoa, moçoquiauilhtia, motlalauilhtia, çan ic quiquiz, çan ixtotomauatinemi, atlaiznequi, ayelleaiznequi, icximiqui, mamiqui, tetech tlaquauhtlamati, techan catqui yn ycuchca, yn yneuhca[1].

La doctrina santa que sale del coraçon ha de ser tenida en mucho y no menospreciada.

Yn toptli, in petlacalli amo ytech axiuani, amo tzitzquiloni, amo analoni, amo tlacaauilli, yehica in teyollotlan in meya, in quiça in qualli ueueyutl atlatlaçaloni.

Pusose en el peligro y como loco o desesperado se dio a sus contrarios, o metiose do no salio como la mariposa en el fuego.

Omotlepapalochiuh, aquitlaçotlac in yelhchiquiuh, in ytzontecon, in axco icpac tlachix, çan teca omouitec, omotzotzon, çan yliuiz in ualh actiuetz, in oncan mopipitztica in tetl, in yuh chauapapalutl yçan yliuiz tleco calactiuetzi.

Persona valiente o esforçada.

Oquichtli, tiacauh, ixtleyo, ixmauiço, in icxicuztic, in tencuztic, uey miztli, uey cuetlachtli ypan quiztoc, yuey quauhtli, uey ocelutl mopopoyauhticac[2].

Anda hecho vellaco siguiendo el camino de los animales, desatinado sin sentido.

Ye mitonia, ye momociuia, ye mamana, ayamo yquiçayan in quiça, ayamo ycalaquian in calaqui, ayamo youi in quitoca, çan quitoca in maçatl, in tochtli in youi, yçan çacayotoc, poliuhtoc[3], *in*

[1] Ligne, depuis *tetech*, tirée du manuscrit MN.
[2] Ces cinq derniers mots sont extraits du manuscrit MN.
[3] Ce mot est tiré du manuscrit MN.

atlacaneci, çan yliuiz yauh, çan tochyauh, çan maçayauh, yçan xolopitinemi, çan yliuiz nemi, mapoliui, icxipoliui, anenqui atlacatl, omonanacaui, omotlapaui, omochocholti, omoquaquauhti in pilhtontli, inic oquittac in tochtli, in maçaotli, çan xoquechpanti ixtlatçiui, nacaztlatçiui.

Riñole o corrigole de palabra.

Ytzonic, yquaic, yquayolic nicquetza; yxqua, ytlanqua ic nicnenemitia, inic nictoctia in teil, in quauitl, in yxopilh, in ymolic, yn itetepon [1] *ic nicquequetzteua.*

Parlero, chismoso de mala lengua.

Tenquappulh, tentlapalhtic, tetenquauhti, tenquauhxolutl, tenchicotic, yollochicotic, uel aompa ixtiloc, tentiloc, nacaztiloc [2], *xayacatiloc ynic cah, ynic nemi, yliuiz tlatlaquaqua, tlacatlatolh mocuitlauia, yliuiz tlatlatoa.*

Esta limpio y aparejado para Dios el coraçon del buen christiano.

Tlamauizmamani, tlacecelhtia, tlaxopamamani yn yxuchicalitic yn Dios, tlahtonatimani [3], *tlaxochinahmani, tlalhuyçolhmamani, tlapaccamani, tlayocuxcamani.*

Encubro agora tu delito, pero si no te emmiendas, a la otra vez lo pagaras todo.

Motçontlan, moquatlan nicpachoa yn tiçatl, yn yuitl, nimitzpantia, nimitzteteuhtia [4], *çan oc nican petlatitlan, icpalhtitlan nimitzaquia, tlallitic, quauitic nimitzquixtia, çan oc nimitzcama yneualhtia in quauitzatl, in chichicatl. Auh in occeppa aulutl nimitztlaqualhtiz inic ticyecoz in uitzatl, in chichicatl.*

[1] Ces deux derniers mots sont tirés du manuscrit MN.
[2] *Idem*; seulement on lit *naztiloc* au lieu de *nacaztiloc*. — *Ynic nemi* et *yliuiz tlatlatoa* sont du même manuscrit.
[3] La fin de cet alinéa est empruntée au manuscrit MN.
[4] Var. « *Motçontlan, moquatlan nimitzpachoa, çan oc nican* » etc. Manuscr. BN.

Hazense los mayores a una por casamientos, o en otra manera.

Mocetilia in nayutl, in tayutl, inic oncan in totomoliuiz, in xotlaz, in cueponiz in pillutl, in teucyutl, inic ocetia yn eztli yollotli.

Casase aquel, o pide, o toma muger.

Quinamictia in toptli, in petlacalli, in cuzcatl, in quetzalli in imaquechtlan, in ytozcatlan in conmolhpia, ynic[1] *quitzaqua in comitl, in caxitl.*

Doi muger a alguno para que assienten y biuan en honra.

Tepan nicçoa in cueitl, in uipilli; auh tepan nicteca in tçotçopaztli, in malacatl[2]*, in teçacatl; temac noconpiloa in ichcatl, in malacatl, inic onoz in petlatl, in icpalli.*

El que nace de esclauo, o el bastardo.

Contitlan, metlatitlan, texatitlan, tlemaic, xiquipilhco in otlacat in tepuztli, in mecapalli, in cacaxtli, in uictli in tlatzaqua, in tlanamiqui, axixtli cuitlatl quinamiqui[3]*.*

Ponese señor de nueuo.

Moyollotia[4] *in petlatl, in icpalli in alhtepetl, motçontecontia, xotla, cueponi yn atl, yn tepetl.*

El pecador suzio y obstinado es como el puerco con el lodo.

Tlaçulli, teuhtli quimauilhtia, nextepeualli quimotlalilia, quimocuitlauia in çuquitl, in tapalhcatl inic moçoquipuloa, inic motapalhcaneloa, in yuh coyametl mocuitlanexpuloa.

Persona doblada, que no habla aderechas.

Çan quiquauhtzalanaquia, çan quiquauhquixtia in ytlatolh, çan

[1] Cette fin est tirée du manuscrit MN.
[2] Ces deux mots *in malacatl* sont empruntés au manuscrit MN.
[3] Ces trois derniers mots sont extraits du manuscrit MN, qui, dans la marge, porte en regard des deux premières lignes : «siendo ambos esclauos.»
[4] Le manuscrit MN porte *moyollotica* et donne la fin de l'alinéa, à partir de *motçontecontia.*

aompa in quiytalhtiteua, çan auic campa motentia, aompa tlatlatoa, çan quiquauhneloa [1].

Miro a alguno de mal ojo.

Yxtlapalhic nacazic niteitta [2], *nixcuelhcopauic nitztiuh, niteixnacaznecuilitztiuh.*

Rije el hijo del señor defunto.

Oitzmolin, omonelhuayoti in ytlaquillo in puchutl, in aueuctl, omotlanti, omozteti, ye tequancah, ye mauizcah, ye motleyotiticah, mihiyotiticah [3].

Es humillado y priuado del señorio con que se ensoberuecia.

Otempixauililoc, otlantepeualoc in itzten, oputztequililoc in ycoatlan inic aocmo tequaz, oauililoc in petlatl, in icpalli, inic aocmo mauiztililoz, ynohma [4] *omixquapeuh, omoteputçalauh, ytçontlan, yquatlan oquiz yn totecuyo, ixco icpac onenque.*

Rije bien el señor que puebla bien, honra y adorna su pueblo.

Tlaatilia, tlatepetilia, tlauecapanilia, tlapantlaça, tlateyotia, tlamauiztilia in yauh, in ytepeuh.

Destruye el señor, o gouernador el pueblo.

Teçoquimotla, tequaqualachneloa, tetlatçicuinia, tlaçoloa, tlacatçaua, ontlachayaua in petlapa, in icpalhpa ic quicatçaua, inic quiçoloa in alhtepetl, inic quitolotla, inic quiteyotia, inic quixtlaça, quitentlaça [5].

Riño al inocente por corregir, o afrentar al culpado presente.

Tetech nitlacaleua, tetech nitlauleuitia, tetech nitlachaloa, nitexalatepoa. Auh tetech nictlatçoa in texix, in tecuitl.

---

[1] Fin tirée du manuscrit MN, à partir de *aompa tlatlatoa*.
[2] Var. «*yxtlapalhnacazic niteitta.*» Manuscrit MN.
[3] Du manuscrit MN, à partir de *ye tequancah*.
[4] Fin extraite du manuscrit MN.
[5] Mot tiré du manuscrit MN.

En mi mano esta ser bueno, o ser malo.

Çan nomac cah in nix, in noyollo inic ninouatçaz, anoço inic ninocueponalhtiz, ynic [1] *ninoxotlaltiz, ninocueponalhtiz, ynic niceliz, nitzmoliniz.*

Tengo paciencia en lo aduerso y en las reprehensiones.

Nitlayolloteuia, çan nicpetlacalhtema, çan nictoptema in tetl, in quauitl, in çacaqualli, çan nicchalhchiuhmati, nicteuxiuhmati, in quexquich nopan yauh, in nopan quiça, in ompa itztiuh, in aompa, etc. id est [2] *çan nictlaçomati, nicpaccayhiyouia.*

Doi pena y trabajo y mal exemplo a todos.

Niteyolhquixtia, niteichiloa, nitelelaxitia, teitic nictepeua, nicaquia in tlexuchtli, in tlequauitl inic niteelatia, inic nitepatzmictia, inic niteyolhtoneua, ynic [3] *nitemociuya, ynic nitetequipachoa, niteyolcocoa.*

La yglesia de Dios es reuerenciada, donde esta todo el bien, y se oye la consolacion del anima.

Tlaalaua, tlapetzcaui, tlaxolaua in ychantzinco in Dios, in oncan cenquiztoc, tepeuhtoc, ceceliuhtoc in ixquich in qualli, in teyollo quimati, in teyollo caxiti, in choquizço, in tlaucullo in amo tequauhquixti, tequauhtlamachti, yçan ompa quicui [4] *in paquiliztli, in cemelli, yn* [5] *teyollali, yn tecuilhtono.*

Renzilloso, enojoso, desabrido en sus palabras.

Cenca poçoni, pupuçoca, tenecati, mamaçoa, tlatlatelicça, motititza, tenquauhxolutl, tetenquauhti, quelellaxilhti; quauhtlatolli, in aic yamanqui in ytlatolh, çan yuhqui in tetl tetech quipachoa.

[1] Fin extraite du manuscrit MN.
[2] Idem.
[3] Idem.
[4] Le manuscrit MN porte *cuiua*, au lieu de *quicui*.
[5] Fin tirée du manuscrit MN.

Ladron que todo lo apana y roba.

Matlaueliloc, macueciuhqui, macuecuenotl, mayciuhqui, yliuiz tlacuicuitiuetzi. Yn[1] *amo matlacatl yn hicica ixtotomaua yollopatlachtic.*

Riñen o matanse, o muerdense como perros.

Monanalhtçatoque, moquaquatinemih, motlancuitçalhtoque[2], *meelhtçintoque, mooxtlapalitztoque.*

El señor, o gouernador, o persona temida o reuerenciada.

Mauiztitoc in petlatl, in icpalli, in oncan neuiuixtoc in tçoaztli, in tlaxapuchtli, in coloyotoc, in tocayotoc, tçitçicazçotoc[3].

Forma o ymagina mentiras.

Çan quiyoyocoya in tlatolli, çan quiciciqui, çan iztlactli, tenqualactli, tlaelli quimauilhtia, quimotequitia.

Espantosa cosa, temerosa o marauillosa acaecio.

Tequaceceputz, tecuecuechcauh, teiçaui, temamauhti, tequaceceno, in tepan omochiuh tlayoalli, xomolli, calhtechtli, tlanaualli[4] *in otetoctiloc.*

Acusar o dar quexa de otro, o afrentarle delante de alguno.

Nontemayaui in tlexoquauhco, in tlecomalhco, in tlemaic, in tlecoazco inic nitetlecomayaui, inic nitetlecotlaça, inic niteixpauia, nitetlatoleuia, inic nitecuitlachiuia, inic teixpan nitemaxtlatomia, niteayatomia, nitemaxauya[5], *nitetzinpetlaua, niteyaualoa, teicatlan, teteputztlan niquixtia yn tlatolli.*

[1] Fin extraite du manuscrit MN.
[2] *Var.* « .... *moquaquatitoque, motlatlancuitçalhuitoque,* etc.» Manuscrit MN.
[3] Ce mot est emprunté au manuscrit MN.
[4] Le manuscrit MN termine ainsi cet alinéa : « *tlanaualli,* vel *tlanauatl in tetoctiloc ouy etic tepan oquiz.* »
[5] Cette fin est tirée du manuscrit MN.

Auisar que no sean presos, que no pequen, o hierren.

Nitepantia, niteteuhtia, niteitictia, nitetlauyotia, nitenemachtia, nitexaua, nitetecuilhuazhuia, inic acan temac uetziuaz, temac aquiuaz, anoço inic amo tlatlacoloz.

Armar a alguno cauallero.

Nitequetza ytzumpanco in tlecuilixquac, in tlapco, in matlac, in temalacac, inic nictemaca in chimalli, in tlacuhtli, in teacoquiçaya, in tepauetçia.

Agora oigo mi ventura o desuentura.

Yn axcan niccaqui in nacoquiçaya, in notemouia, in notlan yuetçia, anoço inic ninothlhuiz, inic ninotlapalhuiz, auh inic nimocoloz, inic nimocacauaz, auh inic nimoteçauiz, inic nimopotoniz.

Somos sujetos y seruimos a los que nos conquistaron por fuerça de armas, o nos dimos, etc.

Amo tixicyoque, atichcoyoque ca taxcauiloque, topan mani in chimalli. Auh topan onoc in mitl, in quauitl. Auh totlan uetztoc in tlauiztli, in chamoleuatl, yxiueuatl, in teocuitlapanitl.

Seruir de paje dando agua a manos.

Niteixamia, nitemapaca, nitecamapaca, nitematequia, nitenechichiualhpopoa, nitenechichiualhtia, nitepepechtia, nitetlaqualhteteca.

Seruir de moço, de labrador.

Nitititlanti inic niquaquauitiuh, inic nelemiquiz, inic nitlaiz, inic nitocaz, inic nitlaxuchimanilhtiz, inic nitlatotoniliz, in tlalhtica, in quauhtica, in milhtica, in tetica, nitequiti, nitlacoti, nitlatequipanoa[1].

---

[1] Ici s'arrête, sur le manuscrit BN, la transcription de ces anciens termes métaphoriques. Le copiste y a laissé plusieurs pages en blanc. Mais le manuscrit MN nous a permis de remplir cette lacune, qui ne comprend pas moins de quarante-deux paragraphes (p. 223-230).

Ensoberuecerse, o tener fantasia con el fauor o amparo de otro.

Tetech tlanaui, tetech atlamati, tetech cuecuenoti, tetech mopoa, teca moquauitequi, tetech tlananaui.

Hazer a otro vellaco, o dar mal consejo.

Mixitl, tlapatl, coaxuxuhqui, nanacatl nicteittitinemi, nictequalhtitinemi, iztlactli, tenqualactli, teixco teicpac nicquixtitinemi, nictetololhtia, inic aniteuellamachtitinemi, inic nitecuecuenotilia, ynic nitequayuintia, ic nitexocomictia, inic niteixcuepa, nitechicotlachialhtia, nitechicotlacaquitia.

Dios señor y criador y gouernador de todo, que ensalça y humilla.

Tloque nauaque, tlalticpacque, in teutlale, in atlaua, in tepeua, in tepexiua, in tlachiuale, in teyocuyani, tepiquini, in tecueponalhtini, in tlatzmolinalhtiani, in temamalini, in tepitzani, in texuchiycuiloani, in tepantlaçani, in tetlalanaquiani, in tetotomolilhtia, in tetlatçinilhtia, in temaxeloa, in temayaualoa, in tetlalia, in teçaloa ypalhnemoaloni.

Partiose dexando de si memoria por las buenas obras o hazañas que hizo y buen exemplo.

Micuilotiuh, mopopoyauhtiuh, motlilhuitiuh, motlapalotitiuh, mitauhcayotitiuh, moxuchiyotitiuh, monezcayotitiuh, motamachiuhtiuh; quicauhtiuh yn ynecauhcayo, yn yteyo, yn ytoca, motimalotiuh, tetech quicauhtiuh in tlilli, in tlapalli, in chalhchiuitl, in teuxiuitl inic omoteyotita.

Por ventura soi parlero? no soi secretario? An me de abrir para me sacar el secreto?

Cuix nixilutl? cuix nimiauatl, niçacametl? cuix nitçayanaloz inic niquixtililoz? cuix yuhqui initoptli nipetlacalli? Cuix nitlapiloz inic nanililoz in chalhchiuitl, in teuxiuitl? Cuix nociuhqui in tetl, in quauitl? Cuix nixeloloz, nitlapanaloz inic notzcalhco, noyollotlan tlachialoz?

No quiero poner discordia donde ay paz.

Aço malli, acoallantli, atlauelli ypan niaznequi, yehica tlamamani yn tlilhcaxitl, in tlapalhcaxitl, macana nitlamimilo, nitlaxopeuaz, nitlacuitlacpeuh, noço tlacacah in chamuliuitl, in piliuitl inic amo nitlamoloniz, nitlaneloz, ynic amo nitlatlauelhcuitiz, nitequalancuitiz.

Ya viene el castigo de Dios entresacando, por esso todos se emmienden.

Ye nican uitz yn ytemux, yn yeecauh, in yauauh, yn ycolouh, yn ytçitçicaz, yn yteuh, yn yquauh. Auh ye nican onotiuitz yn ycoauh, in ytequan in tloque in nauaque, in texelotiuitz, tepepentiuitz; ma ic celia, ma yc xoilalo.

Ando triste, angustiado, y fatigado.

Notololh, nomalhcuch nicchiuhtinemi, nochoquiz, nixayo nicmatentinemi, noztetzin, nomatzin nictlanquatinemi, in tetloc, in tenauac nicnocuzcatitinemi, in nomatzin ic ninomalhcochotinemi, yn notlilh, yn notlapalh ic ninomatilotinemi. Auh in notlalh, in noçoquiuh ic ninopolotinemi. Auh in nelelh, notlauculh, ic nimilacatçotinemi, ic ninotlalitinemi, nelelacitinemi.

Detener a alguno con palabras fingidas para que sea preso, o le suceda algun mal.

Nictlaniteca, nictlanipachoa in notequaya, noteya, in nozlac, in notenqualac, inic niteualana nitetlamachana, inic niteoztoaquia nictenamictia in tepexitl, in atlauhtli, inic nicpachiuia ic nicneyanilia in culutl, in tocatl, in tçitçicaztli, in axoxouilli, in atoyatl, yectlatolhtica, tçopelica, aauializtlamachializtica inic nitequetça, inic nitetlalia, niteyeccateca, nitenaualhtçecoa.

Quebro el mercader, o cayo alguna persona de la honra o estado en que estaua.

Omoxictlaz, omixtlaz, omotlantlaz, ocuetlauh in quauitl, in xuchitl ocequaloc, in xiuitl oquetozuac, ocototçuac, ochichinauh, onelhuayotlatlac, omonelhuayocoto, omomauizpolo, omocalanquixti, omotlacollaz, yncoyan omitlaco, omocnopilhtili.

El malo biue vida de bruto animal.

Axixpan, cuitlapan, tlaçolhpan ychan, ynemiyan yn tlatçiuhqui in teuhtica, in nextica in mapantinemi, in moquimilotinemi, inic atlacanemi, tlatçulli, teuhctli ic monelotinemi.

Es cobarde, medroso o temeroso.

Tçinquizcatlayecoa, mauhcatlayecoa, amo teuic mixtlapaloa, mauhcatlacatl ateuic mixeecoa yuhqui in tetl quauitl in pupucatoc, in chichinauhtoc, amo tlapaloa, aontlaecoa, mixtelhquetça.

Persona honrada o señor que tiene vasallos o gente, etc.

Momatia, mocxitia, moquauhtia, mocelotia, mocuetia, mouipilhtia, mayatia, momaxtlatia, motlapiuia, motzonixualhtia, yn tlacatl momauiçotia, motleyotia, moteyotia, mixtia, monacaztia.

Enriquecerme o acrecentar hazienda.

Ninotlatepeualhtia, ninotlanenectia, niniculhtia, ninotlatoxauilhtia; ninotlateunemitia, ninotleuauania, ninotlexelhuya, ninotlanechicalhuia, ninotetçontia, ninotlapepechia, ninonelhuayotia.

Erro el pecador, o cayo en el lazo el que no anda aderechas.

Oquimonamicti in tetl, in quauitl, in tçoaztli, in tlaxapuchtli, in culutl, in tçitçicaztli, in moneuianaquito, in canamatlac, in tochmatlac, in maçamatlac yn oncan otetçauhtic, yn otlauelhtic, yn aompa itztiuh, yneuyan omotleuauani.

Soi templado en el corregir o castigar.

Ninomailochtia, ninomatlacaualhtia, ninomayeyeculhtia, yn yamancatlacatl, in yocuxcatlacatl ynic nitetoctia in tetl, in quauitl, in culutl, in tçitçicaztli, in tlexuchtli, in tlemiauatl can ninomacaxaua.

Soi rezio en corregir o castigar.

Ninomatlepalhtilia, ninomachicaua, ninoquauhtilia, in ninomatçomocoa, inic ninomacencaua, ynic nicteytia in chichicatl, in toneuizatl, inic nictetequilia in mecatl, ynic nitetlexuchiquentia, ynic niteiztlacmina, ynic nictequalhtia in cucuc, in teupuhqui.

Aueisme, señor, hecho mercedes como a vuestro hijo.

Otlaçotic, otlacauhqui, otlaucuxqui, omotlapalo in mittzin, in moyollotzin, in motlacnelilh, in monetlapalolh, in milacatçiuhca, in mapanca, inic tinechilacatçoa, inic tinechapana yn nocxi, in nomac in titlachia, in nimelhtapach, in nimochichicauh, yn nimeço, yn nimotlapalo.

Es generoso y de lindo y excelente coraçon.

Chalhchiuhtic, teuxiuhtic, tlapitçalhtic, tlamamalhtic, tlacenquixtilhtic, yn ycuzcayollo, yn ychalhchiuhyollo, in yquetçalhyollo, tlachictic, tlapetlaualhtic, tlacencaualhtic.

Maluado, suzio, peruerso que no toma consejo.

Micoloa, motliloa, mocatçaua, moxolopicuitia, moçoquineloa, motlalhneloa, aompa müxtia, aompa monacaztia, çan aompa motentia, in ayellacaqui, yn aompa tlacaqui, yn aompa tlacça, yn aompa quiça, yn aompa eheua, yn aoncan cah yn yx yn yollo.

Prometio nos Dios la gracia, si le obedecemos.

Otechnetolhti, otechnemacti in Dios in ilhuicac netlamachtili, yntla uelh titoptizque, tipetlacalhtizque, yntla ticchalhchiuhtilizque, ticteuxiuhtilizque, ticcuzcatilizque, ticquetçalhtilizque.

Da Dios hambre o enfermedad.

Xiuhcoatl, mamalhuaztli tepan quimotlaxilia, tepan quimochiuilia yn Dios.

Rico, o persona que tiene lo necessario.

Totonia, yamania, yuiyoua, mocuitlapilhtia, mamatlapalhtia, celia itzmolini in ailitl, in auexutl totomoliui, mimiliui, in xuchitl xotla, cueponi, inic tlacelia, inic tlaxopiaua, momatia, moyaualoa in iuhqui in puchutl, in aueuetl.

Hazer pesquisa el juez, o ynquerir la vida de otro.

Tlatataca, tlacuicui, tlacxitoca, tlatlanitlayeloa, tlauauana, tlaxexeloa, tetlacuicuilia, teucuillana, teucuilhquixtia, tetlaanilia, tetlatlachpanilia.

Vino a poner nueua doctrina, o vino a fundar de nueuo.

Mixtli, puctli, ayauitl quimolonalhtico, queuatiquetçaco, quimanaco, octacatl, machiyutl, xiyutl, quatçontli in oquitemaco, in oquitetlalilico, inic nequatçomaloz, nexiyotiloz, oquitlalico in tlaleualli, yn teuchulli.

Loar, honrar, o ensalçar mucho a otro.

Nitechamaua, niteuecapanoa, nitetlalhuia, nitecueponalhtia, nitexuchiyutia, niteizcaloquetça, nitemayaualoa, nitepantlaça, nitepauetçolhtia, nitemauiçotia, nitetimaloa.

Leuantole el señor y sublimole no siendo nada.

Teuhtitlan, tlaçulhtitlan, axixpan, tlaelhpan oncan oquimopepenili, oquimopantlaxili, oquimopauechili, oquimacoquixtilia in Dios, anoço in tlatoani atleypan quiçaya, çauhquauhtia, ocelutia.

Valentia, grandeza, o hazaña.

Quauhyutl, oceluyutl, tiacauhyutl.

15.

Satisfecho estoi.

Omacic, opachiuh, omotlali in noyollo.

Quien soi yo, para que Dios me hiziese tantas mercedes?

Ac nehuatl, ac ninomati, cuix nolhuilh? Cuix nonauatilh? Cuix nomaceualh, inic onechmoxuchiyotili, nechcueponalhtili in teutl, in tlatoani, ynic onechmotlapalotili, ynic nimacoc yn chamauac timaliuhqui, yn totonqui yamanqui.

No te tengo en poco, sino en mucho.

Ac nimitznomachitia, tleypan nimitznottilia iniquauhtli, yn nocelutl, cuix titlacauili, cuix iuhqui yn titlilli, in titlapalli? Cuix nimitzpupuloz? Cuix noço yuhqui yn xuchitl, in xiuitl? Cuix nimitzhuatçaz? cuix nimitzmacuetlaniliz? ca çan tichalhchiuitl, titeuxiuitl ypan nimitznomachitia.

No me ygualo ni comparo a nadie, sino que me tengo por menor.

Amo teuan niuetzi, acan teuan onipouh, aninomimiloa, aninocueponalhtia, animocauantilia, animoquetçalhtototilia, animoteuquecholhtilia, animotçinitzcantilia, animopochotilia, animaueuetilia, animacelelhtia, animoxopiaualhtia, çan nimotlilhtilia, çan nimotlapalhtilia.

Emborrachose, o salio de seso.

Ytech oquiz in uctli, in nanacatl, in mixitl, in tlapatl, in coaxoxohqui inic oyuintic, inic oxocomic.

Aprouechome la medecina, o la cura que se me hizo.

Onotechquiz, onechnalhquixti in patli, onechyamanilhti, onechuellamachti.

Quejarse primero el culpado imputandolo al agrauiado.

Teixpan momanteua, moquetzteua, inic tetlaxiliteua in yayaçulh, in imaxtlaçulh, iniç atle ytech tlamiloz in tlilhtic, in catçauac, mattoitiuh, motlapechitiuh, moyecnequitiuh, mopetztilitiuh.

Tener alguno pobreza o hambre.

Xulutl mapantoc, chayauhtoc techan, xiuhcoatl, mamalhuaztli tepan quiça, tetech motlalia, tepan mochiua. Auh tepan moquetça in mixpanitl, in tlemiauatl, itztic cecec quiztoc, icnoyutl quiztoc.

Mira que no peques con alguna porque no seas culpado.

Macana tecue, teuipilh tepan tican; macana tepan timaçouhti; macana tepan tiuetzti, inic amo titoctiloz in tetl, in quauitl; macana ytla motechtla; macana tepan ticholo; macana ytla ticmonamicti.

Hallome bien con alguno.

Tetech ninomati, nimaxaliui, tetechcopa nixeliui, nitlachia, ninimati, nixtlamati.

Soberuia muger, o renzillosa, o cruel.

Chauantini, chaputetini, chauazque in iuh totolin chauati tequaxixipeua, tequacocoyonia, tequatçatçamulaana, tequatçotçopiloa, teixco patlani, chauazquini.

Hombre que no tiene en nada el seruicio, o beneficio de la muger.

Ateciuamatini in oquichtli, aquiciuamati, yn yciuauh atle compoua.

Muger que no tiene en nada el seruicio, o beneficio del marido.

Ateoquichittani in ciuatl. — Y quitada la *a* del principio querra dezir: muger agradecida, etc.

Yn tlacatl nelli nica, vel *auiztli*. Usan en platica algunas vezes, pero no quiere dezir nada.

Tambien otras vezes dizen : *nene*, como dubdando en la platica.

Ab eterno sabe Dios y tiene determinado lo que ha de ser de cada uno, y lo que le ha de dar.

Cenca yeuecauh yehoatzin yuey malhcoche, yuey teputze ceceyaca uelh quimoyeecalhui, quimotamachiuili, oquimoyocullhuili, yoan oquimocemitalhui yn. yhcaya yn ynenca, yoan yn ixquich yn ilhuilh yn ymaceualh yceceyaca oyez, yoan in quenami yez yn iquiçaya, yn ycalaquiya, yn ynemia, yn ytlacçaya, anoço yn ypeuhca, yn ytçonquizca.

PLATICA

QVE HAZE EL PADRE AL HIJO AVISANDOLE,
O AMONESTANDOLE QVE SEA BVENO [1].

1. — *Nopilhtze, nocuzque, noquetzale, otiyol, otitlacat, otimotlalhticpacquixtico; in ytlalhticpac in totecuyo omitzyocux, omitzpic, omitztlacatili in ypalhnemoani in Dios. Auh mixco mocpac otitlachixque yn timonauan, in timotauan; yoan in mauiuan, in motlauan, in moayolhque omixco omocpac tlachixque, ochocaque, otlaucuxque mopampatzinco* [2] *inic otiyol, inic otitlacat in tlalhticpac.*

2. — *Auh yn axcan achitzin otiuallachix* [3], *otiualhmozcali, otiualizcayac, otiualhchamauac; yuhquimma titototzintli iyequin timotlachopinilia; yuhquimma quiye tiualhquiça in mocacalloctzinco; yuhquimma quiye timotlacoquentia; yuhquimma quiye quiça in*

TRADUCTION.

1. — Mon cher fils, mon bijou, ma belle plume, tu as été conçu, tu es né, tu es venu sur la terre; c'est Notre-Seigneur, c'est Dieu, notre créateur, qui t'a formé, créé et mis au monde. Nous te considérâmes, nous qui sommes tes mère et père; tes tantes, tes oncles, tes parents te considérèrent aussi, gémirent et furent émus quand tu naquis, quand tu vins au monde.

2. — Et maintenant tu as quelque peu vécu, grandi, tu t'es développé, tu as pris de la force; comme le petit oiseau, tu *piques*; comme lui, tu es à peine hors de ta coque; comme lui, tu es à peine à demi vêtu;

---

[1] La *declaracion* ou imitation que André de Olmos a donnée de cette platica est, comme dans le manuscrit BN, à la suite du texte mexicain. (Voir ci-après, p. 257.) Nous avons accompagné ce texte d'une traduction française aussi littérale que possible.

[2] *Var.* «*mopantçinco.*» Manuscrit MN. Ce mot signifie devant toi, et *mopampatzinco*, à cause de toi.

[3] Litt. tu as un peu regardé ici. (Voir ci-dessus, p. 128, au mot *Ualh.*)

mocuitlapilhtzin [1], *in matlapalhtzin; yuhquimma quin quentelhtzin ticoolinia in momatzin, in mocxitzin, in motzontecontzin; yuhqui yequin timoyeecoa inic tipapatlantinemiz.*

3. — *Auh quen comonequilhtia yn ypalhnemoani, aço cemilhuitl, aço omilhuitl timitztotlaneuizque, ticuzcatlaneuizque, tiquetzallaneuizque* [2] ; *ypalhtzinco yn totecuyo aço ticaz* [3], *aço tinemiz in tlalhticpac; ma oc yuian, ma oc ycemel yxiualhmana, yxiualhmozcalhti, ma yliuizteua, ma yliuiztia. Ma çuc ye ytloctzinco ynauactzinco ximocalaqui in totecuyo, inic mitzmotlauculiliz.*

Auh ma oc yehuatzin quimomachitia, ma çuc yehuatzin mitzeheço, mitztamachiua, ca teutl, ca tlatoani, ca uey macoche, ca uey teputze. Ca yehuatl Dios uelh monantzin, motatzin, ycenca tlapanauia inic uelh mitzmocuitlauitzinoa, inic mitzmotlaçotilia, in amo mach yuhqui inic nimitznotlaçotilia in nehuatl in nimonan, in nimota; yehica

comme lui, tu montres déjà ton *dos*, tes *ailes;* comme lui, tu agites en quelque sorte les mains, les pieds, la tête; de même, enfin, tu t'essayes à courir.

3. — Que le Créateur veuille permettre un jour ou deux seulement que nous te possédions, que nous ayons ce trésor, cette belle plume; grâce à Notre-Seigneur, peut-être tu vivras, tu séjourneras sur la terre; demeure, grandis tranquillement, sois sage, prudent; aie recours à Notre-Seigneur pour qu'il te secoure.

Qu'il se fasse connaître, qu'il te pénètre, qu'il te sonde; il est Dieu, il est roi, c'est un grand soutien, un puissant appui. Ce Dieu est véritablement ta mère, ton père; bien plus qu'eux, il prend extrêmement soin de toi; il t'aime bien autrement que nous ne t'aimons, nous qui sommes

---

[1] *Cuitlapilli*, queue (composé de *cuitlatl*, excrément, et de *pilli*, pendu, sans doute du verbe *pilhuia*, ou *piloa*), s'emploie au figuré, ainsi que *atlapalli*, aile, feuille, pour désigner le peuple, les vassaux. (Voir ci-dessus, p. 212.)

[2] *Var.* «*tiquetçalhtlaneuizque.*» Manuscrit MN.

[3] Le manuscrit MN porte *tiçaz*, futur de *iça*, s'éveiller. Mais nous retrouvons plus loin le verbe *ica*, être debout (p. 233 et § 6, 7, p. 235).

ca ychuatzin oquito, oquiyocux, oquimoyoculili [1], inic otiyol, inic otitlacat.

Ma ticmolhcauilli; ycemilhuitl, yceyoalh xicmonochilitinemi, xicmotlatlauhtilitinemi, xelhciciuhtinemi, xitlaucuxtinemi : macamo yuian in cochiztli, in netequiztli yxicmochiuili : ma ontlami in mittzin, in moyollotzin in ytechcopatzinco in totecuyo : yehica ca motatzin, ca omitzmochiuili.

Ma ypampa in ytetlaçotlaliz xicmotlaçotlayeculhtili, inic mitzmocneliliz, inic tlacauaz yyollotzin, inic mitzmomaquiliz in ytetlamactzin : in molhuilh [2], in momaceualh, in micaya, in monenca, inic uelh ticaz, inic uelh tinemiz, inic amo mixtitlan, tlayoualhtitlan ticalactinemiz.

4. — *Yoan in canin ixpan tiquiçaz in yxiptlatzin in totecuyo, anoço yn ytlaçouan* [3], *anoço cruz, uelh ticmauiztiliz, ixpan timo-*

tes mère et père, parce qu'il a dit, il a ordonné, il a permis que tu fusses conçu, que tu vinsses au monde.

Ne l'oublie pas; jour et nuit occupe-toi de penser à lui, de le prier, de soupirer après lui, de vivre dans la méditation. Ne t'abandonne pas tranquillement au sommeil, au repos; que ton âme, que ton cœur n'ait pour but que Notre-Seigneur, parce que c'est ton père, c'est lui qui t'a créé.

Ainsi donc à cause de son amour sers-le avec empressement, afin qu'il te fasse du bien, qu'il te donne son cœur, qu'il t'accorde sa grâce. Tu auras pour ta récompense d'être heureux, de vivre bien, de ne pas marcher plongé dans l'obscurité, ni dans les ténèbres.

4. — Quand tu passeras devant l'image de Notre-Seigneur, des saints ou devant la croix, tu seras plein de respect, tu t'inclineras, tu

---

[1] Ce mot n'est pas dans le manuscrit BN.

[2] Ce mot et le suivant signifient don, lot, mérite. (Voir ci-dessus, p. 196, note 1, et le *Compendio*, par Paredes, p. 74.)

[3] Litt. de ses élus, de ses préférés.

pachoz, anoço timotlanquacoloz⁽¹⁾. Auh intla uelh yehuatl in totecuyo
I. C. ynacayotzin ysanto sacramento ixpan tiquiçaz, tlapanauia inic
ticmotlatlauhtiliz in yca mochi moyollo, ca moteouh, ca motlatocauh,
ca motemaquixticatzin, ca motlaçotatzin. Yoan uelh ticmauiztiliz
in ytocatzin I. C., yoan in ilhuitzin uelh ypan timocencauaz.

5. — Yoan tiquintlapaloz in ytlachiualhuan in campa cate in
anoço cana, tiquinnamiquiz in pipilhtin, in tlatoque, yoan in tepan
ycanime in padreme, auh yueuetzin, in ylamatzin, yoan in icnotla-
catl, in nentlacatl in amo auia, in amo paqui : yehuatl inic ciauh-
quetzalo, inic tiquiciauhquetzaz; amo çan yhuiz in tiquiciauhquetzaz,
uelh qualli tlatolhtica; amo yuhqui in tinontli ic tinemiz; yntla uelh
ticchiuaz y, ic titlacamachoz, tiyequitoloz⁽²⁾, tiqualitoloz.

6. — Yoan xicmotlaçotili, xicmocnelilhmati⁽³⁾, xiquixtili, xiqui-
macaci, xicmauhcaytta, xictlacamati, xicchiuili yn tlein quinequi
in yyollo in nantli, in tatli; ca ilhuilh, ca ynaceualh, ca ynemac,

feras la génuflexion. Et si c'est le corps de Notre-Seigneur dans le saint
sacrement que tu rencontres, tu prieras davantage en ton âme, car c'est
ton Dieu, ton maître, ton sauveur, ton vrai père. Tu vénéreras aussi le
nom de J. C. et tu célébreras convenablement les jours de fête.

5. — Tu salueras les gens en quelque lieu que ce soit; tu iras au-
devant des nobles, des grands, des supérieurs, des pères, des vieillards,
des femmes âgées, du malheureux, de l'infortuné qui est dans le besoin,
qui n'est pas joyeux. C'est lui que tu salueras, et tu ne le feras pas
avec légèreté, mais par de bonnes paroles; tu n'agiras pas comme un
muet; si tu fais bien, tu seras écouté, loué, estimé.

6. — Sois affectueux, reconnaissant, poli, respectueux, craintif, obéissant; exécute les volontés de tes mère et père, ils ont droit à la sou-

---

⁽¹⁾ *Var.* « timotlanquaquetçaz. » Manuscrit MN. Ce verbe *tlanquaquetza* a le
même sens que l'autre, *tlanquacoloa*, fléchir le genou.

⁽²⁾ *Var.* « tiyecytoloz... » Manuscrit MN. — Prononcez *tiyec-ytoloz.*

⁽³⁾ *Var.* « xicmocnelilhmachiti. » Manuscrit MN.

ca ytechpouhqui in tetlayeculhtiliztli, in tetlacamachiliztli, in temauiztililiztli. Ca amo uelh ic ihcaz, ic nemiz, in aquin amo quitlacamatiz, in amo quitlayeculhtiznequiz, in amo quimauiztiliz in ynan, in yta: içan yxco, içan icpac nemi : ca yehuatl ytoca icnopillaueliloc.

Auh yoan ma yliuiz tinen, ma yliuiz tichocholotinen, ma yliuiz taactinen in teixpan, in tenauac; çan yuian, çan ycemel ximonemiti, ca ye qualli, ca ye yectli : ça ximocnoteca, ximopechteca, ximotolo, ximomalhcocho.

7. — *Yoan uelh xitenotza, uelh xitetlatlauhti, xiteixtili, xiteymacaci, xitetlacamati, xitetlaçotla : ye ic tinemiz, ye ic ticaz. Ma yehuatl youi, yxopech tictoca* [1], *y ye onca, y ye onnemi* [2] *in miuintitinemi, in ymac chicha, in momatlemamalli, in iquechtlan tlacuia, in ymac tlacuia; yuelh motzinilhpia, in moqueztlatzinia, in macopiloa, in tocuileua, in tzatzi, in oyoa; in yuhqui mixitl, in yuhqui tlapatl, in yuhqui uctli, nanacatl in oquic* [3], *in oquiqua; in*

mission, à l'obéissance, au respect. Certainement, il ne sera pas heureux celui qui n'écoutera pas, ne voudra pas servir et ne respectera pas ses mère et père; ce n'est qu'un rebelle, il mérite le nom d'ingrat.

Ne sois pas insoucient; ne cours pas follement; ne fais pas l'étourdi en présence des gens; aie un maintien posé, convenable, à la bonne heure : sois humble, modeste, tiens la tête basse, contiens-toi.

7. — Aborde les gens convenablement; demande en priant; sois respectueux, craintif, obéissant, affectueux, ainsi tu prospéreras. Ne prends pas exemple sur celui qui vit dans le mal, qui a l'habitude de s'enivrer, qui crache dans ses mains, qui se les frotte; qui cache les choses dans son sein, dans ses mains; qui fait des extravagances, se frappe les cuisses; qui se lève, hausse les épaules; qui crie, chante; qui ne s'est en

[1] Litt. Ne suis pas le chemin, le fondement ou principe de celui qui, etc.
[2] Var. « *tictoca, yn aquim miuintitinemi,* » etc. Manuscrit MN. — Ce passage, plein d'expressions métaphoriques, est difficile à traduire littéralement.
[3] *In oquic* n'est pas ici l'adverbe : pendant que, puisque, mais bien le verbe *i*, boire; prétérit, *ic*.

aucmo quimati; in tetl, in quauitl quicuitiuetzi; in quiyehecalhuia inca acoleuilia in ynan, in yta; in aucmo quixcopaytta; yçan yuicpa mocuecuepa, miylacatzoa; in aucmo quimacaci, in auctle ipan quimati; yçan yliuiz in oyoa, in tzatzi; in aucmo yquiçayan in quiça, in aucmo ynemian in nemi, in aucmo ytlacçayan in tlacça, in aucmo ompa yxe, in aucmo ompa nacace, in auc uelh cah in ix in yollo; in aucmo yehuatl in cuicatl, in tlatolli in queua, in quitoa; in aucmo ytzatzian ytlatoayan in tzatzi, in tlatoa; in aucmo yehuatl yn utli, yn xopechtli in quitoca, in aucmo quiuelhcaqui in qualli tlatolli y yehuatl in eoaloni [1], in yhtoloni : yça yliuiz in nenemi, in chocholoa, in aactiuetzi, yça tzompachpul, yça cuitlanexpulh monemitia, in auc yuian, in auc ycemel in meoa, in moteca; yça yuhqui in tochiciui, maçayciui, in cuexcochiuintitinemi, in ixtlatlayoatitinemi, in aucmo ompa ytzteua in analoznequi, in tlaltitechpacholoznequi [2]; yçan temacpa quiquiça, yçan temacpa yeeua, yçan temacpa [3] tlatlacxotla,

quelque sorte nourri que de méchanceté, de perversité et de vice; qui n'écoute plus; qui n'entend plus les remontrances; qui méprise et même menace ses mère et père; qui ne voit plus devant lui; qui ne fait que se retourner, détourner le visage; qui n'a plus de respect; qui est sans égard; qui ne fait que chanter, que crier étourdiment; qui sort, marche, court, quand il ne faut pas; qui n'a plus ni prudence, ni habileté, dont l'esprit est incapable de toute chose; qui ne chante plus, ne parle plus; qui crie et parle quand il ne faut pas; qui ne sait plus le bon chemin; qui n'écoute plus les conseils de l'homme qui peut lui en donner; qui ne fait que courir étourdiment, sauter, paraître les cheveux en désordre, couvert d'ordure; qui ne se lève plus et ne se couche plus avec calme et tranquillité; qui ne fait que fuir comme le lapin, le cerf; qui a le cerveau dérangé; qui marche dans l'obscurité; qui n'écoute plus, ne veut plus être dirigé, ni recevoir des remontrances; qui ne fait qu'échapper, fuir, résister, ru-

[1] Du verbe eoa ou eua.
[2] Voir dans le Vocabulaire de Molina, aux mots itztic atl, etc., une métaphore semblable.
[3] Le manuscrit MN ajoute ici les deux mots suivants : yçan teixpan.

tlatlatelicça; in auc uelh mana, in auc uelh motzitzquia, in auc uelh motlalhtitechpachoa; yçan temamapeua, yçan teca momomotla, yçan teca motzotzona, yçan teca mouiuitequi, yçan tenanalhtzatiuetzi, yçan tequaquatiuetzi.

8. — *Auh yehuatl y in oquiçoma* [1], *in oquinenec in totecuyo, aucmo ymaçoayan in maçoatiuh, aucmo yuetzian in uetzitiuh, aucmo ycalaquian in calaquitiuh, aucmo ymiquia in miquitiuh; çan can tçoaztli, çan can mecatl quiuαlhmaquitiuh; çan can atlauhtli, çan can tepexitl quimottititiuh, quimonamictitiuh; çan can tetl, çan can quauitl ic mouitequitiuh* [2]; *çan can çacatla, çan can quauhtla uetzitiuh, inic ompa intlaqualh mochiuaz in tzopilome, in cocoyo; çan can techinantitlan, tecalhtitlan* [3] *momayauitiuh, inic itzcuintli intlaqualh mochiuaz : yehica ayac* [4] *oquitochtili, oquimaçatili, ca çan yneuian oquimochiuili, oquimopicti in aqualli, in ayectli, in tlauelilocayutl : auh ca çan yneuian omoxocomicti, omotlapaui, inic yuhqui*

doyer; qui ne peut plus se conduire, se contenir, se soumettre aux réprimandes; qui ne fait que donner des coups, jeter des pierres, frapper, battre, se ruer sur les gens et les mordre avec rage.

8. — Celui qui irrite, outrage Notre-Seigneur, n'expire pas, ne finit pas, ne disparaît pas, ne meurt pas comme à l'ordinaire; il périt nécessairement sous le lacet, sous la corde; il tombe, s'enfonce dans un ravin, dans un précipice; il est frappé par quelque malheur; il succombe dans un champ, dans un bois où il devient la pâture des zopilotes et des bêtes féroces; il tombe d'un mur, d'une maison et devient la proie des chiens. Nul ne l'a rendu semblable à un animal, c'est lui-même qui s'est rendu tel, et s'est jeté dans le mal, le vice et la perversité; c'est bien volontairement qu'il a erré, qu'il s'est perdu au point de prendre tous les instincts des animaux, de suivre les traces du lapin, du cerf au milieu

---

[1] *Ninoçoma*, enojarme. (Voir ci-dessus, 2ᵉ part. chap. III, page 94.)
[2] Litt. il va se heurter contre la pierre, le bâton.
[3] *Var.* « *tecalhtech.* » Manuscrit BN.
[4] *Var.* « *yehica ca ayac.* » Manuscrit MN.

omochocholhti, omoquaquauhti, in omotochtili, in omomaçatili⁽¹⁾, in oquinamic in tochtli, in maçatl in youi, yoan in ixtlauatl : yçan yneuian in omocalaqui in quauhtla yçacatla : yoan çan yneuian omoquixti in axixpan, in cuitlapan; yçan yneuian xomolli, calhtechtli ic omopacho, in omoxixini, in omomomoyauh : çan yneuian omatoyaui, omotepexiui; ayac ytech qualaniz.

9. — Auh yoan ma yca tiuetzca, ma yca timotopeuh, ma yca ticamanalo yueuetzin, in ylamatzin, anoço cucuxcatzintli, in tenccuilhtzin, in ixpupuyotzin, in ixpatzactzin, anoço tenquatzin, anoço macuecuettzin matziculhtzin matepulhtzin, anoço uilantzin, xotepulhtzin, anoço ymatzin icxitzin quiuilana, anoço nontzin nacaztapalhtzin, anoço tlatlacamiccatzintli, anoço in tlein cuculiztli ytech cah, anoço ychuatl in aquin tlatlaculhtica mococoa, anoço mixpan otlatlaco in tleinoquitlaco. Yn yzquitlamantli nimitztencuilia, çan niman amo ynca tiuetzcaz, timotopeuaz, amo ynca timauilhtiz, amo ynca ticamanalhtiz, amo ipan titlapiquiz, amo tiquimpipinauiz, amo tiquintlaihilittaz, amo

des champs; c'est bien volontairement qu'il est allé dans les bois, dans les campagnes; c'est bien volontairement qu'il s'est jeté dans un cloaque, dans un lieu d'ordure; c'est de lui-même qu'il s'est précipité sur l'angle d'un mur, qu'il s'est détruit et mis en pièces; c'est volontairement qu'il s'est noyé, qu'il s'est jeté dans un précipice; nul n'en sera fâché.

9. — Ne raille pas, ne tourne pas en dérision, en ridicule les vieillards; ni le contrefait, le bossu, l'aveugle, le borgne; ni celui qui a les lèvres coupées; ni le manchot à la main tordue ou coupée; ni le bancroche, le boiteux; ni celui qui marche sur les mains, sur les pieds; ni le sourd-muet, ni l'idiot; ni celui qui a quelque infirmité; ni celui qui souffre dans le péché ou qui a commis quelque faute en ta présence. Je te recommande toutes ces choses : en quoi que ce soit tu ne railleras pas, tu ne mépriseras pas, tu n'outrageras pas, tu ne tourneras pas en ridicule, tu ne calomnieras pas, tu ne mortifieras pas les gens, tu ne les regarderas

⁽¹⁾ Litt. de sorte qu'il a pris des pieds d'animaux, s'est fait taureau, lapin, cerf.

tiquintlatçilhuiz, amo tiquimihyaz, amo tiquintelhchiuaz; çan ic timoz-
caliz [1], çan ic titlachiaz, çan ic timiçauiz, çan ic timomauhtiz, çan ic
tichocaz, çan ic titlaucuyaz, çan ic timocnotecaz, çan ic timopech-
tecaz yxpantzinco in totecuyo, ynic amo no yuhqui mopan mochiuaz
yn iuhqui ipan omochiuh yntla ynca tiuetzcaz, ynca timauilhtiz [2],
yntla tiquintelhchiuaz. Auh in yquin açuc tlapanauia in ytech tito-
neuatiuh, in tocomonamictitiuh yn tecoco, yn temamauhti, in teyçaui,
yn tecototzo : cuix ye quin yquac tiualhmoxicotiuh, tiualhmomama-
titiuh? Cuix ye quin yquac tiqualitotiuh : tlacahço ca nelli in quito
in nechilhui in nonan, in nota : ma niccaquini, ma niccuini in yuh
nechilhui; macamo tepan nicamanalhtini, macamo niquintelhchiuani
in ytlachiualhuan in Dios, ma niquintlaçotlani, ma niquintlatlauh-
tiani, ma niquintlauculiani, ma niquinpaccayttani, ma niquinyolla-
liani; inic amo yuhqui nopan mochiuazquia, in axcan ye nopan
mochiua in onoc onnonamictico in ytech ononacico in tecoco in
tetoneuh in techichinatz, in ytçoaz [3], in ymecauh, in ycoluuh, in

pas avec dureté, tu ne les haïras pas, ne les détesteras pas, ne les mau-
diras pas; mais tu croîtras en sagesse, tu observeras, tu seras timide,
craintif, tu gémiras, tu seras triste, humble; tu t'inclineras profondément
devant Notre-Seigneur, pour qu'il ne t'arrive pas ce qu'il adviendrait
si jamais tu raillais, si tu plaisantais, si tu maudissais les gens. Mais
quand tu souffriras extrêmement et que tu lutteras avec ce qui attriste,
épouvante, scandalise et accable, c'est alors que tu auras du regret,
que tu seras honteux. C'est alors que tu diras : C'est bien vrai ce que
m'ont dit mes mère et père; il faut que j'écoute, que je suive leurs
conseils; il ne faut pas que je me moque des gens, que je méprise les
créatures de Dieu; il faut que je les aime, que je les traite généreuse-
ment, que je les assiste, que je sois bienveillant avec elles, que je les
console, afin qu'il ne m'arrive pas comme maintenant d'être plongé, de
vivre dans le mal, le deuil, le tourment, d'être sous le poids de la colère,

[1] Tu te corrigeras, ou tu te perfectionneras.
[2] Var. « yntla ynca tiuetzcaz, yntla ynca ticamanaltiz, » etc. Manuscrit BN.
[3] Ou ytzouaz, de tzouaztl, lazo. (Vocab. de Molina, 1ª parte.)

ytçitçicaz, in iteuh, in yquauh in totecuyo, yye notech conteca, yye notech compachoa, onechan, onetçitzqui[1] : *campa niaz? campa nicalaquiz? Yn iuh tiquitoz y acaçucmo matlamachpan : aço ye centlamantli ypan omitzmixeuili in totecuyo, in iuhqui yehoantin yacachto ynca otiuetzcac, in ynca otimotopeuh.*

10. — *Auh amo teca timocacayauaz, amo titechichichaz*[2], *amo titeaaxixaz, amo teicpac timomapupuuaz, amono ytla yoan tictequalhtiz in tlein qualoni*[3] *anoço yoaloni, amo ytla yoan ticteytiz in tlaylli; in amo qualli, amo tlalli, amo nextli, amo çuquitl tetech tichichiuaz: yoan in tlein amo qualoni, amo tictequalhtiz; in amo yoaloni, amo ticteytiz, inic amo tictlatlacalhuiz in totecuyo, ynic amo ytçontlan yquatlan tiaz, yehica cenca mauiztililoni in ytlachiualhtzin in Dios. Auh intla teca timocacayauaz, amo ic titlacaquiçaz, ychilhtica, ypuctica tiquitztiaz in tlalhticpac; in ihquac timiquiz, maxix, mocuitl ytlan tactiaz; moten, monenepilh tictotoputztiaz.*

du châtiment de Notre-Seigneur, qui déjà me punit, me réprimande, me saisit, s'empare de moi. Où irai-je? où me cacherai-je?—Ainsi tu parleras quand tu auras cessé d'être orgueilleux ; peut-être déjà Notre-Seigneur s'est manifesté à toi, pour t'être d'abord moqué des gens et les avoir méprisés.

10. — Tu ne tromperas pas, tu n'insulteras pas, tu ne souilleras pas les gens, tu ne te laveras pas les mains devant eux; tu ne leur feras manger que ce qui est bon et propre à la vie; tu ne leur donneras à boire que ce qui se boit; tu ne leur présenteras rien de mauvais, ni terre, ni cendre, ni boue; ce qui n'est pas bon, tu ne le leur serviras pas à manger; ce qui est nuisible à la vie, tu ne le leur feras pas boire, afin de ne pas offenser le Seigneur, afin de ne pas aller contre ses ordres, contre sa volonté, car on doit le plus grand respect à la créature de Dieu. Si tu trompes les gens, tu ne seras pas bien vu, tu passeras tes jours sur la terre dans la douleur, dans le chagrin; quand tu mourras, tu finiras misérablement; tes lèvres, ta langue seront dévorées

[1] Pour *onech-tçitzqui*. (Voir le chapitre de l'orthographe, p. 202.)
[2] Litt. tu ne cracheras pas sur les gens.
[3] Var. «*in amo qualoni.*» Manuscrit BN.

Auh intla xiquimmauiztili in ytlachiualhuan in Dios, çan yuian, çan ycemelh in timomiquiliz; yoan yuian ycemelh ximonemiti, ma tixtomauatinen, ma ticicatinen. Cana[1] *yca timotzotzonaz, timouitequiz yueuetzin, in ylamatzin, anoço cucuxcatzintli, anoço pilhtzintli : inic amo motech tlamiz anoço cana ytla chiualo, ytolo, teneualo, inic amo titetlacaualhtiz, titetlapulolhtiz, inic amo titetoliniz, ypampa in amo monematiliz.*

11. — *Yoan macana titequacoyoni, macana titetopeuh, titetlauitec, ca ic xixtli, cuitlatl ticmotlaliliz*[2]*. Yoan macana yliuiz titlato, titetlatolhpanaui, inic amo titetlatolhcotonaz, titetlapulolhtiz, inic amo ticteilhcaualhtiz in tlein qualli tlatolli inic nenunutzalo.*

Auh intlacamo melauac quitoah, in tehuatl uelh timoyehecoz intla tiquintlapatiliz[3] *in aquique in ueueyntin, in tlatoque. Yntlacamo motlatoayan, amo teoan titlatoz, tinauatiz, çan timocauaz. Auh intla no tehuatl motlatoayan, anoço titlatlaniloz, çan melauac inic titlatoz,*

par le feu. Mais si tu as du respect pour les créatures de Dieu, tu mourras dans le calme, dans la paix; mène une vie douce, tranquille, ne te conduis pas comme un étourdi, ne va pas perdre haleine; tu hésiteras à intervenir à propos des vieillards, des vieilles femmes, ou de l'infirme, ou du petit enfant, afin que pour toi on ne s'arrête pas là où l'on fait, dit et raconte quelque chose, afin de ne pas détourner les gens, les empêcher d'agir, afin de ne pas leur causer de la peine, faute de prudence.

11. — Ne blesse jamais personne à la tête, ne frappe pas, ne maltraite pas, afin de ne pas donner mauvais exemple. Ne parle pas inconsidérément, et avant les autres, afin de ne pas interrompre ou faire cesser une conversation, afin de ne pas troubler l'entretien de ceux qui traitent de choses importantes.

Dans le cas où l'on ne parlerait pas convenablement, tu réfléchiras sérieusement si tu dois reprendre des grands, des nobles. Si ce n'est pas pour toi le lieu de parler, tu ne diras rien avec eux, tu te tairas, tu t'abstiendras; mais s'il te convient de parler ou si tu es interrogé, ce n'est

---

[1] *Var. « Amo cana. »* Manuscrit BN.
[2] Litt. tu n'étaleras pas tes souillures. — Le manuscrit MN porte *axixtli*.
[3] *Var. « tiquintlapalhtiliz. »* Manuscrit MN.

atle tiquiztlacaytoz, ayac ticchicoytoz : uelh ticnemachiliz in motlatolh, inic titlananquiliz : amo iuhqui in tixulupitli, amo no yuhqui in timopuani inic titlatoz, inic titlananquiliz : çan ticpilhuetziz in motlatolh, inic timauiçoloz.

12. — *Yoan ma ticmocuitlaui in auillatolli, in camanallatolli, ca amo qualli, amo yectli teauilhquixti, tetlauelilocatili, amo yuian yectli tetlaz, temayauh yn atoyac, in tepexic, in tzoazco, in mecac*[1], *quitenamictia in tetl, in quauitl.*

13. — *Yoan ma ticmocuitlaui, ma ytech timoma in tianquiztli, yoan yn apan, yn upan ma timoquetz, ma timotlali, in oncan cah, oncan nemi yuey yteyya, yuey ytequaya in tlacateculutl, yehuatl in tecioauh, yehuatl in tetlacauh, in teaxca, in tetlatqui.*

14. — *Yoan ma muchipa tictemo, ma muchipa tiqueleui, ticnec in qualli nexintli*[2]; *ma muchipa timopepetla, timotezcaui, ma*

qu'avec droiture que tu parleras; tu ne diras rien de faux; tu n'attaqueras personne; tu pèseras avec soin tes paroles, afin de répondre; ne sois pas comme un sot, ni comme un orgueilleux quand tu parleras et que tu répondras; mets de la noblesse dans tes paroles, afin d'être estimé.

12. — Garde-toi des propos vains et outrageants, car les mauvais et méchants discours déshonorent, pervertissent les hommes, les jettent, les plongent dans l'infortune, la honte et les exposent au châtiment.

13. — Garde-toi de fréquenter le marché; ne t'arrête pas au bain, ni dans les rues, c'est là qu'est, que vit le démon qui dévore la femme, le serviteur, les biens, les richesses des gens.

14. — Ne recherche pas sans cesse, ne désire pas, ne convoite pas la parure; ne te peigne pas sans cesse, ne te regarde pas au miroir, ne

---

[1] Litt. jettent les gens dans l'eau, dans l'abîme, dans le lacet, la corde.

[2] De *ninoxima*; prétérit, *oninoxin*, se raser, se couper les cheveux, se parer, etc., d'où le nom ou adjectif verbal *nexintli*, action de se raser, de se parer, etc. (Voir ci-dessus, 1ʳᵉ partie, chap. xi, p. 57, et le *Compendio*, par Paredes, p. 126, au chapitre des noms verbaux en *tli* et *li*.)

muchipa timoyecquetz, ma muchipa timoyecchiuh, ma muchipa tiqueloui in qualli nechichiualitztli, ca çan itetlacaanaya, itetlapauiaya in tlacateculutl, çan oncan motlamalia; aucmo yxnezticah, in cana ipan in moneyecquetzaliz, moyecchichiualiz, ic mitzatoyauiz, mitztepexiuiz in tlacateculutl, cana ic mittzotzonaz, mitzuitequiz in tecue, in teuipilh, yoan inic amo titlauelilocamachoz [1].

15. — Yn iquac in utli tictocaz, amo auic campa titlachiaz, çan tictequimatiz in utli, amo timomatlatlaztaz, amo ticuiuilhtectaz in utli, amo tequechpan timotlatzitzquilitaz, amo tematitech titetzitzquilitaz, amo timoquechtlatlaztaz, amo ticamanalotaz, amo titeixtotocaz, amo titepapanauitaz, amo tlayacac timoquetztaz, intlacamo otinauatiloc.

16. — Yntlanelh tinauatiloz inic titeyacanaz, aço çan ic titlatlatto, in cuix timimatini? inic qualli yez, aço occeppa oppa in titla-

t'arrange pas continuellement, ne te pare pas toujours, ne recherche pas continuellement la toilette, parce que ce n'est que piége, ruse de la part du démon, c'est par là qu'il *vous* prend; on ne voit pas encore qu'il soit en ta parure, en ta toilette pour te noyer, te perdre, te corrompre, te plonger dans la dissolution, de telle sorte que tu ne passeras pas pour un pervers.

15. — Quand tu suivras un chemin, tu ne regarderas ni d'un côté ni d'autre; tu ne t'occuperas que du chemin; tu n'iras pas en agitant les bras, en *croisant* le chemin; tu n'iras pas porter tes mains dans le sein de quelqu'un; tu ne feras point commettre d'impureté à autrui; tu ne remueras pas la tête d'un côté et d'autre; tu ne diras pas de méchanceté; tu ne regarderas pas avec curiosité; tu ne te mettras pas devant les gens; tu ne prendras pas la première place, si tu n'en as pas reçu la permission.

16. — Bien que tu sois invité à guider les autres, peut-être tu devras te dire : suis-je assez habile ? il sera même très-bon de répondre une

---

[1] Passif du verbe composé *nitetlauelilocamati*, regarder quelqu'un comme un méchant.

nauatiz, inic amo tehuatl titeyacanaz. Auh intlanelh [1] tiquinpanauia in occequintin : ayamo niman yciuhca tiquiyacanaz, oc timoquetzaz, oc ticchiaz in aço titlalhcauiloz.

17. — Yoan in canin quixoayan, amo tehuatl achto tiquiçaz, yntla oncate in mitzpanauiah, yehuantin achto quiçazque; anoço calacoayan, amo tehuatl achto ticalaquiz, yehuantin achto calaquizque in mitzpanauiah : çan no yehuantin quiyacatitiezque in campa netlaliloyan : auh in canin nequetzaloyan, çan no yehuantin quiyacatitimanizque. Auh in campa tlatozque yehuantin compeualhtizque, amo yyacac tiquiztiuetziz, amo yliuiz tiquincuiliz in intachcauhyo, intlacamo omitzmopepenili in totecuyo, intlacamo ytencopatzinco in tlein ticchiuaz ca ic titlatlacoz, auh in ilalhticpac tlaca in ihquac mitzittazque immimatinime, iuellanonotzalhtin, iuellazcalhtilhtin, ça niman mitzpinauizque, mitztlatemachilizque. No yehuantin achto tlaquazque atlizque; auh in tehuatl amo niman no tiquelcuiz in achto atliliztli tlaqualiztli, ye oc tocontemoz in tlamaceualiztli in

ou deux fois, que tu ne dirigeras pas les autres. Et quoique tu sois supérieur aux autres, tu ne te presseras pas tout de suite de les conduire, tu attendras encore, tu considéreras que tu peux être repoussé.

17. — Quand il faudra sortir de quelque part, ce n'est pas à toi à sortir le premier; s'il y a des gens au-dessus de toi, c'est à eux de passer les premiers; pour entrer, tu ne te présenteras pas non plus le premier, ce sont ceux qui sont au-dessus de toi qui entreront les premiers; ils auront aussi la première place quand on sera assis, et si l'on est debout, ce sont eux aussi qui occuperont le premier rang. Ils commenceront à parler; tu ne te hâteras pas de prendre le devant; tu ne leur enlèveras pas étourdiment la prééminence, si Notre-Seigneur ne t'a pas choisi pour chef; si tu agis contre sa volonté, tu pécheras, et quand les gens du monde sensés, bien élevés, instruits, te verront, de suite ils te feront honte, te délaisseront. Ils mangeront et boiront aussi les premiers; pour toi, tu ne souhaiteras pas de boire, de manger le premier; tu t'abaisseras à la condition de page, de serviteur; tu offriras l'eau, tu feras laver les

[1] *Var.* « *Auh intla uelh.* » Manuscrit BN.

neicnotequiliztli⁽¹⁾, niman ye tocommocuiliz in atzintli, timotematequiliz, timotecamapaquiliz; intla tipilli, amo oncan ticcauaz in mopillo, in motlatocayo, in moueyca, amoma chalhchiuitl, teuxiuitl in momac temi, amo ualh tepeuiz, çan ic tlamaceualo ypalhtzinco in Dios. Yntla çatepan timacoz in quexquittzin in motech monequiz, amo ticilauelhcauaz : anoço atle uelh timacoz amo ic timoxicoz, amo ic titetlahilittaz, amo ic timocniuhcauaz; açiuh quimonequilhtia in ypalhnemoani⁽²⁾, acic mitztlamaceualhtia. Auh intla ic ximoxico, intla ic xichicotlato, ca amo uelh neciz inic titlaçopilhtzin in totecuyo⁽³⁾ : açuc achitzin in molhuilh yezquia, in mitzmomaquilizquia, ca ic ticmotlatlacalhuiliz, ic atle tonquiçaz.

18. — Yoan ma yecuelh ticmocuitlaui, tiqueleui in cueytl, yuipilli⁽⁴⁾, teauilhquixti, teiçolo, tecatçauh, tetlauelilocatili; ma moyollo monan, mota ticchiuh; ma nextepeualli, ma utlamaxalli ticmonanti, ticmotati, ic ytzontlan yquatlan tiaz in totecuyo; ma ye

mains, la bouche; si tu es noble, tu ne perdras pas pour cela ta noblesse, ni ta dignité, ni ta grandeur; la pierre précieuse que tu as dans la main ne sera pas perdue, tu ne feras que mériter les dons de Dieu. Enfin, si tu reçois quelque chose qui te soit utile, tu ne la dédaigneras pas, et si tu ne reçois rien, tu ne seras pas pour cela fâché; tu ne jetteras pas sur les gens des regards de colère; tu ne rompras pas avec tes amis. Ainsi l'exige le créateur, c'est la pénitence qu'il t'impose. Mais si tu te fâches, si tu injuries, ce ne sera pas bien vu de la part d'un sage enfant de Notre-Seigneur; peut-être aurais-tu mérité qu'il se donnât à toi, mais pour l'avoir offensé, tes diligences ne te profiteront pas.

18. — Ne recherche pas encore, ne désire pas le plaisir des sens qui perd, déshonore, corrompt et pervertit; ne te laisse pas entraîner par ton cœur, ne prends pas pour guides la débauche, l'adultère, car alors tu rencontrerais la colère de Notre-Seigneur; mais sers-le, travaille devant

---

⁽¹⁾ Substantif verbal formé de *icnoteca-nino*, s'humilier.
⁽²⁾ *Var.* « *quimonequilhtia yn totecuyo.* » Manuscrit MN.
⁽³⁾ *Var.* « *in Dios.* » Manuscrit MN.
⁽⁴⁾ Litt. la jupe, la robe; *yuipilli* est mis pour *yn uipilli*.

oc xontlacoti xontequiti yxpantzinco ynauactzinco, ca oc tatzintli, titototzintli, ca oc tixiluti, timiyauati [1] : in maçan yuh tichalhchiuhtzintli titeuxiuhtzintli, in maçan yuh tiquetzalhtzintli, ma moneuian timoteteço, timouauaço. Ca yauh [2] in cueytl yuipilli, ca tlacelia, tlatzmolini, tlaxiluti, tlamiyauati in tlalhticpac, amo temociuican, oc ye ytloctzinco [3] ximocalaqui in totecuyo, ma oc yeluatzin tlamatcatzintli in quenin muztla, in quenin uiptla; aço ye nican uitz, aço ye nican icatiuitz in temuxtli, in eecatl, inic mitzanaz, inic mittzitzquiz. Yntla cueytl uipilli ytlan ticalaquiznequi, titechilhuiz in timonauan, in timotauan, amo çan ticmotlaliliz, amo çan ticmitalhuiz [4], ca tinane ca titate, ca titquiua, ca timamalo.

19. — *Yoan macana tetopco, tepetlacalhco, tecomic, tecaxic timayauh* [5], *ca oncan tonotiaz, oncan tactiaz. Yoan ma tollan, ma tipato, ma auilutl ticmocuitlaui, oncan ticmonamictiz in ouy in etic,*

lui, auprès de lui, car tu es encore fort jeune, tu es une tige naissante; ne va pas, comme un petit bijou, un trésor, comme une belle plume, te perdre toi-même, te rendre malheureux; la femme vient, certes, elle se forme, pousse, grandit dans le monde; ne prends soin que d'une chose, de te mettre sous la protection de Notre-Seigneur, qu'il soit ton guide et aujourd'hui et demain; peut-être déjà la mort approche, peut-être déjà elle est là pour te frapper, pour t'enlever. Si tu veux te marier, tu nous en parleras à nous tes mère et père; tu ne te contenteras pas d'en faire part, de le communiquer, car ce sont tes père et mère, c'est un devoir, une obligation pour toi.

19. — Ne commets jamais de vol, car c'est là que tu trouveras ta perte; ne t'abandonne pas aux jeux, ne recherche pas les plaisirs, tu n'aurais à lutter là qu'avec les dangers et les peines; peut-être bien, à

[1] Litt. tu es encore *eau* faible, petit oiseau, tu pousses comme le roseau, la jeune tige.

[2] Var. « *Ca yaz*, etc. » Manuscrit MN.

[3] Var. « *ytlatzinco.* » Manuscrit BN.

[4] De *itoa*, dire. (Voir ci-dessus, p. 164.)

[5] Litt. ne prends jamais rien dans le coffre, dans la bourse, dans le vase, dans le plat des gens.

aço uelh cana ypampa tichtequiz, ça ye moyecolh in tianquizco, moca tzatziuaz : ac ticteyotiz? ca niman nehuatl yn nimonan, yn nimota in tinechpinauhtiz in teixpan. Ye qualli, ye yectli xicmocuitlaui in tlalticpaccayutl : xitlay, xiquaquaui, xelimiqui, xinopalhtoca, ximetoca : ye tiquiz, ye ticquaz, ye ticmoquentiz, ye ic ticaz, ye ic tinemiz : ic titoloz, ic titeneualoz, ic mitziximatiz in maui, in motla, in moayolhqui[1]; aço quemmanian cueytl uipilli itech timopiloz : tlein[2] quiz, tlein quiquaz? Cuix ecachichinaz? ca ticeuhti, ca tipati, in tiquauhti, in tocelo; anoço centetl ontetl yxillampa ytozcatlampa uetzi in cuzcatl, in quetzalli : tlein quiz, tlein quiquaz?

20. — Ayaxcan in tlalhticpac ic nemoa : touihque tetique in timaceualhtin in atonacih in atoneuah in aualhnecini in toquizpan in toquappan, in toquechtlan in ompilhcaz; in çan achitzin quexquittzin ixaxalhtzintli in ichpilinalhtzintli. Yoan in tlein tiquizque, in tlein ticquazque, in tocuhca, in toneuhca : ca uel ontimaliui, ca uel onchamaua in tecoco, in tetoneuh. Ayaxcayo temamauhti, inic

cause du vol que tu auras commis, tu seras publié dans les marchés. A qui feras-tu honneur, puisque nous, tes mère et père, tu nous auras bafoués en public? Ce qui est bien, livre-toi aux travaux de la terre : travaille-la, coupe du bois, laboure, plante le nopal, cultive le maguey; à ce prix, tu boiras, tu mangeras, tu te vêtiras, tu vivras heureux, tu seras loué, considéré, tes parents te connaîtront. Un jour peut-être tu prendras femme. De quoi se nourrira-t-elle? vivra-t-elle de l'air? car tu es son soutien, son consolateur, son guide; et si elle te donne un ou deux enfants, de quoi vivront-ils?

20. — On vit difficilement sur la terre; c'est au prix des plus grandes peines pour nous, pauvres sujets, qui sommes dans la misère et qui ne pouvons nous procurer les choses nécessaires à la vie; nous n'aurons à mettre à la bouche que quelques grains. Ce soin de notre existence est extrêmement grand et fait tout notre tourment. C'est avec une difficulté

[1] Litt. ta tante, ton oncle, ton parent.
[2] Ou *tle*, comme donne le manuscrit BN.

onimitzizcalhti, inic onimitzuapauh, inic otizcayac, inic otichamauac :
ca uel oontlan in nacolh, in nocuitlapan, inic onicxelo, inic onictemo
in oticmiti, in oticmoqualhti [1]. Yequene in motettzinco onicpilo in
ichpilinalhtzintli, ca tianquiztla ca nanauiztla onicnentlamachti in
quauhtzintli, in iztaxalhtzintli, in chilhpuztectzintli [2]. Yoan onitetlayli
onitequaquauili, onicteanili in tetopilh, in tecacax, inic onictematomilhti
iça cemmatzin in pupuyotzintli, içan quexquittzin ixaxalhtzintli in
motettzinco omonec, inic achitzin ic ocelia, ic ontotonia in mona-
cayotzin [3]. Amo onimixxiccauh, amo onimitznencauh : uelh mopampa
onichocatinen, onitlaucuxtinen, amo xixtli, amo cuitlatl onimitztlalili :
acan tetopco, acan tepetlacalhco, acan tecomic tecaxic onican, oniccuic,
inic onimitzizcalhti, inic onimitzuapauh : ça uel ontimaliuh, ça uel
onchamauac in quauhyutl, in oceluyutl : çan yuian, çan ycemel in
nimitzoncauhteuaz [4] in tetloc, in tenauac.

21. — Auh yoan ma ticmocuitlaui in iztlactli, in tenqualactli,

inouïe que je t'ai élevé, que je t'ai rendu fort, que tu as grandi, que
tu t'es développé; mes épaules ont eu bien des choses à supporter pour
chercher et acquérir le nécessaire à ton existence. Enfin, je ne t'ai donné
à manger que quelques grains, parce qu'au marché j'ai eu avec peine
un peu de bois, un grain de sel et un petit morceau de *chilli*. J'ai labouré
la terre, j'ai fait du bois, j'ai porté des fardeaux pour soulager les autres,
de manière à acquérir le peu de nourriture nécessaire à la vie. Je ne t'ai
pas négligé ni abandonné; pour toi, j'ai vécu dans les pleurs, dans la
tristesse; je ne t'ai pas mis dans la misère; je n'ai jamais eu recours au
vol pour t'élever, te faire grandir; aussi il s'en est suivi grandeur, dignité;
je te laisserai de bonnes recommandations.

21. — Évite de dire des mensonges, des faussetés, ce n'est pas bien,

[1] Litt. pour te faire boire et te faire manger.
[2] Le chilli est une sorte de piment très-employé au Mexique.
[3] Litt. pour une poignée de blé, pour quelques grains nécessaires à ton ventre,
afin d'un peu entretenir et réchauffer ton corps.
[4] *Var.* « nimitzoncauhtiaz. » Manuscrit MN.

ca amo yuián yectli, amo yuian qualli: ayac uelh tetloc, ayac uelh tenauac ic cah, ic nemi, çan axixpan çan cuitlapan tequixti, temayauh. Ye qualli, ye yectli intla mixpan oytoloc oteneualoc in qualli tlatolli yuel ytoloni, yuel teneualoni, in amo tlatlacoloni: intla tiquitoz, amo tictzoneuaz, amo tictlapiuiz, intlacamo yuampo, amo yoan ticuampotiz : çan ixquich in quexquich in oticcac, in tiquitoz inic amo titlatlacoz. Auh in tlein ouih mixpan mitoz, mochiuaz, amo niman tiquitoz, ticteneuaz, ticpantlaçaz : intlanelh aca mitzilhuiz in ticnextiz, in tiquitoz; anoço aca mitztlatlaniz in ypampa in mixpan omito omochiuh : amo tiquilhuiz, amo ticnextiz [1] : intlacamo ac quimati, cuix yuhquin tixilutl timiyauatl ticuitlatzayanaloz [2]? Cuix mitic [3] tlachiazque? Ca yuhquin topco petlacalhco in mitic in mocuitlaxculhco, ca uel ilhpitoc, ca uel tzauctoc : ma aca in quito, ma aca in quinexti, ma aca in quimotequiuhti : macamo tehuatl in tiquitoz, in ticnextiz, in ticmotequiuhtiz : inic amo ticmonamictiz in oui, in etic, in temamauhti, inic amo oncan ticmotlaliliz in xixtli, in cuitlatl;

ce n'est pas convenable; il est impossible de vivre avec les autres, et l'on s'attire leur dédain, leur mépris. Tant mieux si devant toi il est parlé de choses bonnes, dignes d'éloges, irrépréhensibles; si tu en parles, tu n'exagéreras pas, tu ne grossiras pas; tu ne dénatureras pas les choses; tu ne diras que ce que tu as entendu pour ne pas mal faire. Si quelque chose de mauvais se dit ou a lieu en ta présence, tu ne le répéteras pas aussitôt, tu ne le divulgueras pas, lors même que quelqu'un te permettrait de parler, ou qu'il te questionnerait sur ce qui a été dit et s'est passé devant toi; tu ne diras rien; tu ne feras rien savoir. Si on ne sait rien, t'ouvrira-t-on le cœur comme on ouvre l'épi de maïs? Regardera-t-on dans ton intérieur? Dans ton sein tout est sûr comme dans un coffre; laisse dire aux autres, mais toi ne parle pas, ne dévoile rien pour ne pas t'exposer à des choses pénibles, désagréables et terribles, pour ne pas te mettre dans de vilaines affaires; car, si tu ne rapportes

---

[1] Var. « ticnextiliz. » Manuscrit BN.
[2] Litt. Est-ce que, comme la tige, ou l'épi de maïs, on ouvrira les entrailles?
[3] On dit aussi : *motic*, en toi. (Voir le *Compendio*, par Paredes, p. 45.)

ca intlacamo yuhqui in otiquito in oticteneuh ca ic titlatlacauililoz,
inic oncan cenca titoliniloz, tipinauhtiloz, titentzatzayanaloz.

22. — Yoan intlacamo yuh ticchiuh, in yuh quimonequilhtia
in Dios, intlacayemŏ moteyya, intlacayemo motequaya iniç otiteic
otitequa, ca ticmotzacuilitiaz : ca ic tixamaniz, ca ic tipuztequiz
in tlalhticpac anoço mictlan : atle ic tiualhmacoz, atle ic tiualittitiloz;
çan ticneuuiz in mix in moyollo, intla yuh ticchiuaz.

23. — Auh yoan ma ticmocuitlaui in tlacatlatolli, ma yuhqui
timaquizcoatl, tichiquimolin timochiuhtinen; macana tetzalan, tenepantla timotecatinen; macana titenetecheuh, titeixnamicti[1]; ma yuhqui
conteuh caxteuh titenetetchalani[2], ma titexixini, ma titemomoyauh.
Aço uel mani in mulcaxitl in chiquiuitl, aço uel oniua, aço uel onqualo
in atolatzintli in uapauacatzintli, aço uelh onoc in petlatl in icpalli, aço
uelh nemaco in xuchitl, in yyetl[3] : ma tehuatl tocontlaz in aqualli,
in ayectli, in teuhtli, in tlaçolli : ma tehuatl tiquiçolo, ticcatzauh in

pas les choses telles qu'elles sont, comme tu causes du tort, tu t'attireras
les plus grands désagréments, tu seras méprisé, déshonoré.

22. — Si tu n'agis pas selon la volonté de Dieu, si tu portes préju-
dice aux gens, tu te puniras toi-même, car tu feras ton malheur sur
cette terre ou en enfer; tu ne réussiras en rien; tu auras le cœur sans
repos, si tu agis ainsi.

23. — Ne tiens pas des discours malveillants; ne sois pas brouillon,
rapporteur; ne cherche pas à semer la discorde parmi les gens; ne les
pousse pas à se disputer, à se quereller; ne les fais pas lutter entre eux,
ne cause pas leur perte, leur malheur. Peut-être la paix, la concorde
règne parmi eux, ou bien ils boivent l'atole, mangent des fruits, ou ils se
visitent, ou ils se donnent des présents. Pour toi, ne te jette pas dans

---

[1] Le manuscrit BN porte titeneixnamicti.

[2] Litt. ne fais pas choquer les gens entre eux comme des pots, des vases.

[3] Litt. Peut-être est bien en ordre l'écuelle, la corbeille, peut-être on boit
tranquillement, peut-être on mange bien l'atole et les fruits; peut-être sont bien
dressés la natte, le siége; peut-être on se donne bien des fleurs, du tabac.

petlatl in icpalli, in icniuhyutl, in coayutl, in netlacamachiliztli, in netlaçotlaliztli : ca intla iuh ticchiuaz y, ca amo ic titlacaquiçaz, ca ticmotzacuilitiaz in quemmanian.

24. — *Yntla aca canapa mitzmotitlaniz, intla çan ompa tiualaualoz, anoço ualteputzitoloz in omitztitlan : amo ic tiualhqualantaz, amo motenco, amo mocamac ualhpilhcataz in yuhqui mopan oquichiuh, inic omitztolini, inic otimouicaya. Auh in otiualhmouicac, intla niman mitztlatlaniz in omitztitlanca, intla mitzilhuiz : quen otiquiçato in ompa otimouicaya? Niman qualli tlatolhtica ticnanquiliz, çan yocuxca : amo ticicaz*[1], *amo niman yuh tiquilhuiz, in tlein ic omitztolini, anoço yehuatl in tlein ic oquiualauac, ic oquiualhteputzito amo ticnextiliz. Auh intla niman yuh xiquilhui, intla niman xicnextili, aço niman ic tiquinneixnamictiz, tiquinmetecheuaz : aço niman ic mauazque, momictizque. Auh in tehuatl in titenetecheuani, cuix tipactiez? Cuix uelh yez in moyollo? Cuix quiniquac tiquitoz : macamo yuh niquitoani, inic amo mixnamiquizquiah : intla yuh*

le mal, dans le vice, dans les souillures; ne déshonore pas, ne souille pas la noblesse, l'amitié, le dévouement, l'amour-propre, car si tu le fais, tu ne seras pas considéré, tu en seras châtié un jour.

24. — Si quelqu'un t'envoie quelque part, et si là on vient à mal parler de celui qui t'a envoyé, tu ne reviendras pas en montrant de la colère; tu ne diras pas ce qui t'est arrivé, ce qui t'a contrarié là où tu es allé. Une fois de retour, si celui qui t'a envoyé te questionne, s'il te dit : Qu'as-tu fait là où tu es allé ? tu lui répondras convenablement et avec calme; tu ne seras point agité et tu ne lui diras pas ce qui t'a contrarié, ou tu ne lui feras pas savoir qu'on s'est fâché et qu'on a médit. Mais si tu le dis, si tu le découvres, peut-être tu feras naître entre eux une mésintelligence, une querelle; probablement ils s'injurieront et se battront. Et toi qui les auras brouillés, seras-tu content ? auras-tu la conscience tranquille? Te diras-tu alors : Si je n'avais pas parlé de la sorte, ils ne se seraient pas querellés? Quand tu parleras ainsi, seras-tu mieux?

---

[1] Pour *ti-icicaz*, futur de *icica*, haleter, être essoufflé.

tiquitoz y, cuix oc ic tompatiz? Cuix ic toyectiaz, ca ye timaquizcoatl?
Ca ye tichiquimolin? Çan qualli çan yectli, in quenin otiualhtoliniloc,
anoço in quenin otitlachiato in tlein mochiua; amo monexicolizpan,
amo moyolhcucolpan ticualeuhtaz, ticualitotaz. Çan ticqualhtiliz in
mocuic, in motlatolh, ic cenca tlapanauia ynic titlaçotlaloz, ic uelh
tetloc, tenauac tinemiz [1].

25. — *Yoan macana tecue teuipilh ic timotzotzon, ic timouitec,
cenca oc moyolic* [2] *xonitztiuh : amo oppatiua in nemoa* [3]*, çan
cuel achitzinca, çan ixquichcauitl in yualhnetotonilo in ypalhtzinco* [4]
in totecuyo; çan ic cenquiça in tlalhticpac.

26. — *Yoan ma yliuiz titlacuicui, ma yliuiz titlanenec, ma
yliuiz timotlatepeualhti, ma yliuiz titepanaui; in amo molhuilh, in
amo momaceualh, in amo monemac, amo çan ticmocuiliz, amo çan
ticmaniliz* [5]*. Ca çan yehuatzin in Dios techichiua, ca çan ycelhtzin*

seras-tu bien pour avoir été brouillon, rapporteur? C'est avec modération
que tu diras que tu as été maltraité ou bien ce que tu as vu se passer.
Ce n'est pas avec colère, ni avec impatience que tu viendras le dire, le
raconter. Tu mettras de la douceur dans tes paroles, dans ton récit; par
là tu te feras bien aimer et tu vivras heureux auprès de tout le monde.

25. — Ne recherche pas les femmes, conduis-toi honnêtement; on ne
vit pas deux fois; ce n'est qu'un instant, un petit espace de temps que
nous respirons par la volonté de Dieu. On disparaît aussitôt de la terre.

26. — Ne prends rien sans raison; ne désire rien inconsidérément;
ne t'approprie rien injustement; ne te mets pas sans raison au-dessus
des autres. Ce qui n'est pas ton bien, ta récompense, ton droit, tu ne
le prendras pas, tu ne t'en empareras pas. C'est Dieu lui-même qui a

---

[1] Var. « timonemitiz.» Manuscrit BN.

[2] *Iyolic*, *yolic*, tranquillement, paisiblement, doucement. (Voir le *Compendio*, par Paredes, p. 189.)

[3] Var. « amo oppatiua in tlalhticpac.» Manuscrit MN.

[4] Cette préposition a aussi le sens de : pour l'amour, pour le respect, etc.

[5] Pour *ticmo-aniliz*, de *ana*, prendre. (Voir le *Compendio*, par Paredes, p. 88.)

quimotemaquilia [1] yceceyaca in temaceualh, in tenemac. Ca yehuatl ticmocuiliz, ticmonemiliztiz in molhuilh, in momaceualh, in monemac: ma quinyquac in omitzmaceualti in totecuyo, ipan tiez, ipan ticaz, ipan tinemiz. Amonelh niman no ipan tinemiz, intla timimatini çan icnotlacayutl ipan tinemiz, ic ueyaz in momaceualh, ca intla mopan quichiuaz in totecuyo. Auh intla tel noço ticcuiz, ayac ic quen quitoz, ayac ic tictoliniz, yehica ca maxca, ca momahceualh, ca monemac. Auh intla iliuiz xiccui in amo momaceualh, in amo monemac, ic titoliniloz, ic tipinauhtiloz [2], yoan ic timoteuhpuaz ixpantzinco in totecuyo.

27. — Auh yoan iquac yntla aca mitzmononochiliz, amo titlatlalicuilotiez, amo itla ticmauilhtitiez, amo timocxitlatlauitectiez, amo motilhma tictlatlaquatiez, amo tichichatiez, amo auic campa titlachiaz, amo timoquetzteuaz.

Yn izquitlamantli in onimitzteneuili, intla yuh xicchiua, ca uel oncan tineciz in tiuey tlaueliloc, in amo ompa cah in mix in moyollo,

créé les hommes, c'est lui seul qui donne à chacun d'eux sa récompense, son lot. Tu ne prendras que ce qui doit être ton droit, ta récompense. Que Notre-Seigneur te récompense, tu seras heureux; sans doute aussi tu seras heureux si tu sais vivre avec humilité; ta récompense augmentera, si Notre-Seigneur te favorise. Si tu prends ainsi, personne ne dira rien; tu ne feras du tort à personne, parce que c'est ton bien, ta récompense, ton droit. Mais si tu prends injustement ce qui n'est pas à toi, tu seras maltraité, couvert d'affronts et tu offenseras Notre-Seigneur.

27. — Lorsque quelqu'un s'entretiendra avec toi, tu ne t'occuperas pas d'autre chose, tu ne te distrairas pas avec les mains, tu ne frapperas pas des pieds, tu ne mordras pas ton vêtement, tu ne cracheras pas, tu ne regarderas pas d'un côté et d'autre, tu ne te lèveras pas avec précipitation.

Je t'ai prévenu pour toutes ces choses, si tu les fais, tu paraîtras très-mauvais, sans bon sens, sans cœur, n'ayant plus la connaissance des choses;

---
[1] De *maca*, donner.
[2] *Var.* «*tipinauiloz.*» Manuscrit BN.

ca uelh tehuatl in titlauelhcaualoni; ca uelh tehuatl molhuilh momaceualh mochiuaz in mixitl, in tlapatl, in uctli, in napacatl in tiquiz in ticquaz, inic tiuetziz[1], inic timotlapulolhtiz : inic aucmo ticmatiz in timomayauiz in tlexuquauhyo, in tlecomalco, in atoyac, in tepexic, in timocalaquiz in tzoazco, in mecac; in aucmo ticmatiz in ticmonamictiz in tetl, in quauitl, in xixtli, in cuitlatl, inic teixco inic teicpac tinemiz, inic timochocholhtiz, inic timoquaquauhtiz, inic ticmonamictiz in tochtli, in maçatl youy, inic timocalaquiz in quauhtla, çacatla : intlacamo ticcuiz, intlacamo ticanaz in nanoyutl, in tatoyutl : intlacamo ticmocaccanequiz in micaya in monenca : ye ixquich ye oncan omochiuh, omotlauelilhtic, ça can tiuetzitiuh, ça can coyutl ça can tequani ymac taquitiuh : amo tle ic tiualhmoxicoz in micantlan in moteputztlan, ca mouic onequixtiloc, onetlaeualoc, canel amo tican, amo ticcuic in choquiztli, in yxayutl : auh canel amo motech oticpacho in culutl, in tçitçicaztli m otiquaqualtiloya : ca çan otictlaz, oticmapeuh, inic timozcalizquia, inic titlachiazquia, ca çan tetl quauitl ypan oticma [2].

tu n'auras plus en partage que le mal; tu vivras dans l'infamie, de sorte que tu tomberas et tu te perdras toi-même, sans le savoir; tu te plongeras dans le malheur, dans l'abîme; tu t'enfonceras dans le vice, sans le savoir; tu t'uniras avec tout ce qu'il y a de plus vil; tu te révolteras contre les personnes; tu deviendras semblable aux animaux, tu suivras la même voie et tu te cacheras dans les bois, dans les champs. Si tu ne prends pas, si tu n'écoutes pas les conseils de tes mère et père, si tu ne veux pas songer à ta mort, à ta vie, c'est fait de toi, tu es désormais malheureux, tu iras tomber dans les griffes de quelque bête féroce. Il ne te servira de rien de regretter le passé. Certes, on a accompli son devoir à ton égard : on a lutté contre toi; mais tu n'as pas voulu être contrarié; tu n'as pas accepté la réprimande quand on te l'adressait; oui, tu as rejeté, dédaigné ce qui t'aurait mené au bien; oui, tu as méconnu la correction.

[1] *Var.* « *tiuintiz.* » Manuscrit BN.
[2] Voir le Vocabulaire de Molina aux mots *ipan nicmati*.

28. — *Yoan ma mixco ma mocpac ticman, inic omitzmocnelili in Dios: intla ic titlauelilocatiz, intla ic teca timocacayauaz, ca ic timoxoquaz, ic tetech timoquaz, ic ticamanaz, ic ticmociuiz in totecuyo açuc uey inic mitzpanillaliz.*

29. — *Yoan in iquac titlaquaz, amo oncan titetlauelitztiez, amo tictetlauelcauiliz in tlaqualli. In aquin mopan calaquiz, cequi ticmomaquiliz, aço momayanalhtitiuh; maciui in quexquittzin, ca ye otimotlamaceui. Yntla aca ynauac titlaquaz, amo tiquittaz çan titolotiez; amo yciuhca titlaquaz, inic amo timelcimaz, timelmotlaz; amo achto timocauaz, quin yquac timocáuaz in omocauh* [1].

30. — *Auh intla aca ynauac timonemitiz, titlamocuitlauiz in ichantzinco titletlaliz, titlachpanaz : ic ticaz ic tinemiz, ic tatliz ic titlaquaz in tenauac; intla çan oncan titlaçoloz, titlacatzauaz, amo tiuecauaz. Yntla uelh timonemitiz, intla uelh ticchiuaz y in oni-mitzilhui, in iquac tittaloz, mopampa tetl quauitl quitoctizque in aquin amo uelh nemi, in amo quitlacamati in ynan, in yta.*

28. — Ne t'enorgueillis pas, ne sois pas fier de ce que Dieu a fait pour toi. Si tu deviens pervers, si tu méprises les gens, tu te nuiras, tu te feras attaquer par autrui, tu inquiéteras, tu offenseras Notre-Seigneur, qui peut-être encore t'aurait élevé davantage.

29. — Quand tu mangeras, tu ne regarderas pas les autres de travers, tu ne mépriseras pas leur nourriture. A celui qui viendra chez toi, tu donneras quelque chose, peut-être a-t-il extrêmement faim; quoi que ce soit, tu auras bien mérité. Si tu manges avec quelqu'un, tu ne le regarderas qu'en baissant la tête; tu ne mangeras pas avec précipitation, afin de ne pas t'étouffer, t'étrangler; tu ne finiras pas le premier, tu cesseras après lui.

30. — Si tu vis avec un autre, tu prendras soin de sa maison; tu feras le feu, tu balayeras; ainsi tu vivras, tu boiras, tu mangeras chez les autres. Mais si auprès de quelqu'un tu salis, tu souilles, tu n'y resteras pas. Si tu vis honnêtement, si tu fais exactement ce que je t'ai dit, alors tu seras bien vu, on te prendra pour modèle, afin de corriger celui qui ne se conduit pas bien, et qui n'obéit pas à sa mère, à son père.

[1] *Var.* « *ihquac in omocauh, timocauaz.* » Manuscrit BN.

Auh in axcan ye ixquich ic ninoquixtia in nimonan in nimota, ic nimitzapana, ic nimitztetziloa, ic nimitztiçauia, ic nimitzpotonia: ma çan cana tocontlaz, toconmayauh.

RESPVESTA QVE HAZE EL HIJO AL PADRE.

Notatzine, otlacauh in moyollotzin[1]*, otinechmocnelili in nimocuzqui, in nimoquetzalh. Aço nicanaz, aço nicciuz ycententli ycencamatl yualhquiça yualhuetzi in moxillantzinco, in motozcatlantzinco: inic nouicpa timoquixtia in nimocuzqui, in nimoquetzalh, inic amo ninoxicoz in quemmanian*[2]*, in aço ytla onax, onicchiuh in aqualli, in ayectli, inic amo maualoca yez in tinotatzin. Auh ca tel oc nipilhtontli, niconetontli, oc nitlalololoa, nitapalhcamauilhtia, oc naxix, oc nocuitl nicnaauilhtia, oc notenqualac noyacacuitl nomac nictecuia: ca ayamo cenca nitlachia, nitlacaqui, ayamo cenca ninozcalia, ninimati: campa nelh tinechmiualiz ca tinonantzin ca tinotatzin, ca nimeço ca nimo-*

Voilà, c'est tout, nous avons accompli notre devoir, ta mère et moi. Ainsi, par ces paroles, je te ceins, je te fortifie, je te console, je te donne bon exemple. Ne va pas les rejeter, les dédaigner.

RÉPONSE DU FILS À SON PÈRE.

Mon cher père, tu as été bienveillant, tu m'as fait du bien à moi qui suis ton bijou, ta belle plume. Sans doute je prendrai, je recueillerai une parole de ce qui est sorti, venu de ton sein, de tes entrailles. Ainsi donc, tu as accompli ton devoir envers moi, qui suis ton bijou, ta belle plume; ainsi je n'aurai pas à me plaindre un jour. Assurément, si je fais le mal, ce ne sera pas à toi, cher père, qu'on en fera le reproche. Mais je suis encore enfant, je suis tout jeune, j'amoncelle encore de la terre, je m'amuse avec des débris de vase, je me complais encore dans la saleté, je m'essuie encore avec les mains la bouche et le nez. Je ne vois pas, ni n'entends tout à fait bien; je ne suis pas encore assez prudent, ni assez sage. Partout où vous m'enverrez, vous qui êtes ma mère et mon père, comme je suis votre sang, votre chair, certainement sortira

---

[1] Var. « *Notatzine, otlacauhquin moyollotzin.* » Manuscrit MN.
[2] Var. « *in quemmanian inic amo ninoxicoz.* » Manuscrit MN.

tlapallo, ca oc quiçaz, ca oc uetziz ycententli ycencamatl in monanoyotzin, in motatoyotzin; cuix tinechmoxiccauiliz? ma quiniquac[1] in auelh nicana, in auelh niccui, ma tinechmocauiliz.

Auh in axcan çan ixquittzin inic niccuepa in mihiyotzin, in motlatolhtzin ycententli ycencamatl yn populoni, in tzatzacui in tlallo in tapalhcayo, in pipillatolli, in coconetlatolli in aye uel onquiça ouetzi ycententli ycencamatl. Ma ximeuititie, notatzine.

encore un conseil de votre sein maternel et paternel. Est-ce que tu m'abandonneras? Si je ne t'écoute pas bien, si je ne suis pas tes recommandations, alors tu pourras m'abandonner.

Et voilà maintenant comment je réponds à ta parole, à ton discours, par un mot de muet, de quelqu'un qui a la langue embarrassée, pleine de difficultés, par le langage d'un tout petit enfant dont les paroles ne sont pas bien articulées. Porte-toi bien, mon cher père.

DECLARACION DE LA DICHA PLATICA EN SENTENCIA
Y ALGO A LA LETRA, PORQVE A LA LETRA TODO FVERA PROLIXO
Y NO RODARA BIEN EL ROMANCE [2].

1. — O mi hijo precioso, nacido y criado en el mundo por Dios, en cuyo nacimiento nos y tus parientes pusimos los ojos con gran sentimiento.

2. — As reuiuido y salido como el pollillo del caxcaron y creciendo como el, te impones al vuelo o exercicio.

3. — Que tiempo quierra Dios que gozemos de tan preciosa joya, biue, hijo, con tiento y comiendate a Dios, que te ayude; pues te crio, y es tu padre y te ama mas que yo. Suspira a el de dia y de noche, y en el sea tu pensamiento.

---

[1] *Var.* «*ma ihquac.*» Manuscrit BN.
[2] Le texte de cette *declaracion* est tiré du manuscrit BN.

Siruele con amor, y hazer te ha mercedes y librar te ha de peligro.

4. — A la imagen de Dios y de sus santos, y a la cruz ten reuerencia y mas al santo sacramiento y al nombre de I. C. ante el qual ora deuotamente y preparate en las fiestas.

5. Ten reuerencia y saluda los mayores, no oluidando los menores. No seas como mudo, mas consuela los pobres y aflictos con buenas palabras.

6. — A todos onra y mas a tus padres, a los quales deues obediencia, seruicio y reuerencia, porque el hijo, que contra esto va, mal se lograra.

7. — A todos ama y onra, biuiras en paz y alegria; no sigas a los locos, o que hazen o dizen desatinos, que ni acatan padre ni reuerencian madre, mas como animales no lleuan camino derecho y como tales, sin razon, ni oyen doctrina, ni esperan correccion.

8. — El tal que a Dios ofende morira de mala muerte, desesperado o despeñado, o de animales tragado: suya es la culpa, pues por no ser cortes, se hizo montes.

9. — Mira que no hagas burla de los viejos o enfermos, o faltos de miembros ni del que esta en pecado o erro algo. No afrentes a los tales ni los aborrezcas, mas humillate ante Dios, y teme no te suceda lo tal porque no te quexes y digas: assi me acaecio, como mi padre dixo, o si no ouiera escarnecido [1], que ya estoy en la desdicha.

10. — No hagas desonestidad a nadie ni le des ponçoña o cosa no comestible, que ofenderas a Dios en su criatura,

---

[1] Le manuscrit porte : escarnendo.

haziendo lo tal, sera tuya la confusion y el daño, porque en la tal yra moriras : y si onrares, en lo tal feneceras. Se, hijo, bien morigerado : y no te metas do no eres llamado, porque no des pena, ni seas auido por mal mirado.

11. — No hieras a nadie, ni des mal exemplo, ni hables indiscretamente, ni cortes a otros su platica porque no les turbes. Y si no hablan aderechas, para los mayores corregir, mira bien lo que as de dezir, y si no es tu lugar o cargo para hablar, no hables. Y si lo es, habla rectamente, sin ficcion, ni murmuracion. Responde cuerdamente, y no como bobo ni presuntuoso, y sera estimada tu platica.

12. — No cures de fabulas ni burlerias que destruyen y hechan en lazo de confusion.

13. — No seas placero ni callejero, ni te detengas en mercado ni en baño, porque no te coma o trague el diablo, mundo y carne.

14. — No seas muy pulidillo, que te demuestres loquillo, ni te cures del espejo, ni de superfluo aparejo porque es lazo del demonio, y del mundo y carne todo.

15. — Porque no seas auido por dissoluto, por do fueres guarda la vista; no vayas haziendo gestos ni visajes desonestos, ni traues a otro de mano, porque es señal de liuiano, y mira bien como vas y con nadie encontraras, ni te pongas delante otro sin licencia, como loco.

16. — Si te fuere mandado tener cargo, por ventura eres priuado, escusate buenamente, y seras visto prudente; ni porque a otros excedas lo aceptes luego, mas tente y espera, porque no seas desechado o afrentado.

17. — No salgas ni entres delante los mayores mas sentados, o en pie, donde quiera les da ventaja. No hables primero que ellos, ni atrauieses delante ellos. No tomes su mayoria si no eres puesto por guia, porque no seas notado de otros por de mal criado. No bebas ni comas primero, mas sirue de paje o de escudero, que no perderas por esso tu grandeza o principado, ni la joya que tuuieres se te cayra de la mano; por la humildad se merece el don de Dios y de los mayores. Y si despues alguna cosilla te fuere dada, no la desdeñes ni des de manos, ni te enojes, ni aborrezcas, ni dexes el amistad, y mereceras : que si te ensañares, perderas ante Dios y ante los hombres.

18. — No seas adultero ni luxurioso, que destruye y es mal vicioso, ni sigas tu coraçon, ni amo suzio y sin razon, porque a Dios ofenderas y a ti te destruyras. Eres aun tierno pollito y brotas como espiga [1], hijo. Pues eres preciosa joya, que te pierdes nadie lo oya. Sufre, espera que ya crece la que a ti pertenece. A Dios todo te encomienda, y que de su mano te venga, que no sabes si esta cerca la muerte que a todos lleua. Y si tu casar quisieres, dinos lo, pues hijo eres. Sin dar parte a tus mayores, no te atreuas ni la tomes.

19. — Mira no seas ladron que es notable confusion, y del juego te ausenta, y no cayras en afrenta, ni te veras pregonado por las plaças y mercado. Porque en esto amenguarias a los que onrar deuias. Sigue pues lo bueno, hijo, y siembra, y coje sin letijo. Comeras de tu sudor y biuiras con gran loor. Y conocer te an tus parientes y ternas para tus dientes. Si, hijo, casas sin tiento, comera la muger viento. Tu as de ser su consuelo y del niño y del moçuelo.

---

[1] Le manuscrit porte : espaga.

20. — Con mucho trabajo y duelo se biue, hijo, en el suelo, ni se alcança facilmente lo necessario a la gente. Con sudores te he criado, y las fuerças he gastado, buscando que comerias, beberias, vestirias, que por ti me hecho criado y biuido a soldadado. Y por tu consolacion me he visto en mucho afliccion. Nunca te he desamparado, ni tampoco te afrentado, porque no he hecho vileza, ni hurtado por pereza. En vida no te oluidado, y en muerte te dexare encomendado.

21. — No cures de murmurar, si quieres en paz estar, porque la murmuracion afrenta y pone en question. Calla, hijo, lo que oyeres, y si de contar lo ouieres, aunque bueno, no lo añadas, y calla cosas dañadas. Si ante ti solo ha pasado, calla siendo preguntado, porque nunca te abriran como a la espiga del pan. Para saber lo que quieren, de otro lo oyan si quisieren, y no tengas tal oficio porque es muy maligno vicio, que si en el dicho falleces, sin prouar gran mal mereces.

22. — Si tu dicho fuere falso, careceras de descanso, porque aqui o en el infierno siempre ternas mal inuierno, pues nada auras en parlar de termino de callar.

23. — No te des a parlerias, ni a trampas, ni a mentiras y no pornas dissension, donde ay consolacion. Ni, hijo, siembres discordia, donde ay paz y concordia, y comen, y se visitan, y en quietud abitan; que hombre no pareceras, y algun dia lo pagaras.

24. — Si alguno te embiare con mensaje, y te riñiere o murmurare o dixere mal del que te embio, no bueluas con la respuesta enojado, ni de tu boca venga lo tal colgado, ni lo des a sentir; mas preguntado del que te embio como te fue alla, con reposo y buenas palabras responde, callando el mal que oyste, porque diziendose lo no los rebueluas, y se hieran

o maten, que no auras dello consolacion mas pesar te ha y diras : o si no lo dixera no sucediera. Mas ni por esto ternas escusa ni escaparas de reboltoso. Y si algo has de dezir sea con moderacion y discrecion y templança. Y antes moderar el caso que ponderarlo. Lo qual haziendo seras amado y biuiras con qualquiera consolado.

25. — No tengas que ver con muger alguna, mas biue limpiamente porque no se biue dos vezes en el mundo, que la vida es breue y esta tiempo se padece, o pasa con trabajo por Dios, y sale cada qual desta vida o mundo.

26. — No ofendas a alguno ni le tomes su onra, galardon o merecimiento, porque de Dios es dar a cada uno como a el plaze, toma lo que te da, y quanto mas te diere estaras contento, ni porque tengas mucho te muestres : mas se humilde y sera mayor tu merecimiento; pero ya que con lo que Dios te diere te muestres, no terna alguno que dezir, pues es tuyo; mas tomando lo que no te pertenece seras afrentado y ofenderas a Dios.

27. — Y quando alguno te hablare no bulles los pies o manos que es de liuianos, ni estes mordiendo la manta, ni escopiendo, ni mirando a una parte y a otra, ni leuantandote, porque en qualquiera destas cosas que hagas te mostraras mal criado. Porque el mal mirado es como el borracho que desatinado se derriba y echa en afrenta y en otros malos sin cuenta, porque de hombre racional se buelue como animal. Y si no quisieres tomar el consejo paternal, ni oyr tu muerte o vida, mala sera tu cayda, que auras desdichada suerte, o moriras mala muerte, ni te quexaras cuydado, de que no fuiste auisado; mas diras que tu tuuiste la culpa pues no quisiste tomar ni oyr correccion, mas seguir tu perdicion.

28. — Mira no te soberuezcas, puesto que en hazienda crezcas; mas con lo que de Dios ouiste, no te malees tu triste, ni a otro tengas en poco, porque te ternan por loco, y ofenderas al Señor que te pusiera en honor.

29. — Y mira que quando comieres no mires a los otros de mal ojo, o enojado, ni desdeñes la comida, mas da algo al que viniere y mereceras. Y si comieres con otro, no le mires sino baxa tu cabeça; no comas arrebatadamente, porque no se te añude o te haga daño; ni dexes de comer primero que el otro, scil. porque no se afrente.

30. — Y si con otro biuieres, ten cuidado de todo y se diligente y seruicial, y ternas lo necessario y con qualquier que estuuieres te yra bien, mas si ofenderes o lo contrario hizieres, no perseueraras. Y siendo, hijo, el que deues, contigo afrentaran o castigaran a los otros negligentes, mal mirados o desobedientes a sus padres.

Ya no mas, hijo, con esto cumplo que soy tu padre, con esta doctrina y auisos dichos te çiño y fortifico y te consuelo y hago m̄ja [1], que no lo deshechas ni menosprecies.

<small>FIN DE LA PLATICA PATERNAL.</small>

<small>RESPVESTA DEL HIJO AL PADRE,

LO MAS A LA LETRA.</small>

Padre mio, muchas mercedes me aueys hecho a mi, vuestro hijo; por ventura tomare algo de lo que de vuestras entrañas ha salido, con lo qual dezis que complis comigo, y que no terne escusa si en algun tiempo hiziere lo contrario, no sera

---

[1] Maestria (?).

cierto a vos imputado, padre mio, ni sera vuestra la afrenta. Pero ya veys que aun soy muchacho, que aun juego con la tierra y con otras ymmundicias como niño : y aun no me se limpiar los narizes, porque aun no siento ni entendio bien; donde, padre mio, me aueys de embiar, soy vuestra sangre y carne, por lo qual confio y espero que otros consejos paternales me dareys con el amor que los dichos. Por ventura desamparar me aueys [1]? Quando yo no lo tomare, como lo aueys dicho, entonces con razon me podreys dexar.

Agora pues con estas poquitas palabras de muchacho que apenas sabe hablar respondo a vuestros paternales auisos. Yo os beso las manos, y esteys en buen hora.

FIN DE LA PRIMERA PLATICA.

Fue hecha esta arte en Sant Andres conuento de S. Francisco en Ueytlalhpa, a gloria de N. S. I. C., año de su nacimiento de 1547 [2].

---

[1] Le manuscrit porte : me eys?

[2] Cette note figure sur le manuscrit BN immédiatement à la suite du texte *nahuatl*. Le manuscrit MN ne la donne pas.

INDICE.

Epistola nuncupatoria.	3
Prologo al lector.	7

DIVISION DE LA PRIMERA PARTE.
ESTA PRIMERA PARTE TENDRA TRECE CAPITVLOS.

El primero sera de las partes de la oracion en general.	13
El segundo, de las diferencias que ay de pronombres.	15
El tercero, de los pronombres que se juntan a los verbos y nombres.	17
El quarto, de los pronombres possessiuos.	20
El quinto, de la combinacion que hazen algunos pronombres entre si.	23
El sexto, de lo que pierden los nombres juntandose con los pronombres *no, mo, y,* etc.	27
El septimo, de los nombres en general, y de como les dan plural.	31
El octauo, de los nombres substantiuos deriuatiuos.	35
El nono, de los deriuatiuos substantiuos que descienden de verbos.	41
El decimo, de los nombres adjectiuos primitiuos.	47
El undecimo, de los deriuatiuos adjectiuos.	52
El duodecimo, de ciertas particulas que se juntan a los nombres, y con ellas se hazen diminutiuos.	59
El decimo tercio, de los nombres compuestos, comparatiuos y superlatiuos.	63

DIVISION DE LA SEGVNDA PARTE.
ESTA SEGVNDA PARTE TERNA TRECE CAPITVLOS.

El primero sera de la conjugacion de los verbos regulares.	68
El segundo, de la formacion dellos.	78
El tercero, de la formacion del preterito.	92

El quarto, de la formacion de la passiua e impersonal......... 98
El quinto, de los verbos irregulares...................... 106
El sexto, de los verbos *eo, is*, y *venio, venis*................ 116
El septimo, de algunas particulas que se juntan con verbos actiuos. 121
El octauo, de otras que se juntan con todos verbos.......:... 126
El nono, de como los verbos se juntan con los pronombres...... 132
El decimo, de los verbos neutros........................ 137
El undecimo, de los verbos deriuatiuos................... 144
El duodecimo, de los verbos compuestos.................. 151
El decimo tercio, de los verbos reuerenciales............... 161

DIVISION DE LA TERCERA PARTE.

ESTA TERCERA PARTE TENDRA OCHO CAPITVLOS.

El primero sera de las preposiciones..................... 171
El segundo, de los aduerbios en general.................. 179
El tercero, de los aduerbios locales y temporales............ 187
El quarto, de los aduerbios numerales.................... 190
El quinto, de las conjunciones e interjecciones.............. 194
El sexto, de la orthographia........................... 196
El septimo, de unas maneras de hablar comunes............ 202
El octauo, de la manera de hablar que tenian los viejos en sus platicas.. 211
Y despues se pondra una platica de las que solia hazer antiguamente un padre a su hijo, en que se descubre mucho de la propriedad de la lengua. Y en esto se incluye y concluye la tercera parte....................................... 231

TABLE ALPHABÉTIQUE
DES MATIÈRES [1].

A, amo, amotzin, adverbe, 59, 133, 179.
Ac? aqui? aquin? — aquique? 51.
Ac ychoatl? 51.
Aca, acame, 51.
Açoçomo ou *açocamo,* 180.
Açayac ou *acaçayac,* 180.
Acanoçomo, 194.
Aci, 156.
Aço, 179, 194.
Açocamo. Voir *acaçomo.*
Adjectifs primitifs, 47.
———— numéraux, 49, 50,
———— dérivés en *c,* 53, 62.
———— dérivés en *yo, llo,* 52, 62.
———— dérivés en *lli,* 54, 62.
———— dérivés en *ni,* 55, 62.
———— dérivés en *qui,* 56, 62.
———— dérivés en *tli,* 57, 62.
———— (Pluriels des), 47-58.
Adverbes de lieux, 187.
——— de temps, 189.
Ayac, 48, 180.

Ayocac. Voir *aoac.*
Ayocquic. Voir *aucmo,* etc.
Amech. Voir *nech, mitz,* etc.
Amehoan, amehoantin, amehoantzitzin, 15, 16, 59.
Ami, 24.
Amin ou *amin,* 24.
Amo, pronom réfléchi. Voir *nino, timo,* etc.
Amo, possessif. Voir *no, mo, i,* etc.
Amo, amotzin, adverbe. Voir *a, amo,* etc.
Amono, adverbe, 180.
An, pronom, devant une voyelle ou certaines consonnes, 127, 201. (Voir *ni, ti, an.*)
Anca, 47, 180, 195.
Anel, 180.
Anoce, anoço, 194.
Anno, 24.
Anqui, 180.
Anquimmo, anquimo, 136.
Ante, 24.

[1] C'est pour suppléer à l'insuffisance des indications contenues dans l'index par chapitres que nous avons rédigé cette table des matières, signalant les principaux détails et permettant de retrouver facilement, soit dans le texte, soit dans les notes, les diverses difficultés de la langue. Les mots commençant par *c* et *ç, i* et *y* sont mis en deux groupes aux rangs qu'occupent dans l'alphabet les lettres *c* et *i.*

Anto, 24.
Aoac ou ayocac, aucac, aucaque, 47.
Aquen, adverbe, 180.
Aqui? aquin? aquique? Voir ac? aqui? etc.
Aquin (yn), 51.
Atlei, 47.
Aucac. Voir aoac, etc.
Aucmo, ou aucquic, ayocquic, adverbe, 180.
Auc tlei, 47.
Auelh, adverbe, 180.
Auh, auhtzin, 59, 194.
Auic, 180, 188.
Axcati, 196.
C ou co, préposition, 40, 64, 173, 178.
C, qui, quin, pronom, 19, 98, 100, 122, 124-129, 135, 145, 162, 170.
Ca, terminaison du plus-que-parfait, 79.
—— verbe. Voir cah.
—— dans les verbes composés, 152, 153, 170.
Ca, adverbe, 181, 184.
—— prép., 21, 139, 170, 172, 178.
Ça, 195.
Çaço, 51, 188.
Cacopa, copa, 173.
Cah, oncah, verbe irrégulier, 106, 115, 154.
Calcatl ou calqui, 36.
Calle, calhque, 36.
Can, terminaison du pluriel de l'impératif, 81.
Can, adverbe, 70, 188, 193.

Can achi, 49.
Çan ou çanio, adverbe, 181, 201.
Çan celh (no, mo, i, etc.), 25, 50, 201.
Çanio, çan tiyo, çan iyo, etc. 25, 50.
Ca qualli, 75.
Caqui, 159.
Catleoatl, 51.
Catli? catlique? catleique? ou catleime? 51.
Catqui, 115.
Cauh, terminaison de certains substantifs et adjectifs, 38, 44, 45, 52, 54, 56, 57.
Ce, ceme, cequin, cequintin, 49, 194; — en composition cen ou cem, 24, 28.
Ceccan ou cececcan, 194.
Cece, ceceme ou ceceyaca, 51, 194.
Celh. Voir çan celh (no, etc.).
Celia, 158.
Cem ou cen. Voir ce, ceme, etc.
Cen ou cepan, adverbe, 50, 126, 128, 181.
Cencamatl ou quezqui camatl, 24, 50.
Cenquizca, adverbe, 182.
Cententli, 25, 50.
Centetl, 50, 192.
Cepan. Voir cen, etc.
Ceppa, ceceppa, 194.
Cequi, occequi ou occecca, 50.
Cequin, cequintin. V. ce, ceme, etc.
Chachayacatoc, 115.
Chane, chaneque, 36.
Chapantoc, 115.
Chico, 63, 182, 191.

Chose (De la) possédée, 52, 54.
Co. Voir *c* ou *co*.
Co, quiuh, qui, dans les gérondifs, 72, 89.
Coacah, coaunoac, coaunoque, verbe irrégulier, 114.
Çolli ou çulli. Voir *tçulli*.
Copa. Voir *cacopa*.
Copauic, préposition 177.
Cuitlapan, préposition, 177.
E, suffixe indiquant le vocatif, 14.
— que, désinence marquant la possession, 37, 38.
Ece ye, ece oc, 65, 66.
Elh, elhtin, 25, 48.
Eloac ou yeloa, impersonnel, 108.
Eua, 156.
Euaticah, euititicah, verbe irrégulier, 113.
Futur (Du) employé comme impératif, 81.
Gérondifs (Des), 70, 76, 87-90.
Y, démonstratif, 16, 17, 65, 66.
— possessif. Voir *no, mo, i*, etc.
Ya, terminaison de l'imparfait, 78.
— adverbe. Voir *ye*.
Yauh, verbe irrégulier, 89, 90, 116, 155.
Ye, ynic, 65, 66, 75, 76, 87, 89, 90, 182, 194.
Yc, yquin, 189.
Ycac, verbe irrégulier, 108, 154.
Ycampa, préposition, 173.
Ycatilhticac, verbe irrégulier, 109.
Ici, mis pour *iz*, 188.
Ycno, 183.
Ycnopilhti, 196.
Icoa, impersonnel, 110.

Icpac, préposition, 173.
Ye ou ya, adverbe : *ye iman*, 70, 76, 87; — *ye imonequian*, 87; — *ye ipan*, 186; — *ye qualcan*, 70, 87.
Ye, interjection, 195.
Yeh, yehoa, yehoatl, yehoatzin; — yehoan, yehoantin, yehoantzitzin, 15, 16, 17.
Yeloa. Voir *eloac*.
Yetzticah, verbe irrégulier, 106.
Yeua, 183, 189, 210.
Ihiyouia, 159.
Iyo. Voir *çanio, çan tiyo*, etc.
Ilhuilhti, 196.
Impératif négatif, forme particulière du pluriel, 82.
Yn, démonstratif, 16, 17.
Yn ou ym, possessif. Voir *no, mo, i*, etc.
Yn, 71, 88, 89, 90, 183.
Yn aquin. Voir *aquin (yn)*.
Ynic. Voir *yc*.
Ynic achi, ynic cenca, 66.
Ynoc, ynoquic, 184, 189.
Yntla, 81, 84, 89, 119, 130, 195.
Yntlaca, préposition, 173, 178.
Yntlacamo, 184.
Yntlanelh, 195.
Yn tlein. Voir *tlein (yn)*.
Ypampa, 85, 194.
Ypan. Voir *ye* ou *ya*, etc., et *pa* ou *pan*.
Ypan y, ipan ti, ipan iti ou ypan ia, ypan tia, ypan itia, verbe irrégulier, 141.
Yquac, yn iquac, 71, 84, 88, 189.

Ytic, préposition, 177.
Itta, 159.
Itzqui ou *yxquich*, 48.
Yuh, yuhqui, yuhque, 48, 184.
Yuh, interjection, 195.
Yxcoyà, 25.
Ixnauac, préposition, 178.
Ixpan, préposition, 178.
Ixquich. Voir *itzqui*.
Ixtlan, préposition, 178.
Iz, 107, 188.
La, préposition, 174.
Llani ou *tlani*, 126, 129, 131.
Lo, terminaison du passif et de l'impersonnel, 98, 100, 102.
Ma, 68-75, 81, 82, 83, 89.
Ma, conjonction, 195.
Maca ou *macamo*, 82.
Maceuallti, 196.
Mach, 184.
Machmo, 184.
Maciui, maçonelh, manelh, 195.
Macucle, mayecuele, 83.
Manen, 82.
Mani, verbe irrégulier, 109, 111, 155.
Manilhtia ou *manilhtica*, verbe irrégulier, 111.
Maniua ou *manoa*, impersonnel, 112.
Matel, 81, 83.
Mati, 158.
Micc, 32.
Miecpa, 184.
Mitz. Voir *nech, mitz*, etc.
Mo, possessif. Voir *no, mo, i*, etc.
—— réfléchi. Voir *nino, timo*, etc.
Mo, monel, adverbe, 182.

Muchi, muchintin, etc., 48.
N, 174.
Nacaziconoc, 115.
Nal ou *nalhco*, préposition, 175, 178.
Namo, 23.
Nauac, 174, 175.
Nauaque. Voir *tloque*.
Ne, dans les substantifs verbaux, et les impersonnels, 41-45, 55, 76, 98, 100, 101, 102, 123, 127, 128, 139.
Nech, mitz, tech, amech, 19, 128, 134, 135, 162. V. *c, qui*, etc.
Nechca, nechcapa, 188.
Neh, nehoa, nehoatl, nehoatzin, 15, 16, 59.
Nelli, 184.
Nemi, 155.
Nene, 230.
Nepa, 188.
Nepantla, préposition, 175.
Nequi ou *nenequi*, 85, 86, 159, 160.
Neuya, 25.
Ni, ti, an, pronoms personnels, 17, 18, 19, 23, 47, 48, 68-76, 78, 86, 106, 127, 129, 133, 201.
Ni, terminaison de l'optatif, 83.
Nica, interjection, 195.
Nican, 188.
Nicno, 136, 145, 162.
Nim, 23.
Niman, 88, 189.
Nimo, 19, 23.
—— pour *nino*, 134.
Nino, timo, mot, ito, amo, pronoms

réfléchis, 19, 20, 41-44, 123, 127, 131-135, 139, 141, 145, 159-162.
Niquinno, 136.
Nite, 23.
No, mo, i, to, amo, in, possessifs, 18, 20, 21, 23, 24, 25, 27-31, 36, 38, 39, 43, 44, 45, 46, 48, 50, 52, 54-61, 65, 139-142, 172, 196.
No, conjonction, 195.
Noma, 16.
O ou u, on ou un, démonstratif, 16, 17.
O (De l'augment), 79.
O, suffixe marquant la possession, 37.
Oa ou ua, terminaison de l'impersonnel, 103, 104.
Oc, 65, 66, 185, 188, 189, 193.
Oc, verbe. Voir onoc.
Oc achi, 65, 66, 188.
Oc achi ne, oc achi nepa, etc. 188.
Ocachica, occachic, occachitzinca, 185.
Occecca ou occequi. Voir cequi, etc.
Occuelachic, 185.
Ocmaya, 185.
Oyuh, oyuh yeua, 72, 210.
Omextin (to, amo, yn), 50.
On, 106, 110, 115, 126, 127, 128, 129, 201.
On, démonstratif. Voir o ou u, etc.
Oncah. Voir cah.
Onoc, en composition oc, verbe irrégulier, 110, 112, 115, 154.
Onolhtitoc, verbe irrégulier, 110.

Onouac ou onohua, impersonnel, 111.
Onteixtin (yn), 50, 51.
Ontlamanixtin (yn), 51.
Oui, adjectif, 49.
Oui, interjection, 195.
Ouitic, 195.
Pa ou pan, préposition, 63, 70, 87, 174-178, 191, 193.
Palh, préposition, 175.
Pampa, préposition, 175.
Pan. Voir pa ou pan.
Pauic, préposition, 177.
Pilh, 60.
Poloa, puloa ou puloua, 126, 129, 131.
Potli, 61.
Pulh, 61.
Quac, préposition, 178.
Qualhcan, 70, 87.
Qualli inic, qualli yezqui yn, qualli yez, 70, 86.
Que. Voir e, que, etc.
—— suffixe indiquant le plur. au prétérit et au futur, 79, 80.
Quen, quenin? 185.
Quentelh. Voir telh, etc.
Quetzticah, 115.
Quexquichca? 186.
Quezqui, 24, 49.
Qui. Voir co, quiuh, etc.
—— terminaison au singulier du futur, 80.
Quia, 79, 85, 91, 126, 129, 203.
Quiça, 157.
Quilmach, 184, 186.
Quimmo, quimo, 136.
Quin, pronom. Voir c, qui, etc.

Quin, adverbe, 40, 190.
Quiuh. Voir *co*, *quiuh*, etc.
Substantifs (Des) qui ne reçoivent point les possessifs *no*, *mo*, *i*, etc., 25, 26.
Substantifs dérivés en *catl*, 35, 36.
Substantifs poss. en *e*, *ua*, 37, 38.
———— verbaux en *ca* ou *can*, 46.
———— verb. en *yan*, 45, 62.
———— verbaux en *yutl*, *lutl*, 39, 40, 41.
———— verbaux en *liztli*, 42.
———— verbaux en *lli*, 43.
———— verb. en *ni*, 42, 43, 62.
———— verbaux en *qui*, 45, 62.
———— d'instrument, 44.
———— composés, 63.
Substantifs. Pluriel en *me*, 14, 32, 33, 34, 43, 45.
———— Pluriel en *que*, 14, 35, 36, 37, 45.
———— Pluriel en *tin*, 14, 32, 33, 34, 59, 60, 61.
———— Pluriel en *uan* ou *huan*, 36, 38, 40, 43, 44, 45, 59, 60, 61.
———— Pluriel par redoublement de syllabe, 33, 34, 46, 59, 60, 61.
———— Pluriel des noms de peuples terminés en *catl* au singulier, 35, 36.
Tamo, 24.
Tçinco ou *tzinco*, préposition, 178.
Tçinoa ou *tzinoa*, 126, 131, 162, 167.
Tçonco, préposition, 178.

Tçulli ou *çulli*, 59, 61.
Te, *tla*, 21, 22, 23, 31, 41-45, 55, 56, 57, 76, 80, 81, 98, 100, 101, 102, 122, 123, 125, 127, 128, 129, 135, 138, 143, 144, 161, 162, 168, 169.
Te mis pour *tequi*. Voir ce dernier mot.
Tech. Voir *nech*, *mitz*, etc.
Tech, *techpa*, *techcopa*, préposition, 20, 85, 141, 173, 176.
Teh, *tehoa*, *tehoatl*, *tehoatzin*; — *tehoan*, *tehoantin*, *tehoantzitzin*, 15, 16.
Telh, *quentelh*, 185.
Temi, *temilhtia*, verbe irrégulier, 112.
Temiua, impersonnel, 113.
Tentoc, 112.
Teputzco, préposition, 177.
Tequi, 186.
Tequitl, 186.
Tetcuh, 186.
Tetla (pour *te tla*), complément d'un verbe, 123.
Ti, pronom. Voir *ni*, *ti*, *an*.
Ti, dans les verbes composés, 110, 112, 115, 152.
Ti. Voir *tiuh*, *to*, etc.
Ticmo, 136.
Ticto, 136.
Tim, 23, 24.
Timo, 24.
Timo, pron. réfléchi. Voir *nino*, etc.
———— mis pour *tito*, 134.
Tino, 23.
Tiquimmo, 136.
Tiquinto, 136.

Tite, 23, 24.
Tito, pronom réfléchi, 19, 20.
Tito, 23.
Tiuh, to et *ti* dans les gérondifs, 71, 88.
Tla. Voir *te, tla.*
Tla, particule de l'impératif et de l'optatif, 81, 123.
Tla, préposition, 176, 178.
Tlacatl, tlaca, 36.
Tlan, préposition, 174, 175.
Tlani. Voir *Ilani.*
Tlaocachic, 185.
Tlapiquia, 160.
Tlaquachic, 185.
Tlaquauh, 186, 187.
Tlauelilktic, 195.
Tle? Voir *tlein?*
Tlei. Voir *auc tlei.*
Tlein ou *tle? tlein y? tlein o?* 51.
—— (*yn*), 51, 85.
Tloc, préposition, 174.
Tloque nauaque, 175.
To, possessif. Voir *no, mo, i,* etc.
To. Voir *tiuh, to,* etc.
Ton, tontli, 60.
Tzalan, préposition, 175.
Tze, abréviation de *tzine,* 14.
Tzin, tzintli, 59, 187.
Ua, suffixe marquant la possession, 37, 38.
—— Voir *oa.*
Ualauh, verbe irrégulier, 118.
Ualh, 119, 126, 128, 129.

Ualhmouica, 120.
Ualhuiloa, impersonnel, 119.
Uan, préposition, 50, 177.
Ueca, uecapa, neueca, 187.
Unecapame, uccapan, 49.
Uelh, 16, 17, 85, 126, 129, 187.
Uetzi, 153, 157.
Uetztoc, 115.
Uic, uicpa, uiccopa, préposition, 177.
Uica, verbe irrégulier, 118.
Uiloa, impersonnel, 117.
Uitz, verbe irrégulier, 120, 155.
Un. Voir *o* ou *u,* etc.
Verbes réguliers (Des). Actif, 68.
——— Passif, 73.
——— Impersonnel, 76.
Verbes défectifs, 142.
Verbes dérivés en *ca,* 147.
——— dérivés en *lia,* 145.
——— dérivés en *mi,* 148.
——— dérivés en *ni,* 148.
——— dérivés en *pi,* 148.
——— dérivés en *oa,* 146.
——— dérivés en *ti* ou *tia,* 146.
——— dér. en *tia,* 145, 149, 150.
——— dérivés en *tilia,* 150.
——— dérivés en *ui,* 147, 148.
——— dérivés en *uia,* 145.
Vocatif (Du). Voir *e.*
Xi, mis pour les pronoms *ti, an* à l'impératif, 81.
Xi, xu, interjection, 195.
Xio, interjection, 195.

FIN DE LA TABLE ALPHABÉTIQUE.

CORRECTIONS.

Page 16, 2ᵉ colonne, avant-dernière ligne, au lieu de : *Tehoantin on*, lisez : *Yehoantin on*.

P. 19, l. 2, au lieu de : De lo qua, lisez : De lo qual.

P. 51, l. 18, au lieu de : osso, lisez : esto.

P. 51, l. 19, au lieu de : esto, lisez : osso.

P. 110, note 1, au lieu de : *nicoa*, lisez : *icoa*.

P. 115, note 4, l. 2, au lieu de : caer tierra, scil., etc. lisez : caer, scil. tierra, etc.

P. 131, avant-dernière ligne, au lieu de : operacion de verbo, lisez : operacion del verbo.

P. 145, l. 5, au lieu de : desto, lisez : destos.

P. 166, l. 14, au lieu de : *poua y oua*, lisez : *poua, youa*.

P. 170, note 1, l. 19, au lieu de : *nipacta*, lisez : *nipatoa*.

P. 175, note 1, l. 5, au lieu de : p. 221, lisez : p. 223.

P. 213, l. 10, au lieu de : *in iepotonia*, lisez : *in tepotonia*.

P. 216, l. 2, au lieu de : rabajar, lisez : trabajar.

P. 224, l. 24, au lieu de : *nozlac*, lisez : *noztlac*.

P. 256, note 2, au lieu de : MN, lisez : BN.

P. 270, 2ᵉ colonne, dernière ligne, au lieu de : *mot, ito*, lisez : *mo, tito*.

La Technique
des
Hélices Aériennes

Notions élémentaires sur le tracé,
l'utilisation et la construction des Hélices aériennes

PAR

GASTON CAMUS

Ingénieur des Constructions Civiles

Prix : 3 francs

PARIS (IXe)
LIBRAIRIE DES SCIENCES AÉRONAUTIQUES
F. Louis VIVIEN, Libraire-Éditeur
20, rue Saulnier

1909

SI VOUS AVEZ BESOIN DE LIVRES
ADRESSEZ-VOUS A LA
LIBRAIRIE DES SCIENCES AÉRONAUTIQUES

20, Rue Saulnier
PARIS (IXe arrond.)

Fondée en 1905
F.-LOUIS VIVIEN
Libraire-Éditeur

CATALOGUE GRATIS SUR DEMANDE

OUVRAGES SUR LES HÉLICES

Des Hélices Aériennes

Théorie générale des propulseurs hélicoïdaux et méthode de calcul de ces propulseurs pour l'air

Par S. DRZEWIECKI

In-8º br., avec de nombreuses figures. 1909 .... 2 50

BULLETIN DE L'INSTITUT DE KOUTCHINO, Fascicule II

CONTENANT

Recherches sur les Hélices Aériennes

Par RIABOUCHINSKY

Un vol. in-4º. 1909 .... 6 »

AMANS   ÉTUDE SUR LES ZOOPTÈRES

CONTENANT

ÉTUDES ANÉMOMÉTRIQUES ET DYNAMOTRIQUES

DES

Hélices Aériennes

et sur les Flexions et Courbures des Ailes

Un volume in-8º br. 1909 .... 2 50

www.ingramcontent.com/pod-product-compliance
Lightning Source LLC
Chambersburg PA
CBHW070535160426
43199CB00014B/2263